图①中国商业经济学会副会长、著名商业经济学家黄国雄教授在论坛上演讲

图②原国家内贸局副局长、中国物流与采购联合会首席顾问丁俊发在论坛上演讲

图③北京工商大学副校长、中国工程院院士孙宝国在论坛上演讲

图④原北京市政协副主席、中国物流学会副会长、北京物资学院原副院长、著名物流学家王之泰教授在论坛上演讲

图⑤商务部流通业发展司副司长王选庆在论坛上演讲

图⑥北京物资学院副校长翁心刚教授主持会议

图⑦北京物资学院党委副书记沈小静教授在论坛上发言

图①国家发展和改革委员会运输研究所副所长汪鸣在论坛上发言

图③日本物流学会副会长、爱知学院大学教授丹下博文在论坛上发言

图⑤日本流通经济大学教授、研究生院物流信息研究科长矢野裕儿在论坛上发言

图②国务院发展研究中心市场经济研究所副所长王微在论坛上发言

图④中国社会科学院财贸所研究员、博士生导师宋则在论坛上发言

图⑥韩国中央大学东北亚流通研究所教授、博士申仁光在论坛上发言

图⑦日本流通经济大学物流科学研究所教授小野秀昭在论坛上发言

第五届中国北京流通现代化论坛在京召开

由中国物流与采购联合会、中国市场学会、北京物资学院主办，中国流通经济杂志社与北京物资学院商学院承办的第五届中国北京流通现代化论坛于2011年10月15日在北京物资学院隆重举行。全国人大常委会副委员长陈昌智致信祝贺，国务院发展研究中心原主任王梦奎，中共中央政策研究室原副主任郑新立以及来自中、日、韩等国流通、物流理论界、实业界的专家、学者、企业家300余人出席会议。

图①论坛主席台

图②国务院发展研究中心原主任王梦奎在论坛上

图③中共中央政策研究室原副主任、全国政协经济委员会副主任郑新立在论坛上演讲

图④北京物资学院校长王旭东教授致欢迎辞

图⑤北京物资学院党委书记刘木春教授致闭幕辞

图⑥与会嘉宾合影

图①北京物资学院副校长王文生教授主持论坛开幕式

图②中国流通经济杂志总编辑陈建中教授在论坛上讲话

图③中国物流与采购联合会会长、中国物流学会会长何黎明在论坛上讲话

图④原国家经贸委副主任、中国市场学会会长俞晓松致辞

图⑤原国家粮食储备局局长、党组书记，中国市场学会理事长高铁生在论坛上演讲

图⑥中国商业联合会副会长、中华全国商业信息中心主任王耀致辞

图⑦国务院研究室综合司司长陈文玲在论坛上演讲

该书出版受到现代流通发展与创新研究科技创新平台资助

降低流通成本　提高流通效率

（第三卷）

主编　陈建中　林英泽　陈静

中国经济出版社
CHINA ECONOMIC PUBLISHING HOUSE
北京

图书在版编目(CIP)数据

降低流通成本　提高流通效率/陈建中,林英泽,陈静编著

北京:中国经济出版社,2013.9

ISBN 978-7-5136-2877-8

Ⅰ.①降… Ⅱ.①陈… ②林… ③陈… Ⅲ.①流通经济学—文集 Ⅳ.①F014.3-53

中国版本图书馆 CIP 数据核字(2013)第 258436 号

责任编辑　陈　瑞

责任审读　贺　静

责任印制　马小宾

封面设计　朱日新

出版发行　中国经济出版社

印 刷 者　北京科信印刷有限公司

经 销 者　各地新华书店

开　　本　710mm×1000mm　1/16

印　　张　18.5

字　　数　328 千字

版　　次　2013 年 9 月第 1 版

印　　次　2013 年 9 月第 1 次印刷

书　　号　ISBN 978-7-5136-2877-8/F·9916

全套定价　138.00 元(共 3 册)

本册定价　46.00 元

中国经济出版社 **网址** www.economyph.com **社址** 北京市西城区百万庄北街 3 号 **邮编** 100037

本版图书如存在印装质量问题,请与本社发行中心联系调换(联系电话:010-68319116)

序

改革开放三十多年来,我国流通经济体制改革虽然取得了一定成就,但总体看来,流通产业仍处于粗放型发展阶段,网络布局不合理,城乡发展不均衡,市场集中度低,信息化、标准化、国际化程度不高,流通环节多、速度慢、效率低、成本高的问题日益突出,已远远不能适应我国市场经济发展需要,甚至成为制约我国经济社会发展的瓶颈。加快流通产业改革与发展,不仅关系到中国流通产业自身发展问题,而且关系到中国经济整体效益和运行效率问题。

2012 年 8 月 3 日,《国务院关于深化流通体制改革 加快流通产业发展的意见》正式发布,明确提出了流通产业改革发展的目标和任务,到 2020 年,“基本建立起统一开放、竞争有序、安全高效、城乡一体化的现代流通体系,流通产业现代化水平大幅提升,对国民经济社会发展的贡献进一步增强”。这一目标和任务的提出,对加快流通产业改革发展,降低流通成本,提高流通效率,全面提升流通现代化水平指明了方向。

长期以来,《中国流通经济》杂志秉持学术理论刊物要引领学术理论研究的办刊理念,认为一个高水平的理论刊物,不仅要成为该学科学术成果发表的园地,更应成为该学科学术理论研究和理论创新的引擎和领跑者,是带动学科发展与科技创新的领头羊、火车头、助推器,是该学科学术研究的一面旗帜,引领和推动本学科学术研究和理论发展,引领和推动社会思潮与科技发展朝着正确的方向前进,这是一个学术理论刊物的神圣使命。

正是抱着这种理念,自 2007 年以来,《中国流通经济》杂志先后举办了六届中国北京流通现代化论坛,围绕“降低流通成本,提高流通效率”这一主题,每年突出一个议题,结合我国流通产业改革与发展的难点和热点问题进行探讨,先后有来自中国、美国、俄罗斯、法国、德国、日本、澳大利亚、韩国等国家和地区的数百名经济学家、流通和物流专家参加了论坛,为推动我国流通现代化建设,促进我国经济社会发展建言献策,其中不少政策建议为各级政府所采纳。论坛的举办在国内外产生了广泛的影响,《人民日报》、《光明日报》、《经济日报》、新华网、人民网、中央电视台、北京电视台等三十多家媒体记者出席论坛并进行了报道。中国北京流通现代化论坛已成为国际国内在流通领域进行理论研究与政策实务探讨的品牌论坛。

六届论坛,每年一个议题,对我国流通现代化问题进行了深入的探讨,为全面提升我国流通现代化水平,推动和引领我国流通产业改革发展作出了有益的探索。从这里我们可以看到我国流通经济体制改革与流通现代化的发展进程。

第一届中国北京流通现代化论坛暨中国流通经济杂志创刊20周年纪念大会于2007年4月7日至8日在北京举行。过去传统理论认为,生产决定流通,因此是“重生产轻流通”,而在市场经济条件下,是流通决定生产,流通引导生产。中国经济运行面临的一个重大问题是生产成本较低,但流通成本很高。因此,发展现代流通业,提高企业竞争力,降低流通成本,不仅关系到中国流通业本身的发展与竞争力的提高,而且关系到中国经济的整体发展。现代流通已经成为经济运行的先导,包括物流、商流、信息流、资金流和人力资本流。市场经济越发达,流通的地位与基础作用就越重要。要充分认识加快发展流通经济的重要性,把降低流通成本作为提高企业竞争力的主要手段,重视发展现代流通业,特别要重视农村流通业建设,鼓励批发市场的发展;要发展现代物流业,重视物流业的基础设施建设,改善物流业发展的体制和政策环境。这次大会的主题为:发展社会化大流通,推动中国流通现代化,实现流通产业的跨越式发展。会议就流通现代化、现代物流、现代商业、供应链管理、绿色流通、流通产业发展战略、电子商务、市场营销等有关问题进行了深入探讨。

第二届中国北京流通现代化论坛暨国际物流与采购峰会于2008年5月10日在北京举行。在全球经济一体化进程中,我国企业积极参与国际物流与采购活动。为增进国际间学术交流与合作,促进国际先进物流与采购理念及物流企业管理经验在我国的广泛传播与交融,加速中国物流企业进入全球化物流及采购体系进程,提升我国企业物流和采购管理水平,培育供应链竞争力,促进中外物流业交流与合作,推动中国物流、供应及采购的改革、创新与发展,特举办第二届中国北京流通现代化论坛暨国际物流与采购峰会。大会就国际物流基础设施的优化配置与信息化建设、国际物流与采购格局中的区域经济问题、企业高效采购平台构建、企业供应链管理信息化发展、中国民营物流企业发展战略等问题进行了深入探讨。

第三届中国北京流通现代化论坛暨物流产业振兴战略高层峰会于2009年5月16日在北京举行。2009年2月25日,国务院常务会议审议通过了《物流业调整和振兴规划》,这将对我国物流产业长远发展产生重大而深远的影响。与会者围绕物流产业振兴战略这一主题,就物流园区建设、物流公共信息平台建设、物流新技术开发、应急物流、粮食物流、冷链物流、物流人才培养等关键性问题进行了深入研讨。与会者认为,把物流业列入十大调整和振兴产业,表现了中央政府对我国经济发展的高瞻远瞩与深谋远虑，体现了国家对物流业的高度重视。物流业是十大产业调整振兴规划中唯一的生产性服务业，对其他产业的振兴具有不可替代的战略支持与保障作用。物流业振兴将使其他产业的发展获得一个全新的战略支撑平台，推动国家十大产业振兴规划取得预期效果。

第四届中国北京流通现代化论坛暨搞活流通、扩大内需、加快现代服务业发展高层峰会于2010年10月17日在北京举行。根据中央经济工作会议精神，这次论坛以“搞活流通，扩大内需，加快现代服务业发展”为主题，就搞活流通、加快服务业发展，搞活农村流通、扩大农村消费，振兴物流产业、加快物流服务创新，培育消费热点、促进消费增长，创新流通模式、激发市场活力等热点问题进行了积极探讨。与会者认为，搞活流通，促进消费，是扩大内需重要的切入点。流通产业在促进生产、发展经济中具有先导和基础作用，加快流通产业发展，促进流通产业现代化，降低流通成本，是实现国家扩大内需长期发展战略，消除国际金融危机影响，保持我国经济持续稳定发展的重要举措。我国经济虽然企稳回升，但经济发展主要靠投资拉动，消费并未明显好转，未来仍然需要在扩大内需、促进消费方面加大力度。所以要进一步发挥流通产业的先导和基础作用，发展社会化大流通，推动流通现代化，实现我国流通产业跨越式发展。

第五届中国北京流通现代化论坛暨加快现代流通体系建设高层峰会于2011年10月15日在北京举行。2011年是“十二五规划”开局之年。随着2011年6月8日国务院常务会议研究部署促进物流业健康发展的“国八条”出台，商务部制定的《国内贸易发展“十二五”规划》也发布实施。为了实现我国经济增长向依靠消费、投资、出口协调拉动转变，必须尽快建立多种渠道、多种业态、内外贯通、城乡一体的现代流通服务体系。在市场经济条件下，消费通过流通决定生产，流通业实际上是国民经济的血脉系统。由流通引导消费是实现经济发展方式转变、拉动国民经济发展的基本动力。加快流通产业发展，促进流通产业现代化，降低流通成本，是实现国家扩大内需长期发展战略的重要举措。为了进一步发挥流通产业的先导和基础作用，加强我国流通经济理论研究，推动现代流通体系建设，真正形成内外贯通、城乡一体的现代流通服务体系，发展社会化大流通，实现流通现代化，促进我国流通产业跨越式发展，论坛围绕“加快现代流通体系建设，促进流通发展方式转变”等热点问题进行了积极探讨。与会者认为，流通业发展方式转变是整个经济发展方式转变不可或缺的组成部分，是转变经济发展方式的前提和条件，关系到整个流通产业的效率和效益，关系到广大人民生活水平和生活质量的提高，关系到我国从生产大国向生产强国的转变，关系到我国从消费大国向消费强国的转变，关系到我国从贸易大国向贸易强国的转变。流通发展方式的转变,可以说是流通业的一次革命,必将对我国流通业的发展以及经济发展方式、消费方式的转变产生十分深远的影响。

第六届中国北京流通现代化论坛暨降低流通成本、提高流通效率高层峰会于2012年11月24日在京召开。根据《国民经济和社会发展第十二个五年规划纲要》提出的总体要求以及中央经济工作会议精神,扩大内需特别是消费需求是当前国际市场疲软情况下我国经济保持平稳发展的主要拉动力。如何进一步降低流通成本、提高流通效率,再度成为社会关注的热点。扩大消费,必须合理增加城乡居民特别是低收入群体收入,拓宽和开发消费领域;降低流通成本,需要大力发展现代物流业,鼓励和支持连锁经营、物流配送、电子商务等现代流通方式向农村延伸,解决流通组织化、标准化程度低等问题,消除相关政策、体制和机制性障碍;提高流通效率,必须优化发展商贸服务业,加强城乡市场流通体系建设,加快发展具有国际竞争力的大型商贸流通企业;同时,要强化监督和服务,让广大群众放心消费,安全消费。只有这样,才能更好地发挥流通在保障和改善民生、服务生产、扩大消费中的重要作用,才能真正形成城乡一体的现代流通体系,实现流通现代化,促进我国流通产业跨越式发展。为了进一步发挥流通产业的先导和基础作用,加强我国流通经济理论研究,论坛围绕"降低流通成本、提高流通效率、加快流通产业发展"进行了深入探讨。与会者认为,流通环节多、速度慢、成本高、效率低,是中国流通业的顽症。我国流通产业尚处于粗放型发展阶段,网络布局不合理,城乡发展不均衡,集中度偏低,信息化、标准化、国际化程度不高,效率低、成本高的问题日益突出。粗放型既有流通生产力的问题,更有流通生产关系的问题,既有现代化水平的制约,更有体制性的约束,带来的结果必然是效率低、成本高。要真正确立流通产业的基础性与先导性地位,优化市场匹配机制,创新流通模式,大力发展电子商务,加快发展商贸物流,促进流通业转型升级,优化供应链,打造仓储业核心竞争力,同时要重视军事物流、生产物流、消费物流,全面降低流通成本,提高流通效率。

总结六届论坛,每届一个议题,探讨的问题一次比一次深入,推动着我国流通经济体制改革不断向前发展。学术期刊举办学术论坛是一种创新,至少有以下几点好处:一是凝聚了一批国内外物流与流通领域的专家学者,为他们搭建了一个学术交流平台,把大批本学科的科研人才团结在一起,形成学科人才优势,也形成了较稳定的作者队伍。二是凝练了本学科学术研究的热点难点问题,每次论坛一个主题,推动本学科学术研究,就像一面旗帜,引领本学科的学术研究,推动了物流与流通学科的发展。三是凝结了一批最新研究成果,每次论坛都汇集了大批优秀研究论文，为本刊提供了源源不断的高质量稿源。四是每次论坛许多经济学家、政府官员及企业家都为加快流通产业改革发展建言献策，提出了不少合理化的政策建议和宝贵意见，许多政策建议被各级政府所采纳，为深化我国流通体制改革，加快流通产业发展，全面提升流通现代化水平，推动我国经济社会发展作出了重要贡献。五是有利于推动北京物资学院重点学科建设。我校的目标定位是以流通与物流学科为特色，举办流通现代化论坛，可以扩大我校学科影响力，在全国形成以我校为核心的物流与流通研究中心。六是有利于提高我校教学科研水平。通过参加论坛活动，促进我校教师和科研人员与国内外专家学者进行学术交流和学术对话，培养科研人才，不断提高我校的教学科研水平与能力。

全面提升流通现代化水平，提高流通产业竞争力，对于完善我国社会主义市场经济体制，健全市场匹配机制，优化社会资源配置，实现供求平衡，稳定物价，促进和扩大社会就业，推动消费增长，带动相关产业发展，使我国由生产大国向生产强国、从贸易大国向贸易强国转变，实现整个国民经济系统的高效运行和良性循环，推动经济社会发展，不断提高人民的生活水平，都具有深远的影响和重要的现实意义。

为了进一步总结经验，发扬成绩，我们将一至六届中国北京流通现代化论坛有关政府官员、经济学家及专家学者的演讲论文汇编成册，编辑出版了《降低流通成本 提高流通效率》三卷文集，她从一个侧面反映了我国流通经济体制改革研究的最新成果，也体现了我国流通经济理论研究工作者与管理者对加快我国流通产业改革发展所作出的积极探索与理论贡献。相信文集的出版对深化我国流通体制改革、加快流通产业发展，全面提升流通现代化水平会起到借鉴与参考作用。本书在出版过程中，得到北京物资学院经济学院院长赵娴教授的大力支持，并得到北京物资学院现代流通发展与创新研究科技创新平台的资助。中国经济出版社陈瑞同志对该书的出版提出不少意见并做了大量修改工作，在此表示衷心的感谢。

中国流通经济杂志总编辑　陈建中
2013 年 8 月 9 日

目录
CONTENTS

第五届中国北京流通现代化论坛暨加快现代流通体系建设高层峰会

交流论文

媒体报道

第六届中国北京流通现代化论坛
暨降低流通成本、提高流通效率高层峰会

交流论文

媒体报道

第五届中国北京流通现代化论坛
暨加快现代流通体系建设高层峰会

交流论文

陈昌智副委员长致信祝贺第五届中国北京流通现代化论坛召开

贺 信

中国北京流通现代化论坛组委会，中国流通经济杂志社：

欣闻你们举办第五届中国北京流通现代化论坛暨加快现代流通体系建设高层峰会，谨表示祝贺。

2011 年是“十二五”开局之年。为了实现我国经济增长向依靠消费、投资、出口协调拉动转变，必须尽快建立多种渠道、多种业态、内外贯通、城乡一体的现代流通服务体系。在市场经济条件下，消费通过流通决定生产，流通业是国民经济的血脉系统。由流通引导消费是实现经济发展方式转变、拉动国民经济发展的基本动力。加快流通产业发展，促进流通产业现代化，降低流通成本，是实现国家扩大内需长期发展战略的重要举措。

希望你们再接再厉，紧密结合流通产业发展实际，努力在搞活商业流通、完善农村流通网络、降低流通成本、提高流通效率、创新流通业态、发展电子商务、促进内外贸一体化等问题研究方面实现新的突破，为加强流通经济理论研究，发展社会化大流通，推动流通现代化，促进我国流通发展方式转变和流通产业跨越式发展作出新的更大的贡献。

预祝论坛圆满成功！

全国人大常委会副委员长

2011 年 10 月 9 日

（原载《中国流通经济》2011 年第 11 期第 4 页）

加快现代流通体系建设　促进流通发展方式转变

王旭东

尊敬的各位领导、来宾、媒体朋友们、老师们、同学们:

大家上午好!

在这金风送爽的美好时节,我们相约北京物资学院,欢聚一堂,召开第五届中国北京流通现代化论坛。在此,我谨代表北京物资学院全体师生员工,对本次论坛的胜利召开表示热烈的祝贺!对莅临现场、关心我校的各位领导,对来自各地的专家学者、企业界精英、媒体朋友,表示最热烈的欢迎和最诚挚的谢意!

本届论坛由中国物流与采购联合会、中国市场学会和北京物资学院共同主办,由中国流通经济杂志社、北京物资学院商学院承办。本届论坛的主题是:加快现代流通体系建设,促进流通发展方式转变。

近年来,我国流通业呈现出新的特点,加快现代流通体系建设、转变流通发展方式备受瞩目。在2010年12月召开的中央经济工作会议上,胡锦涛总书记指出,要"认真搞好市场流通体系建设"。在2011年3月召开的十一届全国人大四次会议政府工作报告中,温家宝总理特别强调,要"加强农产品流通体系建设"。中国商业联合会在2011年初发布了中国商业十大热点展望报告,其中"转变流通方式"位居十大热点的首位。因此,本届流通论坛研讨的主题,既是流通领域理论研究的前沿问题,也是社会关注和亟待解决的热点问题。

加快流通体系建设,促进流通发展方式转变,涉及流通业发展中的诸多环节,我认为要优先考虑并完成以下"六个转变":

一是在发展理念上,要从做大、求规模、重形式,向做强、求效益、重能力转变;从急功近利的短期行为,向眼光长远的长效机制转变;从偏重硬件设施建设、市场容量扩张,向兼顾服务提升、质量改进、环境和谐、低碳高效、集约有序转变。二是在发展策略上,要从只重视单方利益最大化的博弈,向寻求生产、研发、流通、服务多方共赢的战略合作转变;从只重视流通企业的销售额、毛利率,向追求流通企业的盈利额、纯利率转变。三是在发展方式和手段上,要从粗放式的增长方式,向精细化的、重视资源优化程度、重视资源运用效率的发展方式转变;从过去主要依靠物质资本，向注重依靠人力资本转变。四是在流通模式和技术上，要从传统的、落后的流通经营模式，向现代的、先进的流通经营模式转变；从零散采购、分散配送、非连锁化经营，向集中采购、统一配送、连锁化经营转变；从重视引进国外流通技术，向追求我国自主技术创新转变。五是在商品市场类型与定位上，要从注重有形市场、显性市场、传统市场、低附加值市场，向注重无形市场、潜在市场、新兴市场、高附加值市场转变。六是在流通产业结构布局上，要从流通网络疏密无序、地区之间发展不平衡，向流通网络体系完善、结构布局合理转变。

建设现代流通体系，使命光荣，任务艰巨；转变流通发展方式，需要多方探讨，群策群力。包括本届论坛在内，每年一届的中国北京流通现代化论坛共举办了五届。其目的就是要为政、产、学、研各方面提供交流与合作的平台，为我国流通现代化建设提供更多更好的建设性意见。流通论坛举办至今，受到了国内外同行的广泛关注，产生了较大的社会影响。我相信，通过与会的国内外专家学者的共同研讨、共同努力，论坛必将对我国加快流通体系建设，促进流通发展方式转变产生积极的影响！

北京物资学院作为一所以物流和流通为学科特色、以培养流通领域高级专门人才为主要任务的高等院校，在过去的三十多年中，为国家培养了大批高级专业人才，尤其是在物流、证券期货、商贸流通等行业中，毕业生具有较高的社会声誉。学校紧密依托物流和流通行业，发挥学科特色和优势，在物流和流通研究领域取得了一批有分量的科研成果，为政府决策、企业发展提供了重要的咨询和理论支撑。学校主办的《中国流通经济》杂志是国内流通领域影响最大的学术期刊之一。学校目前正按照“苦练内功、提高质量、强化特色、改革创新”的发展思路，朝着努力建设高水平、特色型大学的目标迈进。面对中国流通业发展的新形势，北京物资学院有责任、有义务加强与国内外同行的交流与合作，加大流通领域高级专门人才的培养力度，努力提高科学研究水平和社会服务能力，为推进我国流通现代化建设作出更大的贡献。

最后，预祝本次论坛取得圆满成功！祝各位身体健康，万事如意！谢谢！

（原载《中国流通经济》2011 年第 11 期）

加强流通理论创新　探索流通发展方式转变的有效途径

刘木春

尊敬的各位来宾、各位代表,女士们、先生们:

大家下午好!

第五届中国北京流通现代化论坛按既定的议程即将落下帷幕,我谨代表北京物资学院全体教职员工向出席论坛的各位领导、嘉宾、专家学者、媒体界朋友表示诚挚的谢意!向论坛主办单位、承办单位的通力合作、有序组织和辛勤工作表示衷心的感谢!

本届论坛是一届意义重大、影响深远的会议。近年来,北京市确立了要建设中国特色世界城市的宏伟目标,坚持调结构、转方式、上水平,主动实施房地产调控、汽车限购和首钢主流程关停等宏观调控措施,为北京流通业的发展提供了新的机遇,也提出了新的更高的要求。本届论坛以加快现代流通体系建设、促进流通发展方式转变为主题,探讨流通领域的热点难点问题,深化流通理论研究,诠释流通经济运行规律,推进流通现代化进程,凸显了重要的现实意义,这对于首都经济发展将起到积极的推动作用。在我看来,本届论坛体现了三大特点。

1. 本届论坛是一届唱响创新主旋律的盛会

众多专家学者和嘉宾的发言,主题是加快现代流通体系建设、促进流通发展方式转变,主旋律围绕的是创新。创新是提升竞争力、开拓市场、提高效益的重要动力。我国流通业面临的任务不应只是简单的扩大规模,而是在发展过程中降低流通成本,提高流通效率和流通效益,合理利用流通资源,这就需要创新。现代流通发展方式这一概念本身就包含着创新,它是指应用现代经营管理思想与理念,采用现代科学技术手段,对传统流通发展方式作出重大改革与创新的流通发展方式。从国外近年来流通业发展经验来看,国际流通巨头正是利用创新集成,将流通网络延伸到了全世界,挤垮了许多东道国的本土流通企业。

2. 本届论坛是一届精彩观点纷呈的盛会

为加快现代流通体系建设、促进流通发展方式转变,众多专家学者和嘉宾提出了不同的意见,发表了创新的观点,涉及方方面面。总结来说,可包括流通制度创新、流通组织创新、流通模式创新、流通技术创新、流通人才培养模式创新。在流通制度创新方面,论坛倡导要推进流通产业政策和制度创新,通过制度创新降低生产成本、交易成本,改进和提高生产要素使用效率,为实现流通业发展方式转变,提供良好的政策环境和制度保障。在流通组织创新方面,论坛倡导要构建现代化流通平台与高效率流通网络,谋求使流通产业做大做强的有效手段,同我国国民经济发展方式相适应,培养一批具有一定规模、拥有一定实力的流通实体。在流通模式创新方面,论坛倡导要坚持模式创新的导向,鼓励大型电子商务运营商创新海外营销模式,扩大跨国交易平台的辐射范围,并在业态创新、物流革新、价值链拓展等领域不断取得新的突破。在流通技术创新方面,论坛倡导要发展科技支撑体系,以互联网、物联网等信息技术创新为重点,加快电子商务从网络销售平台向提供技术、支付、物流和营销支持的综合电子商务平台转变,努力建设符合现代化、市场化、国际化要求的,具有运行成本低、效率高的中国特色的现代流通体系。在流通人才培养模式创新方面,论坛倡导要坚持流通需求导向,制定流通人才培养政策,培养具有开拓创新精神、熟悉现代流通规则、精通现代流通管理和掌握现代流通技术的高素质、复合型专业人才。

3. 本届论坛是一届成果丰硕的盛会

中国北京流通现代化论坛是由北京物资学院倡议发起的,这次已经是第五届了。立足流通领域已成为我校的办学特色和基础,这是由我校自身所处的行业背景和区位优势以及长期的研究积累所形成的。在流通领域的研究,我们已经取得了较为丰富的科研成果,凝练了学科特色,形成了反映学科融合与发展的研究方向,拥有了一定的优势。我校在长期对流通经济问题深入系统的研究中,不仅取得了比较丰富的科研成果,在服务首都经济建设方面也得到了社会的肯定。本届论坛所邀请到的众多知名专家学者和嘉宾,就共同关心的流通热点问题展开了深入的交流和探讨,观点在这里交锋,智慧在这里交融,思想在这里碰撞,友谊在这里升华!通过本届论坛,大家畅所欲言,群策群力,强化了专业研究的意识,加强了与社会各界的沟通,建立了与业界知名专家学者的联系,取得了丰硕的成果,达到了预期的目标!

再次祝贺第五届中国北京流通现代化论坛取得圆满成功!

再次感谢出席论坛的各位领导、嘉宾、专家学者和媒体界的朋友!

让我们明年再次相聚物院,共话流通,共同探讨和交流流通领域出现的新问题!

谢谢大家!

(原载《中国流通经济》2011 年第 11 期)

加快发展物流业是转变经济发展方式的战略重点

郑新立

"十二五"规划提出要以转变经济发展方式为主线,其中加快服务业发展是转变经济发展方式的一个重要方面。在服务业发展中,最重要的是要加快现代流通业发展。因此,在"十二五"时期,加快现代流通业尤其是物流业发展,成为转变经济发展方式的战略重点。

一、物流业发展明显滞后

1. 综合运输体系不完善,各种运输方式之间未能实现无缝对接

以我国第四个国家级新区舟山群岛为例。舟山群岛最大的优势是深水岸线占全国的18%,可以停靠三四十万吨的轮船,但是无法跟陆路运输进行无缝对接,从国外运来的铁矿石要通过过驳倒到内河船上再运到武汉。如此一来,大船的优势就变成劣势了,海陆不能实现联运,各种运输方式不能实现无缝对接,这反映出我们的综合运输体系还有很多不完善的地方。

2. 物流业专业化、社会化程度低

现在许多生产企业都在自办物流,最近还有钢铁企业发展自己的远洋船队。中国远洋物流有限公司、中国海洋运输公司都有很大一部分运输能力被闲置,生产企业却还在自组团队建设运输队伍。专业化、社会化水平低,大量运输装备闲置,导致物流业整体效益低下。

3. 对物流要素配置缺乏统筹协调

例如环渤海有18个港口,相互之间缺乏合理的分工,都在搞集装箱,结果都是低水平的竞争。每个港口班轮密度比较小,吸引不来货源,在那里闲着,而大量的中国货源却到了釜山。据统计,釜山的货源有46%来自于中国。

4. 缺乏实力强大的跨国企业

我国没有像联邦快递、沃尔玛那样的公司,更多的是民营企业,小打小闹,整体物流成本很高。我国物流成本在GDP中占比达到20%左右,成为国民经济一个沉重的包袱。物流业落后造成生产企业成本居高不下,产品国际竞争力被削弱。在

我国，服务业是相对落后的产业，服务业占GDP比例为34%，服务业从业人员占全社会从业人员的比例为43%，而发达国家则达到80%左右。流通业是服务业的重要组成部分，其落后状况由此可见一斑。因此，在“十二五”时期要改变这种局面，一定要加快现代流通业的发展。为此国务院于2011年8月份发布了《国务院办公厅关于促进物流业健康发展政策措施的意见》（即“国九条”），我们要以此为契机，加快物流业发展，加快现代流通业发展。

二、“十二五”时期我国物流业发展面临的机遇

1. 基础设施建设快速推进

“十二五”期间，有相当一部分投资要投向铁路、公路、航空、航运等建设方面，特别是基础设施投资体制改革用“建设—经营—转让”（Build - Operate - Transfer, BOT①）等方式吸引社会资金，以加快基础设施建设。基础设施尤其是交通运输体系的不断完善，将会为我国物流业发展提供良好的条件。

2. 国内统一的大市场已经形成

国内统一大市场的形成，特别是网络商店的发展，为物流业发展提供了千载难逢的机遇。例如淘宝网，2010年销售额已经突破4000亿元，超过中国香港地区的销售总额。预计未来5~10年销售额会达到20000亿~30000亿元。徐州也已经兴起了网络商店集群，很多农民工都回家通过网上进行销售，而与网上销售相配合的正是现代的快速的物流体系。

3. 中国融入全球化的步伐正在加快

国际交换的规模正在不断扩大。有人说，中国的快速增长期即将结束，而我认为，我国经济的快速增长期至少还可以保持20年。根据国际经验，人均GDP达到12000美元才进入高收入国家行列。根据日本和韩国的经验，人均GDP达到17000美元时，高速增长期才会结束。我国2010年人均GDP才4000美元，距离12000美元、17000美元还很遥远。预计我国人均GDP达到12000美元至少还需要15年，达到17000美元至少还需要20年。如果在20年内我国的经济增长速度降了下来，说明我们没能把我国经济的潜力释放出来。而其中最大的潜力就是把中国劳动力的优势发挥出来，通过进口海外的资源，如铁矿石、石油、天然气、铜矿石、氧化铝等，利用我们低成本的劳动力把它加工成高附加值、高技术含量的产品然后销往

---

①BOT（Build - Operate - Transfer），即建设—经营—转让，是指政府通过契约授予私营企业（包括外国企业）以一定期限的特许专营权，许可其融资建设和经营特定的公用基础设施，并准许其通过向用户收取费用或出售产品以清偿贷款，回收投资并赚取利润；特许权期限届满时，该基础设施无偿移交给政府。

全世界,这样才能加快工业化、城市化的进程,使中国走出中等收入陷阱,进入高收入国家的行列。这就必须跟国际交换,把大宗物资流通紧密结合起来。如果铁矿石运不进来,我国劳动力产品出不去,国际交换规模得不到低成本快速扩张,那么中国劳动力优势就发挥不出来,我们的二元结构就将长期持续下去。在未来15~20年,中国能不能走出中等收入陷阱,进入高收入国家行列,现代物流业发展是一个非常重要的条件,要通过建立现代物流业来扩大国际交换的规模。

4. 多种所有制、多种运输方式互相竞争的格局已经形成

在充分竞争中才能实现快速发展。从当前情况来看,我国多种所有制、多种运输方式互相竞争的格局已经形成,也就是说,"十二五"时期我国建立现代物流业的条件已经成熟。

三、解放思想,奋发努力,为中国物流业的大发展作出贡献

以上是从宏观经济的高度来看未来一个时期发展物流业的重要性,当务之急是要以贯彻落实《国务院办公厅关于促进物流业健康发展政策措施的意见》(即"国九条")为契机,加快现代物流业发展。

1. 加强体制机制创新

没有体制机制的创新,物流业发展的潜力就发挥不出来。现在物流业问题很多,一抓一大把,大都是体制机制上的问题没有理顺。因此,要解放思想,进行体制机制方面的创新。

2. 积极进行全球布局

要利用外汇储备比较多的优势,积极地"走出去",到海外去谋求发展。比如大豆,现在我国每年的进口量已经达到4000万吨,虽然大部分是从巴西进口,但进口权和价格都被美国的跨国公司控制着。因为巴西的港口是美国人建的,美国的企业拥有其产权。因此,光有大豆等产品还不行,如果没有港口,那么进口就难以顺畅,并且大部分利润被流通环节拿走了。现在有条件的企业要积极"走出去",到那些石油、铁矿石、大豆资源丰富的地方买港口或者参股、控股,建立自己的远洋团队。我国大量的海洋运输物资交给了外国船队,80%的石油运输由外国船队承担,铁矿石也大部分由国外公司运输,而我国的远洋船队又去运国外的东西,这非常不可思议。我们自己的船上挂着外国的旗,这是体制不合理造成的。可以说,是体制制约了物流业的发展,特别是国际物流业的发展。如何通过我们自己的货源支持中国的远洋运输业做大做强?其实很简单,让我们自己的船堂堂正正地打着五星红旗来运中国的货!就这么简单的事我们却多年无法解决。这个课题要好好进行研

究，拿出好的解决方案来。我们要对这类问题进行研究，为政府决策提供支持。

3. 加快培养现代物流业管理人才

我们要培养一批世界一流的物流企业家，北京物资学院要培养一批世界一流的物流企业家。你们培养的人才，毕业之后可以搞教学、搞研究，但希望更多的人或者说绝大部分人去创业，到物流业创业，当物流业的企业家，创办中国的联邦快递、中国的沃尔玛。

*本文系作者于2011年10月15日在第五届中国北京流通现代化论坛暨加快现代流通体系建设高层峰会上的演讲，根据速记整理，未经作者审阅。

（原载《中国流通经济》2011年第11期）

落实"国九条" 促进物流业健康发展

何黎明

（一）

五年来，我国流通业获得了长足发展，整体规模迅速扩大，流通质量和效益明显提升，流通体系初步形成，在促进经济结构战略性调整与发展方式转变、扩大内需、保持国民经济平稳较快发展等方面发挥了重要作用。物流业作为流通业的重要支撑与基础保障，在降低流通成本、提升流通效率等方面起到了积极的作用。

2011年以来，我国物流运行保持了平稳较快增长态势。一是社会物流总额保持较快增长态势。2011年1~8月，社会物流总额达102.6万亿元，同比增长13.5%，增幅同比回落3.7个百分点，回落幅度继续收窄。二是社会物流总费用增长较快，1~8月社会物流总费用达5万亿元，同比增长18.7%，继续保持较快增长。这主要是受原材料、燃料和劳动力成本上升、贷款利率上调等要素价格上涨的影响。三是物流业固定资产投资增速回落。1~8月完成投资额1.9万亿元，同比增长11.7%，增幅比1~7月回落3.8个百分点，增幅回落幅度继续扩大。四是物流市场价格低位运行。2011年以来，我国公路货运价格大体平稳，水运价格总体仍处于低位水平。五是物流企业盈利水平偏低。2011年1~8月，物流业PMI收费价格指数在50%~52%，中间投入价格指数则在60%左右，两者差距明显。

2011 年 1 ~ 8 月物流企业主营业务利润同比增长 11.7%，远低于收入增长幅度，比同期全国规模以上工业企业利润低 16.6 个百分点。

全年来看，我国物流运行的有利因素大于不利因素，仍将保持平稳较快发展，并将逐步实现与其他产业的相互融合与促进，在加快物流业发展方式转变的基础上，继续为国民经济发展提供有力支撑。初步预计，2011 年社会物流总额增长 14% 左右，物流业增加值增长 13% 左右，可以支撑国内经济 8% ~ 9% 的增长水平。

(二)

2011 年是"十二五"规划的开局之年，也是物流政策环境进一步改善的一年。2011 年 3 月，十一届全国人大四次会议审议通过的《国民经济和社会发展第十二个五年规划纲要》再次突出强调要"大力发展现代物流业"。2011 年 6 月，温家宝总理主持召开国务院常务会议，专题研究支持物流业发展的政策措施。2011 年 8 月，根据国务院常务会议精神，《国务院办公厅关于促进物流业健康发展政策措施的意见》(以下简称"国九条")出台。这是《物流业调整和振兴规划》的细化落实，也是我国物流业转变发展方式的客观需要和必然结果，对于引导物流业科学发展具有重要意义。

1. "国九条"是落实《物流业调整和振兴规划》的重要举措

2009 年 3 月，国务院印发《物流业调整和振兴规划》，我国物流业实现快速发展。与 2008 年相比，2010 年我国物流业增加值净增 7000 亿元，社会物流总费用与 GDP 的比率下降 0.3 个百分点，相当于创造了 1200 亿元的经济效益。该规划提出了"完善物流政策法规体系"的政策措施，但配套性实施细则迟迟未能出台。这主要因为，物流业是复合型产业，涉及部门多，协调难度大，现行政策思路不适应物流业发展要求。正是在这样的背景下，由国家发展和改革委员会牵头组织，针对行业所反映的突出问题，形成政策意见，经国务院常务会议讨论后发布，这充分说明了党中央、国务院对物流业发展的高度重视和大力支持。

2. "国九条"是降低流通成本的必然要求

随着原材料、燃料、土地和劳动力成本的持续上升，我国经济正逐步告别低成本时代，通货膨胀压力凸显。近年来，我国物流费用维持在较高水平，2010 年占 GDP 的比率为 17.8%，大大高于发达国家水平。此外，物流业作为生产性服务业，涉及的税收种类多，税负高，现行税制与物流产业特点不相适应，直接影响到行业的健康发展。"国九条"明确提出，要在税收、交通、融资等方面减轻企业负担，聚焦物流业"顽症"，提出根治"良方"。这从一个侧面说明，政府对于促进物流业健康发展有决心，有信心，也有办法。

3. “国九条”是提升产业竞争力的必要保证

进入21世纪以来，我国物流业总体规模快速增长，发展环境和条件不断改善。但总体来看，我国物流业市场集中度低，社会需求发育不充分，组织化程度和服务水平不高，创新能力和可持续发展能力不强，物流网络完整性、协调性、配套性差，物流运作方式与资源、能源和土地消耗及生态环境的矛盾日益突出。“国九条”为产业升级指明了发展方向，鼓励整合物流设施资源，支持大型企业兼并重组以及中小企业联盟合作，鼓励物流外包和联动发展，并要求推动物流技术创新和应用。物流业通过管理创新和技术创新实现产业转型升级，对于建立现代物流服务体系，促进国民经济发展与发展方式转变，具有非常重要而深远的影响。

4. “国九条”提出了税收、土地、交通、体制改革、资源整合、技术创新、加大投入、农产品物流等九个方面的四十多条政策措施

这些都是业界反应强烈、长期制约物流业发展的突出问题。中国物流与采购联合会作为行业社团组织，一直致力于反映行业诉求。2009年《物流业调整和振兴规划》出台以后，中国物流与采购联合会立即开展调查研究，提出了有关税收、交通、投融资、支持物流企业做强做大、促进物流园区发展和制造业与物流业联动等方面的“物流发展60条”政策建议。2009年9月，国务院办公厅组织了由15个部门和单位参加的物流政策专项调研活动。2010年11月，国家发展和改革委员会将调研形成的政策意见报送国务院办公厅。“物流发展60条”政策建议大部分被“国九条”采纳。下一阶段，我们将积极配合有关部门的工作，提出细化落实的政策建议。在全面推动各项措施细化落实的同时，力争在企业最为关心的税收、交通等重点问题上率先突破。

（三）

在税收方面，物流业作为新兴的复合型产业，具有一体化运作、网络化经营的产业特点，这对原有的税收管理体制提出了新的要求。自2005年起，中国物流与采购联合会向国家税务总局、国家发展和改革委员会推荐的6批、593家物流企业，已经纳入营业税差额纳税试点范围，第七批试点企业即将批准发布。下一阶段，要重点在完善税收试点办法的基础上，研究解决营业税税率不统一的问题和土地使用税政策，切实减轻物流企业税收负担。

1. 扩大税收试点

“国九条”要求扩大试点范围，尽快全面推广。我们在国家发展和改革委员会与国家税务总局的领导下，正在研究提出完善物流企业营业税差额纳税试点办法。

建议逐步降低试点企业门槛,使更多的企业能够进入试点范围。在一些条件相对成熟的地区或行业,先行全面推广试点,并将试点政策延伸到仓储、运输、配送等各个物流业务环节。

2. 研究解决仓储、配送、货运代理等环节与运输环节营业税税率不统一的问题

这项工作早在2009年国务院《物流业调整和振兴规划》出台时,中国物流与采购联合会就在“物流发展60条”政策建议中提出了相关诉求。近期,中国物流与采购联合会又召开座谈会,通过多种方式继续向政府部门反映。按照“十二五”规划纲要的基本精神,物流业纳入增值税扩围改革,应该能够解决重复纳税问题,但应充分考虑物流业运行特点,将物流各环节应税劳务全部纳入增值税征收范围,并重新测算适用税率,不要因为税制改革增加企业负担。

3. 完善大宗商品仓储设施用地的土地使用税政策

自2006年底国务院修订并颁布新的《城镇土地使用税暂行条例》以来,一些地方大幅度提高了土地使用税税率,平均增幅达2~3倍,有的地方甚至增长了10倍以上。“国九条”出台以后,财政部税政司领导非常重视,主动通过国家发展和改革委员会与中国物流与采购联合会沟通,由中国物流与采购联合会协助组织了现场调研和座谈,提出了相关的政策建议,预计这一政策可以较快落实。

(四)

当前,交通环境严重制约了物流业的健康发展。存在的主要问题集中反映在过高的过路过桥费、过多过乱的罚款、配送车辆进城难等方面。中国物流与采购联合会多次组织专题座谈讨论,通过中央电视台等主流媒体反映行业诉求,不仅在社会上产生了较大反响,也引起了政府部门的高度关注。

1. 清理并降低过路过桥费

根据我们的调查了解,路桥费约占企业运输成本的1/3左右。过高的路桥费加重了物流企业的负担。为此,建议对道路收费站点进行全面排查清理,并在此基础上采取相应措施,最终使公路回归公益性质。2011年6月14日,交通运输部等五部门联合发出《关于开展收费公路专项清理工作的通知》,提出通过一年左右时间开展专项清理工作。目前,全国收费公路专项清理工作第一阶段的调查摸底工作已经基本完成,先后有9个省份采取了相应措施,对个别路段采取降低收费标准、回购撤销一些收费站等措施。

2. 为配送车辆进城通行提供便利

总体来看,我国城市配送效率较低,成本较高。特别是城市配送车辆进城普遍

受到通行时间和通行区域限制，严重影响了城市生活和商业服务的正常运转。解决城市配送问题，总的思路就是要“变堵为疏”。我们建议，要尽快确定城市配送车辆标准环保车型，制定配送车辆技术规范。取消城市配送通行证管理，建议管理部门对城市配送车辆与普通货运车辆进行分类管理，将“限制所有货运车辆通行变为允许城市配送车辆通行”，全面取消城市配送通行证，放开符合条件的配送车辆进城限制。

3. 坚决治理“乱罚款”

这是影响物流业有序运行的“毒瘤”，不仅增加了企业负担，而且败坏了社会风气。我们建议，要规范执法程序，设立交通和路政等部门联合执法的机制，统一执法标准，减少个人自由裁量权。要杜绝“以罚代管”，规范和压缩罚款项目，改革罚款方式，彻底切断地方财政和基层执法部门与罚款之间的利益纽带。

4. 实事求是解决车辆运输车难题

《道路安全保护条例》已经于 2011 年 7 月 1 日起施行，我国 4 万辆车辆运输车因普遍超限而面临全面停运。从长远看，应该对车辆运输车标准进行修订。但考虑到标准修订的复杂性以及改装车辆的资金和时间成本问题，为不使汽车产销因贯彻《道路安全保护条例》而受到太大影响，建议给这种特殊车辆设置一个过渡期。过渡期满后，坚决按照《道路安全保护条例》的规定执行，并长期坚持，接受监督，切实改变“一边罚一边超”、“越罚越超”的现象。

5. 制定大件运输管理办法

大件运输是承载不可解体的重型或大型设备的运输形式，担负着国家重点工程项目的运输保障任务。现行的运输管理办法跟不上发展需要，影响国家重点工程建设。为此，建议将大件运输与一般的超限、超载运输区别开来，尽快制定出台大件运输管理办法。建立跨省超限运输的综合协调与互联互认机制，规范申报与审批程序，制定全国统一的公路赔(补)偿费标准，减少各地自由裁量权。

物流业的健康发展，需要一个良好的政策环境。“国九条”的出台为下一阶段我国物流业政策调整指明了方向。落实“国九条”的主体在政府。国家发展和改革委员会正在逐步制定落实的时间表和责任部门，各有关部门应从促进物流业发展的大局出发，形成合力。中国物流与采购联合会作为全国性的物流行业社团组织，将积极配合政府有关部门工作，深入调查研究，了解和反映政策落实过程中出现的问题，提出细化落实的政策建议，促进我国物流业健康发展。

(原载《中国流通经济》2011 年第 11 期)

“十二五”期间中国流通业发展方式转变的几个问题

俞晓松

一、“十二五”中国流通业发展方式转变的必要性

“商品实现惊险的跳跃”,即市场(交易)的实现是经济成果的最终表现。胡锦涛总书记在十一届全国人大三次会议上指出:“转变经济发展方式,事关经济发展的质量和效益,事关我国经济的国际竞争力和抵御风险能力,事关经济可持续发展和经济社会协调发展的战略。”这深刻揭示了经济发展方式转变的历史任务和战略意义。而流通业发展方式的转变既是整个经济发展方式转变的不可或缺的重要组成部分,又是实现经济发展方式转变的前提条件,既关系到整个流通产业的效率和效益,又关系到广大人民生活水平和生活质量的提高;既关系到我国如何实现新的发展、新的飞跃,又关系到我国如何实现从生产大国向生产强国、从贸易大国向贸易强国的转变。

改革开放以来我国流通业虽然取得了举世瞩目的成就,但仍滞后于整个国民经济发展的步伐,我们必须清醒地看到后危机时代新的世界经济格局形势下,流通产业面临着新的挑战、新的考验、新的机遇,面临着发展方式的转变课题。

流通发展方式的转变,可以说是流通业的一次革命,是观念的更新、战略的调整、结构的优化升级和营销方式的创新,将对中国流通业的发展与发展方式、消费方式的转变产生深远的影响。

二、“十二五”中国流通业发展方式转变的目标

在市场经济条件下,消费通过流通决定生产,流通业既是国民经济的基础性产业,也成为国民经济的先导性产业,是国民经济的血脉系统和神经系统。新时期由流通引导消费是实现经济发展方式转变、拉动国民经济的基本动力。“十二五”时期为实现流通业发展方式转变拟实现的目标为:构建保障工业、农业、国防现代化和人民日益增长的物质文化生活需要的现代商品流通服务体系;用现代技术改造传统流通业,实现流通业从传统到现代的历史性跨跃;完善与健全流通业法律法规,以此为依托,实现国民经济又好又快发展。

三、实现路径

1. 做大做强连锁经营

连锁经营是流通业的一次革命，是全球普遍现象，它是以连锁为架构把分散经营的零售业穿成线、构成网、连成片，通过对经营要素的集聚产生规模效应，达到降低成本、让利于民的目的。中国连锁商业的发展走的是一条先做大后做强的道路，是符合中国国情与加入 WTO 形势的。但是应该看到，只有“又大又强”才能持续发展。中国连锁商业也面临着发展方式的转变，从做大转向做强，从求规模到求效益，从发展到调整与优化，以调整与优化保发展，这也是历史的必然，客观的要求。为此要注意：一是区域市场是庞大的市场，先做实做足做细做强区域市场，便于经营要素的整合与优化、经验教训的总结、企业形象的树立，为向外扩张奠定坚实的基础；二是做强要立足于中小企业，不盲目贪大求洋；三是做强要立足内生的竞争力。连锁商业企业的竞争，关键在于每一个单店的内在竞争力，没有各单店的做强，就无法形成集团（公司）规模的竞争力。四是做强要立足于主导业态的发挥。任何一个连锁企业的发展都有一个优势业态的选择，而做强就要扬长避短，发挥自身优势。

2. 培育大型流通企业集团，保障国家宏观调控有效实施

重点支持 30 ~ 50 个大型流通企业集团，包括大型批发零售企业集团、重点区域物流枢纽、国家批准的保税港区、国家重点储备库等，并将他们作为国家宏观调控的主要载体。

3. 构建现代商品流通服务体系

适应转变经济发展方式要求的现代商品流通服务体系包括培育大批发商、发展多元化零售业、完善农村流通网络、培植现代物流体系、提升规范商品交易市场、健全与完善可再生利用资源的回收网络等。

4. 建立流通业征信体系

加强诚信体系建设是流通企业履行社会责任的重要途径，包括构建流通企业社会责任体系，建立员工信用管理体系，建立健全信用管理和危机管理机制，建立与完善信用预警体系，提供精良产品和超值服务，重视并实施绿色流通、低碳流通服务。

5. 培养流通业人才、开展流通科技研发与推广

人才是兴业的保障。加强对流通业相关学科的建设，形成多层次的教育体系，培养高素质流通人才，对流通企业职业经理开展多层次、全方位培训，以期实现管理创新、业态创新、企业文化创新、品牌创新，提升流通企业的经济效益、社会效益和文化效益，并加大对流通科技的研发投入，积极推广与运用新技术。

四、保障措施

1. 制定国家与区域流通业发展规划和实施细则

流通业发展规划应包括对改革开放三十多年流通业的历史总结与梳理,分析新时期流通业发展的困境与挑战,确定适应经济发展方式转变的流通业中长期发展目标,提出流通业发展的任务与工作重点,并制定相应保障措施。在国家流通业发展规划的基础上制定区域流通业发展规划及实施细则,以确保流通业完成国民经济先导产业的重任。

2. 实现调控常态化

我国建立的是有中国特色的社会主义市场经济体制,理应对国民经济的调控常态化,而对流通调控的常态化必须通过特定的载体实现。

3. 健全并完善流通业法律法规

包括完善批发业、零售业与商品交易法律法规体系。

4. 加强流通业理论研究

改革开放三十多年来,我国流通业的实践取得重要成就,同时应加强流通理论的研究与创新。加强流通业理论研究包括以下内容:构建有中国特色社会主义市场经济体制的流通业理论框架与体系;中外流通理论、实践与政策的比较与借鉴;总结改革开放三十多年来中国流通业成功的模式与案例,并分析其适应条件;构建适应经济全球化新格局与我国国情的流通业诚信体系研究等。

(原载《中国流通经济》2011 年第 11 期)

2011 年前三季度消费品市场运行分析

王　耀

一、消费品市场运行平稳良好

1. 社会消费品零售总额增速在 17% 左右平稳波动,实际增速继续在低位运行

进入 2011 年以来,我国消费品市场运行平稳良好,除 1 月、2 月受春节小长假影响外,其余月份社会消费品零售总额增速均在 17% 左右平稳波动。各月增速与 2010 年相比,均有所放缓。

根据国家统计局的统计数据，2011 年 8 月份社会消费品零售总额同比增长 17.0%，增速与 2010 年相比，下滑 1.4 个百分点，下滑幅度比 7 月增加 0.7 个百分点。

调整后的数据显示，8 月社会消费品零售总额环比增长 1.36 个百分点，与 7 月相比，环比增速提高 0.1 个百分点，但与 6 月相比，环比增速仍然趋窄。具体见图 1。

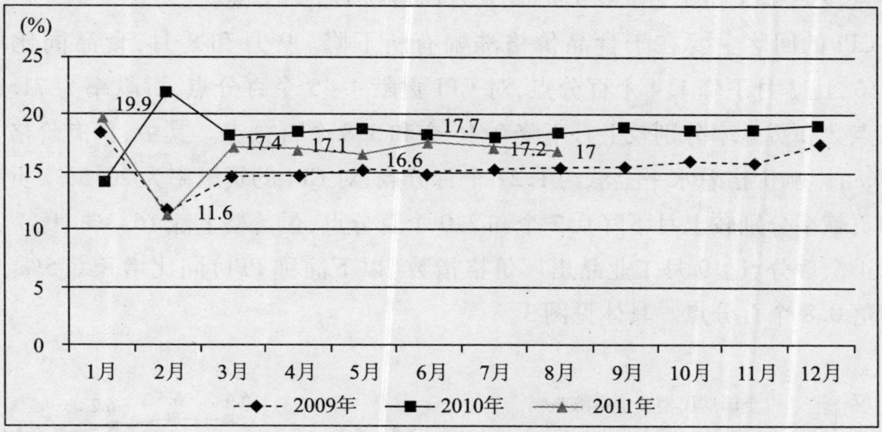

图 1　2009 ~ 2011 年各月社会消费品零售总额同比增长速度

扣除价格因素，社会消费品零售总额实际增速保持在低位运行。8 月份社会消费品零售总额实际增长 10.8%，与 7 月份基本持平，比 6 月份降低 0.5 个百分点，比去年同期降低 4.1 个百分点。见图 2。

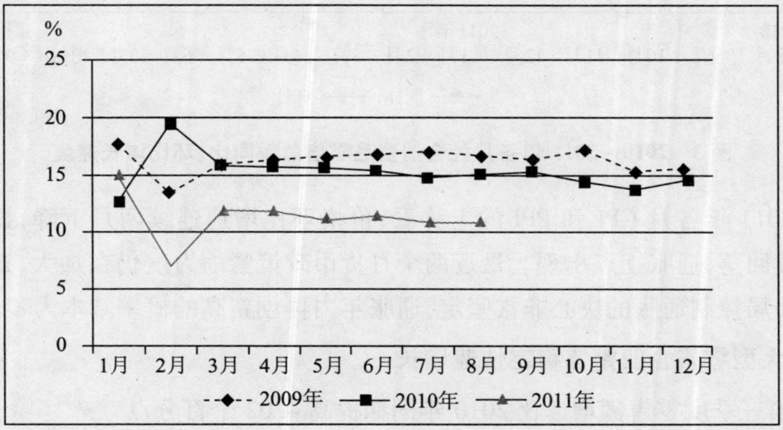

图 2　2009 ~ 2011 年各月社会消费品零售总额实际同比增长速度

2. CPI 增速在 8 月、9 月连续出现回落

自 2010 年 8 月以来，居民消费价格指数（简称 CPI）呈逐步上涨趋势，我国经济运行中出现了较为严重的通货膨胀，特别是自 2011 年 3 月起，CPI 增速在 5% 以上，7 月 CPI 甚至高达 6.5%，创下 37 个月新高。CPI 在 7 月达到新高增速之后，8 月出现回落，根据国家统计局的数据，8 月 CPI 同比上涨 6.2%，比 7 月回落 0.3 个百分点，9 月 CPI 同比上涨 6.1%，比 8 月回落 0.1 个百分点。

CPI 的回落主要在于食品价格涨幅有所下降。9 月和 8 月，食品同比增长 13.4%，比 7 月下降 1.4 个百分点，对 CPI 贡献 4.45 个百分点，贡献率为 71.8%，贡献点数和贡献率分别较上月下降 0.46 个和 3.8 个百分点。其中，猪肉价格上涨 45.5%，影响价格总水平上涨约 1.27 个百分点，对 CPI 的贡献率为 20.5%，贡献点数和贡献率分别较上月下降 0.2 个和 2.0 个百分点；蛋价格上涨 16.3%，比 7 月回落 3.4 个百分点。9 月工业品出厂价格指数（以下简称 PPI）同比增长 6.5%，比 8 月回落 0.8 个百分点。具体见图 3。

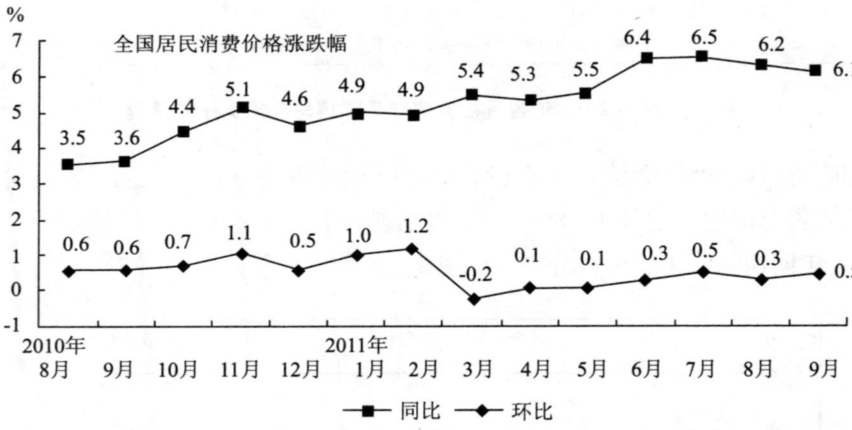

图 3　2010～2011 年各月社会消费品零售总额同比、环比增长速度

从 2011 年各月 CPI 和 PPI 的走势看，价格环比增速连续两月下降，显示通胀压力持续回落，通胀拐点出现。最近两个月货币政策紧缩力度仍在加大，这表明政策制定当局控制通胀的决心非常坚定，通胀年内再创新高的概率基本为零。

二、大型零售企业销售稳定快速增长

1. 第三季度零售额增速比 2010 年同期提高 4.02 个百分点

根据中华全国商业信息中心的统计数据，2011 年第三季度全国百家大型零售企业零售额同比增长 24.30%，增速比 2010 年同期提高 4.02 个百分点。

2011 年前三个季度零售额运行趋势与 2010 相同,增速均逐季放缓,但 2011 年第三季度放缓幅度大于 2010 年同期。见图 4。

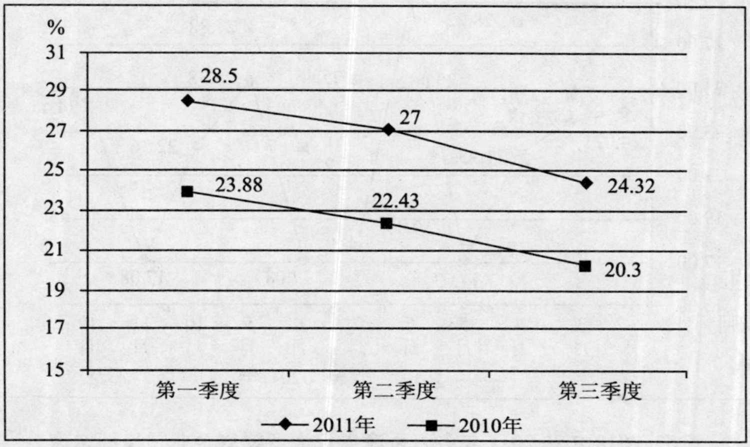

图 4　2010 年和 2011 年前三季度百家重点大型零售企业零售额增速

2. 1 ~9 月零售额累计增速比 2010 年同期提高 4. 18 个百分点

在中秋传统佳节带动下,9 月我国消费品市场运行繁荣平稳。根据中华全国商业信息中心的统计,2011 年 9 月全国百家重点大型零售企业零售额同比增长 27. 82% ,增速比 2010 年同期加快 2. 44 个百分点。2011 年 1 ~9 月百家零售企业零售额累计增长 26. 48% ,比 2010 年同期增速提高 4. 18 个百分点。

从 2011 年各月零售额增速看,上半年受通胀压力持续增大、市场前景跌宕不定、消费者信心不断下降等因素影响,百家零售企业零售额增速逐步放缓,而从 7 月起,在国家控制物价政策坚定不移的推动下,物价上涨出现下滑拐点,消费者重拾信心,百家零售企业零售额增速稳步回升。见图 5。

3. 服装类零售额同比快速增长,零售量却大幅下滑

自 2011 年 2 月起,服装零售价格一改过去下降的趋势,逐步上涨。根据国家统计局公布的数据,2011 年 9 月居民消费价格指数服装价格指数同比上涨 3. 4% ,是近两年来的最高涨幅。在较高价格带动下,服装零售额同比快速增长。中华全国商业信息中心的数据显示,2011 年 9 月全国百家重点大型零售企业服装零售额同比上涨 31. 73% ,比 2010 年同期提高 9. 22 个百分点。从 2011 年各月服装零售额增速来看,9 月零售额增速快速提高,达到 2011 年以来的最高增速。

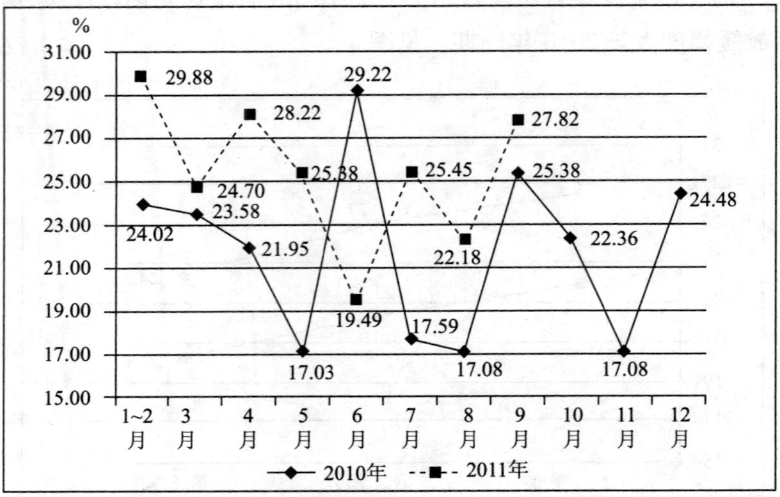

图5　2010 年和 2011 年各月百家重点大型零售企业零售额增速

受价格较高影响,零售量大幅下降,2011 年 9 月百家大型零售企业服装零售量同比增长 2. 23% ,比 2010 年同期下滑 11. 49 个百分点。见图 6。

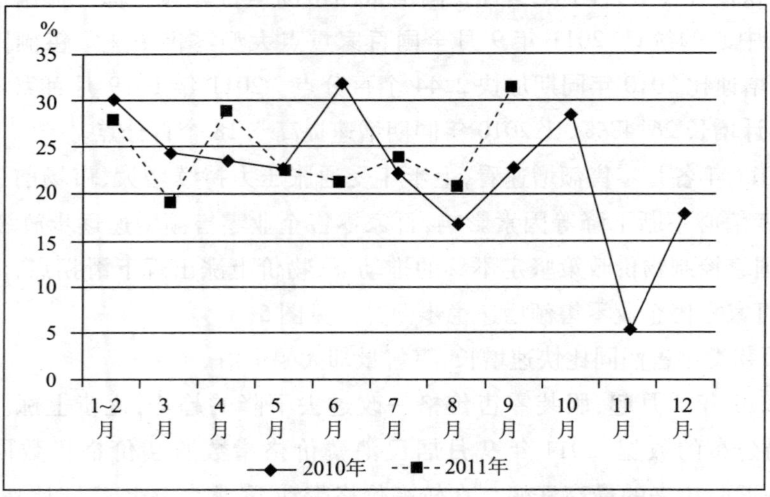

图6　2010 年和 2011 年各月百家重点大型零售企业服装类零售额增速

4. 家电零售额增速波动较大

根据中华全国商业信心中心的统计数据,2011 年 9 月全国百家重点大型零售企业家电零售额同比增长 24. 3% ,与 2010 年同期增速基本持平,比 8 月增速提高

16.61 个百分点。

从 2011 年家电零售额各月的变动情况来看，市场波动相对 2010 年较大，尤其是自 6 月以来，随着家电下乡政策到期取消，家电市场零售额增速受促销活动影响较大，在有节假日的月份，如 1 月、5 月、6 月、9 月，零售额增速较快，其余月份零售额增速下滑比较厉害。见图 7。

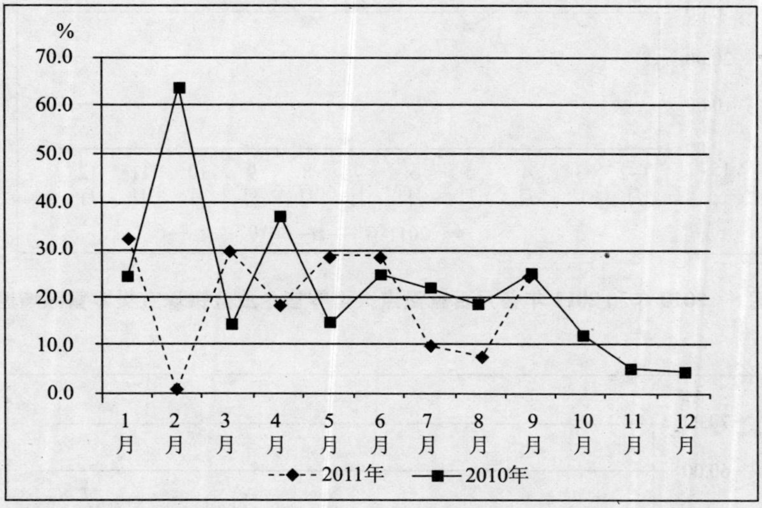

图 7　2010 年和 2011 年各月百家重点大型零售企业家电类零售额增速

5. 金银珠宝类销售降温

随着国际金价的松动，金银珠宝投资需求降低，金银珠宝持续多月的热销在 9 月出现降温。根据中华全国商业信息中心的统计数据，2011 年 9 月全国百家大型零售企业金银珠宝类零售额同比增长 43.97%，增速虽然仍处于同类产品前列，但相对于前 8 个月累计 54.36% 的增速，下滑了近 10 个百分点。见图 8。

6. 食品类零售额增速逐步放缓

2010 年下半年以来，食品价格快速上涨，进而带动物价出现全面通胀，到 2011 年 7 月，物价上涨出现拐点，CPI 增速在 8 月和 9 月连续两个月出现下滑，食品价格增速也出现放缓。根据国家统计局的数据，9 月食品类居民消费价格同比增长 13.4%，比 7 月下滑 1.4 个百分点。受此影响，9 月全国百家零售企业食品类零售额同比增长 28.26%，增速比上年同期下滑 6.17 个百分点，比 8 月下滑 0.8 个百分点。从各月食品零售额增速来看，7 月以后，食品零售额增速放缓态势逐步明显。见图 9。

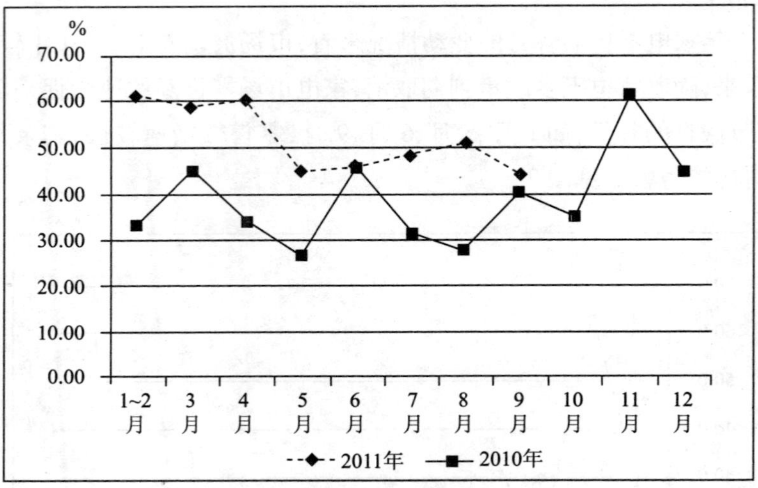

图 8　2010 年和 2011 年各月百家重点大型零售企业金银珠宝类零售额增速

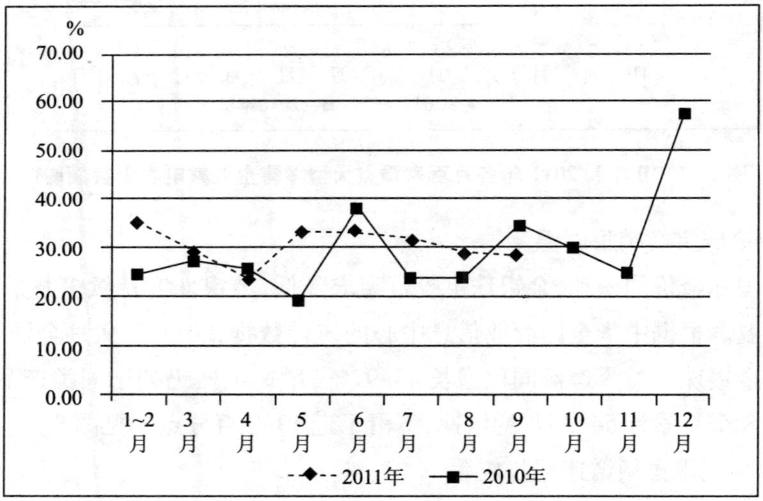

图 9　2010 年和 2011 年各月百家重点大型零售企业食品类零售额增速

(原载《中国流通经济》2011 年第 11 期)

充分发挥流通产业的先导作用

高铁生

改革开放以来,随着社会市场经济体制目标的确立,社会各界对市场流通地位和作用的认识,已经并正在发生深刻的变化。在过去的三十多年中,计划经济年代被当做末端产业的流通,不断展现出对国民经济发展的先导作用。流通产业作为国民经济先导产业,可以说在理论界已初步形成共识。但是,流通的先导作用并不会由于一种正确认识的确立而自动实现。正确认识转化为全社会自觉行动,需要一个较长的过程。从理论上对流通发挥先导作用机理的揭示尚有待深入探索,而且当前产能过剩、市场饱和,经济结构调整步履维艰,经济发展方式转变亟待推进。在这样严峻的形势下,我们更有必要认真研究流通如何在整个国民经济“转方式,调结构”中发挥先导作用。

一、将流通产业先导作用理解为一种更高效率的服务

流通产业从大的范畴来看属于服务业。流通产业既体现出消费需求的导向,更承担着传导这种需求的服务。流通的先导作用在于把消费端发生的变化传导给生产端,并引导供给满足这种需求。这种反馈传导作用正是流通的服务功能。而从当前流通产业的实际情况看,无论观念层面还是政策层面,硬件方面还是软件方面,技术层面还是队伍层面,都存在诸多缺陷,未能形成一种完善的机制,也难以胜任发挥这种传导作用的需要。应当承认,近年来一定程度上存在着把流通先导地位和作用口号化、标签化的倾向,缺乏使其“机制化”的扎实工作。如果不在这些方面积极主动地去改进和完善,从而切实有效地提高流通产业自身的素质,极大地增强这种反馈、传递、引导乃至促进的服务功能,那么流通产业的先导作用是不可能顺利实现的。

二、高度重视解决信息不对称问题

在过去的理论研究中,我们比较重视流通如何突破生产和消费之间的时空约束,这与人类需求层次长期处于较低阶段是相适应的。在一个相当的历史时期中,流通的主要任务是克服时间和空间的障碍,拓展市场的边界。百多年来流通现代

化的进程主要体现为在这两个维度上不断降低成本、提高效率,时至今日这个过程仍在继续,这也是流通的永恒主题。但是,当人类的需求层次有了整体性的提高后,需求的满足已不仅仅是一个数量问题,更多的是质量问题,需求的多样性、个性化趋势日益明显。这就要求流通在解决时空矛盾的基础上,进一步解决信息不对称问题。这是当今方兴未艾的流通信息化因应而起的重要依据。大力发展电子商务,把实体市场和虚拟市场有效地结合起来。特别是网上购物不仅提供了时空便利,而且实现了信息的充分交流,避免或减少了由于信息缺失和"误导"而造成大量的效率流失。顺便说,近年来许多人惋惜批发业的式微,想重建再造现代批发业。这种愿望和努力是可以理解的。但这里需要注意的是,在过去很长时间里,批发业能够充分发挥产销信息沟通作用,而在现阶段批发业的这一功能被弱化了。批发业的这一困局对我们强化流通先导作用是一个有益的启迪,它提醒我们发挥流通的"先导"作用,必须努力克服由于信息不对称而大量存在的"无导"与"误导"现象。

三、尽快理顺价格形成和传导机制

在市场经济中,流通引导生产主要依托价格机制。尽管价格机制的调节作用有一定的滞后性,很难避免供求脱节与震荡,以至屡屡发生农产品产销的"蛛网效应",因此有时需要政府出面"救市"。但是,价格机制传导需求信号、调整生产结构的作用毕竟是不可替代的。归根结底,政府的干预只不过是弥补"价格失灵",而不能取代价格机制。从价格角度来看,流通肩负着双重任务,它既有自发形成合理价格的作用,也有传递政策、校正价格的作用。流通这两方面的作用,说到底是价值规律的两种表现形式。流通的先导作用在很大程度上有赖于这二者之间的协调。当前,一个值得注意的倾向是政府对流通的干预过多,往往扭曲正常的价格形成机制,加剧生产中的迭宕起伏,甚至会放大产销矛盾。因此如何处理好流通中价格机制自动调节和政府干预的关系,是理顺流通导向作用的一个关键问题。与此相关的是,目前必须加快改革和完善税收制度,把价内税变为价外税。由于现行的营业税和消费税均包含在价格之内,很容易掩盖真实的供求关系,阻碍形成理想的价格传导机制,不利于发挥流通对生产的正确导向作用。

四、不断提高市场组织化程度

理论上把市场主体理解为分散的原子化的关系,这是对市场经济的一种误解。发达的市场经济其实是一种高度组织化的经济,这种组织化既存在于市场主体内部,更体现为市场主体之间的关系。在生产企业之间、生产企业和销售企业之间、销售企业之间,乃至销售企业与消费主体之间通常形成长期、密切、稳定的相互关系。与这种关系相对应的,是存在一系列的市场中介组织和各种各样的合同、协议等制度安排。流通的先导作用正是通过这种维系相互关系的网络、组织和渠道来实现的。与发达市场经济相比,我国流通产业这方面的差距尤为突出,当前许多“买难”和“卖难”现象也都与此相关。为了解决农产品流通中存在的“脱节”问题,各地正在大力推动建立农超对接关系,这种做法有利于增强市场组织化程度。但是,应当注意市场组织化的实现形式是多种多样的,不同市场主体,不同产品和服务,往往需要借助于不同的形式。在一种情况下,“去中介化”有利于降低成本。在另一种情况下,利用中介组织,可能有助于提高效率。选择组织化的形式必须突出效率原则,而不宜片面强调、过分倚重某一种形式。

五、大力提倡以流通企业为主导构建供应链

供应链的形成与发展已成为当今市场经济中的一种重要趋势,以往企业之间的竞争现在转化为供应链之间的竞争。这是因为一方面,它是企业之间竞争的利器;另一方面,它也是促进产销衔接的一种有效形式。在发达市场经济中,企业之间形成各种类型的供应链,有的以生产企业为主导,有的以流通企业为主导。究竟哪些企业处于链主地位,与其自身的比较优势、核心竞争力密切相关。日本的“综合商社”就是以流通企业、主要是出口企业为龙头的稳定的供应链组织,其在传递国外需求信息、引导国内生产方面发挥了显著的作用。针对我国当前扩大内需、调整产能、优化结构的形势需要,有关部门应当积极鼓励、大力倡导发展以流通企业为主导的供应链。这对强化需求导向作用,巩固流通先导地位很有益处。

六、要为产业转移提供先行服务

实现合理有序的产业转移是调整产业结构和地区结构的重要途径。但是,当前产业转移的一大障碍是目标区域缺乏必要的生产性服务,导致转移后产业配套和服务外包难以落实。迄今一些地方工业园区不能正常启动运行,往往受制于生产性服务业发展滞后。因此,必须创造条件让流通先行,为产业转移提供必要的商业服务业环境,这也是流通产业先导作用的题中应有之义。

七、回归主业,搞好自营,主动响应和传导消费需求的变化

现阶段商业企业特别是零售企业存在着明显的物业管理式的经营倾向。这种倾向不利于有效地反映消费需求。实践证明,以“买手模式”为代表的自主采购可以更好反映消费需求的变化,主动地向供应商或厂家传递信息,引导后者调整生产结构适应市场需求。当前有必要通过适当的政策引导商业企业由主要依靠“联营返点”的盈利模式转向自营为主的经营模式。与此相应,有必要通过鼓励商业企业培育发展自有品牌,推行体验式营销,深化商品和服务之间的融合,以利于引导产品和服务结构的调整。

总之,流通的先导作用,必须以市场机制为基础,以产业政策为导向,从宏观和微观的不同层面共同努力,构建起一种切实有效的传导机制,方能达到预期目的。

(原载《中国流通经济》2011 年第 11 期)

服务经济下的流通发展

王选庆

一、服务经济的特点及对我国服务经济发展的判断

服务经济是指服务经济产值在 GDP 中的相对比重(或就业人数在国民经济就业人数中的相对比重)超过 60% 的一种经济状态。服务经济是近 50 年来崛起的新的经济形式,发达国家自 20 世纪 50 年代率先实现了向服务经济的历史性转变,很多发展中国家也迈入了服务经济的门槛。现代服务经济产生于工业化高度发展阶段,是依托信息技术和现代管理技术发展起来的新兴经济,是服务经济发展的主流和趋势。目前世界经济总量的 2/3 是服务经济。

服务经济的范畴包括以企业为主发挥职能的社会服务(如物流、金融、邮政、电信、运输、旅游、体育、商贸、餐饮、物业、信息、文化等行业服务),以政府、事业单位等为主发挥职能的公共服务(如教育、医疗卫生、公共安全、社会保障等)。服务经济具有如下特点。

1. 服务经济是以人力资本为基本要素的经济形态

从产业的投入要素来看,农业主要受自然资源要素约束,制造业主要受物质资本要素约束,传统服务业主要受劳动力要素约束,而现代服务业从业人员整体上具有的高学历、高职称、高薪水特征,说明现代服务业主要受人力资本要素约束。

2. 相对于工业经济,服务经济对资源环境的消耗很少,影响也很小

服务经济的投入要素主要是人力资本,对实物资源的依赖程度很低,由此带来

的环境压力也很小。发展服务经济对于我国经济发展由主要依靠物质资源转向主要依靠人力资源,减轻资源环境压力具有特别重要的意义。

3. 服务经济吸纳就业的能力强

服务经济结构复杂,种类繁多,不仅需要大量高学历、高智商的专门人才,也需要大量从事低端服务的普通人员,对各层次劳动力的需求远远高于工业。

4. 服务经济是城市化发展到一定水平的结果

服务业的发展往往伴随着人口的集聚,城市的服务业比重一般比农村要高出许多,即服务经济发展受到城市化的制约。

5. 服务经济效益往往不是体现在规模上,而是体现在集聚上

只有集聚,才能吸引和共享市场资源。因此,研究服务经济不能沿用传统的研究工业经济的定式和方法。

6. 服务经济下的服务业大大突破了传统服务业的范畴

服务经济下的服务业不是生产和消费之外的独立领域,而是贯穿于生产、流通、分配、消费等社会再生产的每一个环节之中,服务业特别是某些生产性服务业与制造业的界限越来越模糊。同时,制造业部门的功能也日趋服务化。主要表现为产品是为了提供服务而生产,如通信产品;随产品一起出售的有知识和技术服务,而后者带来的收入甚至超过产品的销售收入。

据统计,我国 2010 年服务业增加值占 GDP 的比重达到 43%,就业人数占全部就业总量的 35% 左右。而实际情况是,大量在制造业领域的服务活动被统计在了第二产业。如上海宝钢集团 35% 的收入来自服务,却没有统计在服务业之中。因此,如果考虑到统计口径和漏统因素,实际上服务业的占比要高得多。服务经济特别是现代服务经济已经走进了我们的社会和生活,即使在现有统计口径下,北京、上海等发达地区的城市,也已经步入服务经济的门槛。《中共中央关于制定国民经济和社会发展第十二个五年规划的建议》和《中华人民共和国国民经济和社会发展第十二个五年规划纲要》明确提出:推动特大城市形成以服务经济为主的产业结构。这也是在中央文件中首次正式使用“服务经济”的概念。

二、服务经济对流通业发展的影响

服务经济对我国经济和社会发展具有重大影响,中央把推动服务业发展作为转变经济发展方式和调整经济结构的战略举措,“十二五”期间,将陆续出台政策支持服务业发展,同时会对现有的以工业和制造业为核心的经济社会管理体制、公共资源分配体制、税收体制等进行较大的调整,为服务业发展创造良好的政策和体

制环境。

流通业是服务业的重要组成部分。服务经济特别是现代服务经济下,流通业在国民经济中的地位和作用是提升还是下降?流通业的结构、功能、发展方式会有什么样的变化?由此带来的政府管理方式和政策着力点该如何调整?这是我们共同面临的重要课题。

服务经济下流通业的发展将呈现以下新的特点。

1. 流通规模继续扩大,但占国民经济的比重会有所下降

服务经济相对于工业经济来说是软化的经济,实物经济的份额相对降低,围绕实物交易而派生的流通活动也必然相对减少。但流通业作为服务业的主体和主干产业的地位短期内不会改变。

2. 流通与生产的部门界限相对模糊,相互融合成为大势所趋

供应链和虚拟企业使得原来在生产过程中的流通活动大量分离和外包,流通加工的深度也突破了传统的界限,成为流通企业利润的主要来源。而供应链和虚拟企业本身就是生产和流通的综合体。

3. 柔性制造和定制化生产对流通的响应能力提出极高的要求,精益化、智能化成为流通及物流的发展方向

自动化、信息化、智能化技术和设备将在流通业大量应用,流通业的资本有机构成也将提高到超乎传统想象的水平。

4. 流通业和金融业的相互渗透、相互融合日益显著

供应链金融、仓单质押等在我国流通领域已经得到较为普遍的应用,受到企业特别是中小企业的欢迎。

5. 流通业的员工结构将发生革命性变化

流通业日渐趋向于知识密集型产业,高学历、高智商、复合型人才比重越来越大。

三、促进流通业发展的政策取向

1. 改革现有的以工业或制造业为核心的经济管理和公共服务体系

正如《中共中央关于制定国民经济和社会发展第十二个五年规划的建议》所阐述的:把推动服务业大发展作为产业结构优化升级的战略重点,建立公平、规范、透明的市场准入标准,探索适合新型服务业态发展的市场管理办法,调整税费和土地、水、电等要素价格政策,营造有利于服务业发展的政策和体制环境。

2. 整合现有政策资源,支持包括流通业在内的服务业综合发展和业态、模式

创新

如财政部、商务部、发展和改革委员会、科技部与北京市联合签署中关村国家自主创新示范区现代服务业综合试点协议，率先在中关村启动试点工作；探讨大部制改革等。

3. 改革不利于服务业发展的税收制度

现有的以营业税为主体的服务业税收体系已不适应服务业发展的新形势。一是不同物流环节税率不一，不利于物流企业一体化经营；二是分包越多，重复纳税越严重，导致企业不愿将服务业务外包出去。因此必须进行税收制度改革，否则将会对服务业的快速发展形成障碍。

4. 支持流通业与工业、金融业融合发展

要在管理体制和政策等方面创造条件，打破行业界限，鼓励混业经营。同时也要加强监管，防范风险。

5. 鼓励流通业集聚发展

要科学规划，合理布局，以市场为导向，以政策为指导，引导流通业集聚发展。

（原载《中国流通经济》2011 年第 11 期）

“十二五”中国流通产业发展前景

王 微

一、“十二五”流通产业发展的新起点

“十二五”期间，中国流通产业发展站在了新的起点上。

1. 流通规模迈上新台阶，流通大国地位日益凸显

在流通规模上我国已经全球领先，成为名副其实的贸易大国，不论是国内贸易还是对外贸易都处于全球领先地位。这种流通大国地位的显现对我们未来的发展提出了全新的要求。

2. 流通发展方式转变的要求更为迫切

当前，对于我国来说，加快转变经济发展方式已经刻不容缓，而流通业发展方式的转变既是整个经济发展方式转变不可或缺的一部分，又是实现经济发展方式

转变的前提条件，关系到整个流通产业的效率和效益，关系到广大人民生活水平和生活质量的提高，也关系到我国从生产大国向生产强国、从消费大国向消费强国、从贸易大国向贸易强国的转变。因此，转变流通发展方式的要求是非常迫切的。

3. 流通现代化的全面推进正在提速

改革开放三十多年来，流通领域有了非常大的变化，但是如果深入考察，形势仍不容乐观。虽然我国已有一些现代化的流通形式和流通组织，但在整体运作水平、发展模式、手段、人力资源以及其他发展能力方面，现代化程度还比较低，我们仍然还处在现代化进程的起步阶段。因此，加快推进流通现代化是一项很迫切的任务。

二、“十二五”中国流通产业发展面临的新形势与新要求

1. 产业结构调整出现新趋势，服务业发展成为新动力

在服务业当中，虽然服务业的比重会提升而且会有大量新型的服务业出现，但是零售、批发、运输、仓储等商品性流通行业在今天的发达国家仍然是服务业的第一支柱产业，并且这个产业本身在产业升级过程当中有很多创新和新的发展。这是我们未来流通行业发展的一个新空间，也是支撑服务业大发展一个非常重要的产业基础。

2. 城市化出现新形态，流通业发展空间巨大

中国正处在城市化的高峰期，城市化率已接近50%，在城市化率50%～70%的阶段，城市化的发展不仅仅是城市人口和数量的增加，更多的是城市发展形态的变化和围绕城市出现的经济结构上的变化，如城市群的群体性发展更加活跃，城市将成为流通产业发展的主战场。目前，国家已提出了“三纵两横”的城市群空间布局思路，为未来城市化发展提供了明确的方向。伴随着城市化的高速发展，流通业发展也面临着新挑战和新问题。比如，大的城市群在集群化发展过程当中，资源如何重新配置、交通基础设施如何联结等，这些涉及规划、商业资源重新配置等问题，更重要的是在这个过程中，会出现很多新的商业组织形式和新的集群。在城市化过程中，流通业拥有巨大的发展空间，同时也面临着巨大的挑战。

3. 基础设施建设迈上新台阶，促进流通效率快速提升

目前，我国交通、通信等方面的基础设施已具备相当规模，随着高速公路、高速铁路等高效率基础设施网络的进一步发展和完善，全国性商品流通网络发展的设施瓶颈将逐步消除，对提高流通效率和促进全国性、大型流通组织发展将起到促进作用。

4. 新一轮科技革命带来新机遇，流通业创新发展提速

技术革命的影响不仅仅是单纯的信息技术的应用，也包括新能源的应用。这对流通管理、流通人才等方面提出了新要求，无疑会极大地推动流通现代化升级以及向更高层次发展。

5. 对外开放出现新格局，内外贸一体化进程加快

我们多年来一直没有破解的难题就是如何在融入全球化进程中实现内外贸一体化的全新发展。目前，对外贸易面临着非常大的贸易差额问题。在进一步稳定和扩大市场的同时，扩大进口、促进贸易平衡也成为我国经济发展的新命题。但要扩大进口，国内贸易的流通渠道和组织与国际市场之间缺乏必要的衔接和对接手段。比如，2011 年以来中国猪肉进口快速增长，仅上半年进口量就激增 4 倍以上。但是由于我国没有相应的分销渠道和冷链设施，使得大量猪肉滞留港口或通过走私渠道进入国内市场。因此，国内流通组织和现代化流通手段的缺失对于我国实现贸易平衡，实现内外贸一体化发展形成很大的障碍。

6. 资源环境压力持续加大，流通业向绿色节能发展转型

流通服务业作为国民经济的重要组成部分，在促进生产、引导消费、推动循环经济发展等方面发挥着重要作用。当前，我国流通服务业粗放型发展方式还未根本改变，节能减排的潜力很大。流通业向绿色节能发展，不仅有利于降低流通成本，提高经济效益，而且对于缓解我国资源短缺，保护生态环境，转变经济发展方式，促进经济又好又快发展将起到重要作用。

三、"十二五"期间流通产业发展趋势与前景

"十二五" 期间，流通领域最重要的还是要加快转变发展方式，扩大消费，引导生产，提升效率，尤其要在提升效率方面付出更多的努力。总体来讲，流通产业发展在未来五年之内仍然会实现翻番的目标，同时流通领域的就业人员会超过 1.3 亿人（这也是流通部门为国民经济发展作出突出贡献的一个方面）。

1. 现代流通体系建设加快推进

要围绕未来经济发展趋势和新要求，尽快建立以城市为中心的消费品流通体系、城乡对接的现代农产品流通体系、大宗商品（包括钢材、矿石、粮食等）市场流通体系、内外贸一体的国际化流通体系。

2. 流通主体竞争力稳步提升

一是全国性、区域性的大型流通企业加快涌现。随着未来城市化的发展，流通规模不断扩大。中国会涌现出一些新的全国性和区域性的流通企业，特别是区域

性的大型流通企业。二是小型、微型流通企业稳步发展。最近国务院刚刚发布了扶持小型微型企业发展的相关政策。过去我们提的是"中小企业",而现在是"小型微型企业",因为小型微型企业数量庞大。对于小型微型企业发展能力提升、发展环境改善国家是非常重视的。支持小型和微型企业发展的金融、财税政策及相关部门的配套政策也将逐步出台,以对小型微型企业的支持形成合力。三是流通品牌建设将出现崭新的格局。

3. 流通现代化水平大幅跃升

在流通现代化水平大幅度提升方面还有非常大的空间,如以自动化、信息化、标准化为核心的技术创新,以电子商务引领的交易方式创新,以连锁经营为先导的流通组织创新,以配送为重点的服务创新,以绿色低碳为目标的发展模式创新,都是在未来发展过程中需要探讨和高度关注的。

4. 流通发展环境进一步优化

主要表现为市场调控能力与机制建设加强,流通领域公共信息服务能力提升,信用体系建设步伐加快,流通领域商品质量安全监管体系建设起步。

5. 流通业发展的制度与政策环境优化

流通行业管理体制改革深化,法律法规体系进一步完善,财税政策支持力度加大,金融支持政策加快创新,土地政策"有保有压",人才培养全面启动。要特别强调的是,在制度改革和政策方面还要进一步完善市场经济体制、制度环境及相应的配套政策措施,如金融创新政策、土地政策等。土地政策应针对流通领域的关键环节、公共服务实行有保有压。同时,流通领域正在转变过去传统低端的形象,成为知识密集型和技术密集型的新的服务领域,需要大量的人才。国家对流通领域人才的培育应给予更多关注。

(原载《中国流通经济》2011 年第 11 期)

把加快推进现代物流进程作为国家战略

陈文玲

一、加快推进现代物流进程具有重要意义

1. 发展现代物流是我国转变经济发展方式、带动经济运行方式转变的先导性

力量

改革开放33年,我国经济持续高速增长,综合国力得到极大提升,创造了中国经济史上的伟大奇迹。但经济发展也遇到了瓶颈,以资源消耗和环境破坏为代价的经济增长方式已经无法支持中国经济的继续快速增长,迫切需要转变经济发展方式。转变经济发展方式,绝不仅仅是“节能、降耗、减排”六个字,而是要从根本上转变经济运行方式。我国经济运行方式还很落后,以现代物流为例,既没有形成日本、欧洲那样的社会化物流体系和物流平台,也没有形成美国那样的跨国公司、全球化市场体系和全球化物流配送体系。2010年,我国物流总费用是7.1万亿人民币,占国内生产总值(GDP)的比重是17.8%,而美国物流费用占GDP的比重是8%~9%。

我国制造业产品在制造环节上所花费的时间仅占5%~10%,超过90%的时间都耗费在了流通环节。而在流通环节,通过“商家对商家(B2B)、商家对客户(B2C)、客户对客户(C2C)”等电子商务,可以实现商流成本的最小化,甚至零成本。互联网使得信息流也可以是零成本,电子支付形式使得全球资本流通可以在瞬间完成,资金流也是零成本。唯有物流成本是不能被消灭的,现代物流成本成为现代流通成本最主要的部分。

2. 物流成本与物价的关联度越来越强

2011年的物价上涨与物流成本有密切关系。比如蔬菜,广州有机蔬菜的物流成本占整个菜价的70%,普通蔬菜的物流成本占菜价的50%。据统计,我国农产品物流环节的损耗平均为30%,而美国、日本等发达国家农产品的损耗为3%,甚至更低。物流成本与物价水平的关联度越来越高。物流问题解决不了,“谷贱伤农”、“菜贱伤农”等问题就不能得到根本解决。要解决宏观经济中的价格问题,必须首先解决物流成本、物流效率等这些更深层次的问题,整个物流体系顺畅了,价格问题才能得到解决。

3. 现代物流体系和我国区域战略、城乡统筹问题的关联度越来越密切

我国区域经济新战略布局已经确定,要求物流体系必须与新的区域布局相匹配。比如在新的沿边经济带布局中,新疆的主要战略是“向西开放”,把我国的消费品、工业制成品通过这个“向西开放”的大通道,输送到哈萨克斯坦、塔吉克斯坦、吉尔吉斯斯坦等国。这些国家矿产资源非常丰富,有我国急需的资源,但目前“向西开放”最大的问题就是物流成本高。如果没有现代物流体系,新一轮区域战略、新一轮开放战略就难以实施。城乡统筹也是同样的道理,农产品流通体系还没有真正形成,影响城乡统筹进程。

4. 发展现代物流直接关系到人民的生命健康

我国还没有建立起适应特殊商品特性的现代物流体系,包括食品、药品、特殊化学危险品。发达国家都有专门针对特殊商品的物流,比如药品物流体系,除了全过程密闭之外,温度的划分也很细致,不同的药品需要不同的温度、不同的储藏条件、不同的运输条件。我国冷链运输体系还不完善,农产品全国冷链运输比重不到10%,食品、药品在流通过程中的安全属性得不到保证。现代物流牵一发而动全身,与经济社会各个方面都存在很大的关联性,必须加快建立适应特殊商品特性的现代物流体系。

5. 发展现代物流是我国赶超发达国家的战略需要

我国与美、日、欧等发达国家和地区最大的差距就在于创新能力。虽然近年来我国的创新能力已经有了很大提高,但与发达国家的差距仍在扩大。现代物流与传统物流最大的区别就是用信息引领现代技术,再造整个流通体系,通过互联网、物联网、云技术等先进技术,解决传统物流多次运输以及各种运力之间的区域分割问题,这些技术是带动传统物流走向现代物流的先导。据测算,到2020年我国物联网将创造超过5万亿元的巨大产值。物联网实际上是现代物流的重要支撑,未来要用先进技术、先进理念来带动现代服务业发展,使之成为高知识、高资本密集型产业,首先要从建立现代服务业物流体系开始。2010年,我国物流总规模是125.4万亿元,预计2015年将达到180万亿元。这个巨大的流量是我国经济发展的一个大动脉,是我国在现代技术应用方面寻求突破非常重要的领域。

6. 发展现代物流是大国持续发展的重要支撑

所谓大国持续发展,就是要有资源支撑、环境支撑、劳动力支撑,还要有经常被忽略的服务能力支撑。支撑经济运行的服务能力,即生产性服务业的发展是非常重要的。我国外贸进出口总额已经接近3万亿美元,按照"十二五"规划,未来五年,外贸进出口总额会翻番,届时会有6万亿美元的外贸进出口总额。2010年,我国社会消费品零售总额是15.6万亿元,按照国内贸易规划,到2015年也会翻番,这就意味着有30万亿元社会消费品零售总额。现在生产资料交易额是30多万亿元,如果到2015年翻番的话是60多万亿元,等于是36万亿元的外贸进出口,加上30万亿元的社会消费品零售总额,再加上60多万亿元的生产资料,这是未来非常庞大的市场。要支撑我国经济持续发展,包括我国对外贸易、制造业的发展和人民生活的改善,再造现代物流体系整体,形成强大支撑,是必然的选择。

7. 发展现代物流是建立资源节约型、环境友好型社会的迫切要求

日本推进现代物流的目的是解决大量车辆交叉运输、重复运输所引发的尾气

排放问题。我国要发展循环经济,建设资源节约型、环境友好型社会,物流体系首先要整合。比如说运输,虽然有部际协调机制,但公路的物流节点由交通部确定,铁路的物流节点由铁道部确定,导致公路的节点和铁路的节点有很多是重叠的,造成大量尾气排放。2010 年,我国高速公路里程是 7.4 万公里,仅次于美国。“十二五”期间预计会超过美国。但我国高速公路的车辆承载能力远远落后于发达国家,利用效率也比较低,汽车集装箱的空载率超过 40%。如果建成了现代物流系统,就不再会有如此严重的资源浪费现象,因此要真正建立资源节约型、环境友好型社会,推进现代物流体系的发展是战略选择。

8. 发展现代物流是我国继续拓展国际市场的重要途径

我国面临的国际贸易争端是比较多的,包括反倾销、反补贴、特殊保障措施等。2001 年至今,针对中国的反倾销案件占整个世界贸易组织(WTO)同类案件的 1/15。我国“走出去”战略已经确立,鼓励国内企业开拓国际市场,但如果没有现代物流的支撑,这一目标是很难实现的。国务院出台的北部湾发展规划,实际上就是要建立“两廊一圈”,建立通向东盟的合作交流和贸易通道,解决物流问题。我国沿边战略布局已经基本上完成,新的沿边布局以及与周边国家的跨境经济合作区不仅需要产业转移,更为重要的是需要有现代服务能力的支撑。

二、加快推动现代物流进程的政策建议

加快推进现代物流进程,是我国从经济大国迈向经济强国的选择,是现阶段突破发展瓶颈的迫切要求。建议从以下几个方面着手,突破瓶颈,加快推动现代物流进程。

1. 把现代物流上升为国家战略

对现代物流进行比较系统的研究,作为国家转变经济发展方式、转变经济运行方式、提升核心竞争力的重要方面。

2. 研究支持现代物流发展的政策措施,包括财政政策、税收政策、金融政策、土地政策等

现代物流不能仅仅局限于建设园区,不能把发展物流变成圈地,要建立智能化物流体系。

3. 解决现代物流流通格局不合理的问题

要考虑流通程序设计与物流规律是否相悖,比如说大规模的蔬菜、制造业产品违反流通流程设计,迂回运输的流通布局,再比如“南水北调”、“北煤南运”实际上都是远距离、高物流成本的流通设计。新一轮区域布局要致力于解决远距离、违背

经济规律的物流设计问题,使物流格局一定要与产业布局、资源布局相匹配。产业结构调整、产业重新布局一定要考虑物流成本,要考虑到资源的可获得性,以及获得的成本。

4. 引导流通先导型的经济运行模式

研究现代流通理论,研究现代物流的理论和技术,不要只做概念层面的工作,要真正懂得经济,按经济规律办事,推动现代物流形成。

5. 加快形成现代物流体系,使若干中小企业实现零库存、低成本运行

企业"走出去",要发展国际化的跨国公司,首先要形成像美国沃尔玛公司那样的全球化物流配送体系,以支撑其全球物流战略。

(原载《中国流通经济》2011 年第 11 期)

城市商贸物流体系建设问题探讨

汪　鸣

由于长期重生产轻流通,我国商贸流通产业整体发展水平较低,服务创新较为缓慢,商贸流通体系建设滞后,不适应经济发展方式转变的需要。在国家重视发展流通产业,并希望通过流通产业带动、提升相关产业发展的战略背景下,应加快商贸流通产业现代化步伐,努力推进多种渠道、多种业态、内外贯通、城乡一体的现代商贸流通服务体系的建设和发展。从目前理论界对商贸流通产业构成的观点来看,商贸流通业由两大部分构成:一是商业,主要指批发业和零售业;二是关联服务业,指专门为商业服务的运输业、仓储业、包装业、流通加工与配送等物流服务业。由于现代物流具有降低成本、提高效率和创新服务等方面的作用,因此,在发展商贸流通产业的过程中,积极提升关联服务业的发展水平,为商业模式的创新和产业规模的壮大创造良好的发展环境和条件,将具有积极的意义。同时,作为商贸流通业较为集中和重要发展载体的城市,为推进城市流通产业的发展,做大产业规模和形成发展的带动效应,应推进城市商业与物流业的一体化发展,通过产业融合形成商贸物流产业体系,创新商贸流通产业的发展模式。

一、城市成为区域商贸物流节点的设想

城市商贸物流体系概念的提出,目的在于利用城市作为物流节点所形成的区

域物流服务和辐射功能，加快城市商业发展步伐，并通过将商业与物流业作为一个有机整体推进其发展，使城市成为为区域服务的商业和物流业的组织与发展中心，以便在更高的起点和层次上发展商贸流通产业，使城市成为区域性的商贸物流节点。

1. 城市物流发展思路

城市是物流活动最为集中的重要载体，针对商贸流通业发展需要而对物流业的合理定位，对商贸流通业、物流业和城市经济发展，均具有重要意义。2009 年国家出台的《物流业调整和振兴规划》，对不同地理区位、经济规模、发展潜力城市的物流功能进行定位，提出了全国性物流节点城市、区域物流节点城市和地区性物流节点城市的概念。按照国家对城市物流业发展的定位，城市发展物流业具有两大战略思路：①对于物流节点城市，物流业既需要为城市自身发展服务，又要为城市所在区域经济发展服务，物流业具有改善城市经济发展环境和培育增量产业的双重功能，是在城市物流业发展壮大中培育“物流城市”的过程；②对于非物流节点城市，物流业的发展主要立足于为自身的产业布局、经济社会发展服务，具有与经济社会发展的同步性，但不具有增量价值。因此，城市发展物流业的基本思路在于城市对物流业发展功能的需求，如果以不同层次的物流节点作为物流业发展的战略定位，则需要明确物流业服务对象的产业发展方向。

2. 城市成为商贸物流节点的可能性

对于具有一定经济规模和发展基础的城市，商贸流通产业的发展具有集聚和扩散双重功能，需要得到物流服务环境的支持，集聚和扩散的规模越大，对物流服务环境的需求也越大。同时，对于物流节点城市，往往也具有较大的商贸流通产业规模。因此，商业与物流的结合发展在物流节点城市具有较强的伴生性，在城市商贸流通产业发展过程中，采取商业与物流业融合发展的模式，并利用现代物流服务体系的建设，在更高的起点上发展商业，实现商贸物流一体化发展，形成商贸物流节点具有现实的可能性，且属于创新性的产业组织与发展模式。

3. 城市商贸物流节点的发展内涵

城市成为商贸物流节点的基本内涵体现在两个方面：首先，城市商贸物流业是现代商业与物流业的有机结合，是以区域服务为定位的商贸流通产业的全新产业发展模式和表现形态，以提升产业发展规模与水平为目标，超出了一般性城市为依托发展商贸流通产业的范畴，是对传统的缺乏扩张能力的商贸流通业的发展创新；其次，城市商贸物流业的发展需要依托城市自身的资源禀赋，更需要从竞争性产业发展的视角，通过适应商贸物流业发展的政策设计，选择最适合城市特点的商业与物流业发展内容,有选择性地为商业、物流业提供空间布局支持,吸引同类型商业、物流企业集聚,形成具有特色的商贸物流业产业体系,实现商业、物流业融合基础上的产业集群化发展。有鉴于此,需要对城市商贸、物流业一体化发展的商贸物流理论、方法等进行创新,以适应城市进行商贸物流节点建设的战略决策与发展思路创新的要求。

4. 商贸物流节点城市发展战略的基本构想

鉴于上述分析,城市成为商贸物流节点的过程就是建立商贸物流城市的过程。按照城市建设具有特定功能物流节点的途径,考虑到城市及所在的区域物流业发展的基本条件,城市确立"商贸物流城市"发展战略的基本设想为:以提升物流产业的战略地位为前提,以商业与物流业的有机结合为切入点,以现代商贸物流产业整体发展为支撑,以现代商贸物流服务体系建设为内容,通过商贸物流企业选择城市建设企业区域分拨中心实现产业集聚发展,将城市建设成为商贸物流企业分拨中心的聚集地,使城市成为辐射区域的商贸物流产业分拨中心,为城市通过商贸物流产业发展培育新的经济增长点奠定产业发展基础和创造突破发展条件。商贸物流节点城市建设的核心是构建区域性的商贸物流产业组织中心,基本表现形态是商业、物流业及商业物流融合业态企业将区域性的商业、物流分拨中心、企业经营总部等设在城市,使城市获得服务于区域的集群化产业发展能力,创新商贸流通产业的扩张发展模式。

二、商贸物流业发展思路与重点任务

1. 发展思路

(1)整体推进商贸物流业发展。按照形成区域性集聚与辐射发展特征的商贸物流产业的战略要求,积极扩张商业,提升物流业,推进区域商贸物流服务体系创新发展,形成针对不同产业类型采取得力的政策和措施,确保商贸物流业健康快速和整体发展的局面,有序推进商贸物流业的一体化融合发展,不断提高商贸物流业的发展水平与质量,营造为区域服务、形成区域商贸物流分拨中心的产业集群发展基础与成长环境。

(2)系统建设商贸物流基础设施。按照商贸物流业整体和一体化融合发展的需要,针对不同业态特征和发展要求,在积极整合各类商业、物流资源,加强交通运输、商贸物流设施衔接的基础上,提高既有资源利用效率,并进行跨行业、跨部门的新的基础设施系统整体规划和建设,形成支撑城市成为区域分拨中心发展定位下的商贸物流高质量基础设施体系,为企业依托设施构建采购、交易、结算、物流配送服务枢纽创造基础设施环境。

(3)改革创新商贸物流管理体制。要积极借鉴国内外城市商贸物流发展的经验,对既有的分部门、分行业商贸物流管理体制进行改革创新,形成在推进商贸物流业获得区域竞争优势中的政府管理体制创新优势,加快推进商贸物流业的发展。要在管理体制创新的基础上,统筹城市的政策尤其是招商引资政策步调,形成具有整体性的政府管理体制,并配合城市商贸物流业发展定位,转变招商方式,变以企业数量、投资为目标的招商为以企业质量、服务模式为核心的选商。

2. 重点任务

(1)加快基础设施布局建设。加快推进商贸物流分类设施的规划和建设,营造商贸物流发展的良好基础设施环境;加强对物流设施运营效率具有重要影响的交通运输、市政设施等的配套建设,并按照企业商贸物流服务运作的需要,注重与物流设施之间的衔接,为产业集聚和辐射创造运营条件;要注重针对重点引进企业的物流基础设施的建设,使基础设施与重点企业的发展之间建立紧密的协同发展关系,加快基础设施的建设步伐,充分发挥基础设施保障商贸物流业发展的作用;要加快有利于商业模式创新发展的商业设施及配套的城市基础设施建设,营造亲商的发展环境。

(2)扶持服务创新与技术进步。以形成区域商贸物流服务体系作为创新核心,积极鼓励商业、物流领域服务业态和模式的创新;推进经营、管理技术、先进装备尤其是以物联网为核心的信息技术应用;大力支持商业、物流企业进行管理与业务流程再造,提高企业的管理水平和发展水平;重点扶持商业、物流企业应用新技术、新装备的服务模式创新,培植区域性的服务企业成长和扩张,为城市成为区域性商贸物流基地提供具有活力和竞争力的企业发展保障。

(3)营造良好的金融服务体系。商贸物流的转型、提升、发展,需要大量的资金支持,同时,区域性商贸物流服务体系的运营也需要良好的金融服务环境。为此,城市要战略性地加大商贸物流发展所需要的金融服务体系建设,积极通过金融体制机制创新,着重在金融市场体系、金融机构体系、金融监管体系和金融环境体系四个方面进行商贸物流金融服务体系建设,为区域商贸物流业发展提供新的强大金融保障和发展动力。

(4) 搭建公共信息平台。要从有利于加快商业、物流产业延伸融合以及企业之间供应链关系建立、产业集群形成的角度,通过规划、投资、建设、运营等机制的创新,积极整合商业、物流业信息资源,加快搭建商贸物流公共信息平台,营造有利于产业聚集与扩散的信息化环境。要切实解决各类商贸物流信息系统与信息平台、信息平台与信息平台之间实现信息共享的管理、制度、利益分配等障碍,加快提高信息利用效率。

(5)推进关键项目建设。按照商贸物流发展的需要及政府对相关建设项目扶持能力,积极利用政府支持和推进产业发展的优势,选择一批具有关键性作用、一体化特征、示范作用突出的商贸物流基础设施、服务系统、信息平台等相关领域的项目,加快推进城市现代商贸物流产业具有核心竞争力的产业系统的形成与发展。

(6)完善发展政策与措施。要在商贸物流管理体制改革的保障下,按照商贸物流基础设施建设、服务创新、信息平台建设、重点项目建设等相关领域的政策要求,加快招商、土地、投融资、税收、财政和行业管理等政策的制定与调整,形成支持、保护商贸物流业快速发展的具有整体性、可操作性的政策体系,使政策成为推进商贸物流业发展的重要保障。要积极转变政府行政管理作风,提高办事效率和公信力,树立良好的政府行政管理形象,为城市商贸物流业发展具有关键性国际、国内商贸物流企业的引进、扎根、发展创造条件。要按照市场经济规律,研究商贸物流产业集聚所需要的市场环境,将城市需要的商贸物流企业发展纳入市场发展的轨道。

(原载《中国流通经济》2011 年第 11 期)

中国物流学研究现状分析、热点探视及趋势展望

基于 1999~2010 年三大基金立项项目的总体评论

刘秉镰,刘玉海,梅冠群

现代物流业是随着经济的不断发展,特别是科学技术日新月异的进步而发展的。在不同的经济社会阶段,物流适应于不同的经济活动要求,其理论内涵也随之不断地进化和完善,这在不同时期物流理论研究的侧重点上得到充分体现。①国内以往有关物流理论的研究综述要么偏重于对西方物流理论进行综述,②要么偏

①James R. S. Applying Theories from Other Disciplines to Logistics[J]. The International Journal of Physical Distribution,1997(9/10):515 -539.

②王述英,王青,刘彦平. 西方物流理论发展与比较[J]. 南开经济研究,2004(2):107 - 112.

重于从物流某一具体领域展开述评,①缺乏从总体视角对我国物流学理论研究的统筹把握。鉴于基金项目是我国物流学研究的重要载体之一,本文基于1999～2010年自然科学、社会科学和人文社科三大基金物流立项项目的视角对我国物流学研究进展进行总体评论,以期更加全面准确地把握我国物流学的研究现状、前沿热点及未来趋势。

一、国内外物流学理论研究的演进历程

从严格意义上来讲,20世纪60年代,西方发达国家尚没有物流这一术语,在产成品销售领域使用的是实体配送概念。但是,人们逐渐认识到原材料采购领域的物料管理同样存在着很大潜力,而实体配送和物料管理可以综合起来进行管理,20世纪80年代便相应地出现了物流管理这一概念。② 市场竞争的加剧,使企业越来越认识到供应链之间的竞争是未来企业之间竞争的本质。因此,企业的物流管理,既要考虑上游原材料供应商,又要兼顾下游分销商、客户的协调和配合。于是,到20世纪90年代,又提出了供应链管理的概念。③ 随着现代大规模生产制度的发展,一些创新型的供应链生产方式不断涌现,如第三方物流、准时采购、精细供应、供应商管理库存等,与之相对应,对这些领域的供应链理论研究也不断深入。近十多年来,国外物流学理论发展很快,并不断跟随社会经济发展的需要,开创性地提出和研究一些新的物流理论问题,如精益物流、绿色物流和逆向物流等,从而将环境保护、可持续发展等经济理念引入物流理论的研究领域。研究发现,国外物流学理论研究主要集中于决策支持系统、供应链管理、运输排队、存货管理和国际物流等5个方面;④、⑤实证分析是国外物流学研究的主要研究方法,其中邮件调查和案例研究是最具代表性的两种实证分析方法,且邮件调查方法居于主导地位。⑥

20世纪70年代末期,随着经济体制改革和对外开放战略的实施,我国逐步开

---

①周垂日,梁樑,许传永等. 逆向物流研究的新进展:文献综述[J]. 科研管理,2007(3):123－132.

②McGinnis M. A. ,S. K. Boltic,C. M. Kochunny. Trends in Logistics Thought:An Empirical Study[J]. Journal of Business Logistics,1994(2):273－303.

③Brewer A. M. ,K. J. Button,D. a. Hensher. Handbook of Logistics and Supply Chain[M]. Management Pergamon,2001:31.

④James R. S. Doctoral Research in Supply Chain Management and/or Logistics Related Areas:1999－2004[J]. Journal of Business Logistics,2006(1):121－161.

⑤Sachan A. ,Datta S. Review of Supply Chain Management and Logistics Research[J]. International Journal of Physical Distribution & Logistics Management,2006(9):664－706.

⑥Mentzer J. T. ,K. B. Kahn. A Framework of Logistics Research[J]. Journal of Business Logistics,1995(1):84－107.

始重视西方物流概念的引入以及在此基础上结合中国国情对国内物流概念的研究,如著名物流专家吴润涛、王之泰和徐寿波等于 1987 年主编出版了改革开放之后中国第一部物流专著——《物流学及其应用》。20 世纪 90 年代末期以来,我国经济学界和国外物流学界出现了前所未有的中国物流研究热潮。从研究内容来看,这段时期我国物流学理论研究主要集中于物流系统分析、物流战略管理、供应链集成与管理、物流产业分析、区域物流规划以及绿色物流和精益物流等研究领域。① 从研究阶段来看,这段时期我国物流学理论研究可以进一步划分为物流产业形成和企业成本分析、物流功能提升与供应链流程再造、物流产业融合与智能物流研究三个阶段。纵观我国物流学理论研究的演进历程,可以发现,从研究方法的角度而言,我国物流学理论研究偏重定性分析和以管理科学与工程为基础的非实证研究,而缺乏实际调研和计量实证分析;从研究内容的角度而言,我国物流学理论研究偏重于企业战略和中观物流,而缺乏对微观物流和宏观物流的经济分析以及科学论证。

二、三大基金项目视角下中国物流学研究的现状分析

作为中国物流学研究的重要载体之一,基金项目具有引导中国物流学研究方向和前沿热点的重要意义。本文通过对 1999 ~ 2010 年自然科学基金、社会科学基金、教育部人文社科基金三大基金项目中物流立项课题的全面梳理和认真总结,以期从一个全新的视角对中国物流学研究现状和发展脉络进行分析与阐述。

1. 三大基金物流立项数目均呈现出快速增长态势

在 1999 ~ 2010 年,三大基金项目中,物流相关立项项目共计 207 项,其中自然科学基金项目 116 项,社会科学基金项目 21 项,人文社科基金项目 70 项,表明我国物流学研究主要是以自然科学基金项目为主,其占物流相关立项项目总数的 56% 。如表 1 所示,三大基金物流立项项目总体上均呈现出快速增长的态势且增速越来越快,这显示出物流学研究在三大基金项目中的受重视程度在不断提高。具体而言,2010 年,三大基金物流立项项目共计 54 项,占到近十年物流立项总数的 26% ,其中自然科学基金和人文社科基金中的物流立项项目均为历年来最高。此外,无论是从资助总额还是从平均单项资助金额来看,三大基金物流立项项目均呈现出日渐增加的趋势。以自然科学基金为例,近十年 116 项自然科学基金物流项目的资助总额共计 2245. 1 万元,平均单项资助金额为 19. 35 万元,略高于自然科

①肖湘,周传丽. 物流理论研究新进展及其评析[J]. 宏观经济研究,2005(2):31 – 34.

学基金管理科学部一般项目的平均单项资助强度 18. 39 万元。

表 1　1999 ~ 2010 年三大基金项目中物流相关项目数量

类别 \ 年份	1999	2000	2001	2002	2003	2004	2005	2006	2007	2008	2009	2010
自然科学基金	1	1	4	4	7	6	14	10	18	13	13	25
社会科学基金	–	–	–	3	1	4	3	1	1	–	2	6
人文社科基金	1	–	4	1	4	–	5	4	8	6	14	23
三大基金总计	2	1	8	8	12	10	22	15	27	19	29	54

2. 我国物流学研究尚以工程类和管理类学科为主

从项目所属学科的角度划分，三大基金物流立项项目可以分为管理类、工程类、理论经济类、应用经济类以及军事类。1999 ~ 2004 年三大基金物流相关立项项目中，属于工程类学科和管理类学科的项目数量分别为 68 项和 87 项，说明中国物流学研究目前尚以工程类和管理类学科为主。具体而言，国家自然科学基金主要资助工程类和管理类的物流项目，国家社会科学基金主要资助应用经济类的物流项目，教育部人文社会科学基金的资助领域比较平均，但是略偏向于管理类和理论经济类的物流项目（如表 2）。

表 2　按所属学科划分的三大基金项目中物流项目数量

学科类别	自然科学项目	社会科学项目	人文社科项目	三大项目合计
工程类	57（1075. 1）	0	11	68
管理类	49（1014. 8）	1	37	87
应经济济	2（20）	17	9	28
理论经济	7（124. 2）	2	13	22
军事类	1（11）	1	0	2

注：括号内为资助金额，单位万元。

3. 物流管理以及调度与优化是我国物流学研究的重点领域

按照立项项目的研究问题和研究目标来划分，三大基金中的物流立项项目可以分为 12 个领域。1999 ~ 2010 年三大基金物流相关立项项目中，物流管理以及调度与优化领域的项目数量分别为 57 项和 41 项，表明这两个领域是目前中国物流学研究的重点领域。具体而言，国家自然科学基金资助的领域十分广泛，但主要集中在调度与优化、物流管理以及物流系统设计三个领域；国家社会科学基金和教育部人文社科基金则主要资助产业物流和物流管理等两个领域。此外，逆向物流的研究主要集中在国家自然科学基金项目,应急物流的研究主要集中于教育部人文社科基金项目和国家自然科学基金项目(如表3)。

表3　按所属领域划分的三大基金项目中物流项目数量

类别	自然科学项目	社会科学项目	人文社科项目	三大项目合计
产业物流	2(29)	7	10	19
调度与优化	34(683)	–	7	41
军事物流	1(11)	1	–	2
冷链物流	1(26)	–	1	2
逆向物流	9(163)	1	4	14
配送物流	7(148)	–	–	7
生产物流	3(51.5)	–	–	3
物流管理	26(552)	7	24	57
物流经济	7(115)	2	5	14
物流系统设计	16(280)	–	6	22
物流信息系统	2(23)	–	3	5
应急物流	8(163)	3	10	21

注:括号内为资助金额,单位为万元。

三、三大基金项目视角下中国物流学研究的前沿热点

通过对1999~2010年三大基金中物流相关立项项目的详细分析,可以发现我国物流学研究的前沿热点主要包括不确定条件下物流问题研究、应急物流和逆向物流研究、食品和农产品物流研究以及企业物流领域的现实问题研究四个方面。

1. 不确定性条件下的物流问题研究成为热点

在基于时间的现代竞争环境下,物流管理不仅强调成本最低,而且更强调物流的稳健性和快速响应能力。① 因此,不确定环境下的物流网络设计和相应的制度设计等研究具有广阔的实践应用价值,潜力巨大。在2010年的25项自然科学基金物流项目中,有8项是与不确定环境下的物流问题研究密切相关,如高阳的"不确定环境下再制造逆向物流网络的多周期多目标设计研究";在2010年的23项人文社科项目中,有4项是与不确定条件下的物流问题研究相关的,如张红波的"不

①Msrasco A. Third – party Logistics: A Literature Review[J]. International Journal of Production Economics, 2008(2):127 – 147.

确定环境下我国物流企业成长力培育与路径选择”。

2. 应急物流和逆向物流的研究显著增加

中国虽然建立了各种应急机制,但是在应急物流信息系统的建立、应急物流的调度和流程的优化等方面尚存在诸多研究不足。非典疫情、南方雪灾和汶川地震等各种灾害事故的发生,将中国应急物流体系中的能力不足问题充分凸显出来。由于救灾过程中的物资供给和配送问题关系重大,应急物流成为中国政府和社会各界高度关注的焦点,这也在三大基金物流立项项目中得到充分体现,2008 ~ 2011年,三大基金物流项目中共有 21 项与应急物流密切相关。

近年来,随着人们的环境保护和资源节约意识越来越强,各地已有越来越多的环境法律法规要求生产商对产品的整个生命周期负责;加之逆向物流是一个预期盈利能力较强的物流子行业,在制度约束与经济驱动下,逆向物流研究成为中国物流学者高度关注的研究领域之一。①目前,三大基金项目中关于逆向物流的研究主要集中于汽车类、家电类和电子类等高附加值产品领域,如刘彦平的“高科技产品逆向物流运营模式研究”,但是全社会范围的逆向物流体系建设和管理问题依然未能在理论上得到有效解决。

3. 食(药)品、农产品等专业领域的物流配送问题受到越来越广泛的关注

近年来,各类影响较大的食品安全事件在我国不断出现,充分暴露出我国食品生产流通体系和政府监管制度均存在一些较大问题,食品安全问题成为社会各界高度关注的热点问题。加强食品安全监管是进行食品物流和供应链研究的有利契机,而且提升农产品、生鲜产品等物流服务水平、降低物流成本,也与农业发展与农民增收息息相关。因此,农产品流通配送、食品供应链监管等均具有重大的研究价值,如实现产品加工配送物流全过程的可追溯化、实现农产品供应的封闭化等。从三大基金物流项目中有关食品物流的相关项目来看,目前中国食品物流的研究主要集中于食品物流运行机制分析、组织结构建构和政策制度设计等方面,如黄祖辉的“我国生鲜食品物流系统构建中的组织与制度研究”。

4. 企业物流领域的现实问题迫切需要得到解决

1999 ~ 2010 年三大基金中共计 207 项物流相关立项项目均属于纵向物流项目,而现实问题中企业物流领域的相关横向物流立项项目粗略估计可高达上千项。如 1997 ~ 2007 年,教育部人文社科项目中受企业和事业单位委托的横向课题高达 1275 项,反映了物流研究面向物流实际问题的特点。目前,横向课题的研究对象

①周垂日,梁樑,许传永,等. 逆向物流研究的新进展:文献综述[J]. 科研管理,2007(3):123 - 132.

主要包括物流企业的发展战略、地区的物流发展现状和规划、物流可行性研究和物流体系建设等方面。在实际运作领域,也存在许多问题迫切需要得到解决,如物流人才的培养体系不规范、电子商务企业的物流瓶颈依然存在等,而物流实践发展和物流理论研究也存在较大程度的脱节现象。

四、我国现代物流发展趋势及其研究展望

基于我国现代物流发展趋势,结合对1999~2010年三大基金中物流立项项目的分析,本文认为物流服务创新及其风险规避、以物联网为代表的物流信息化、低碳物流和绿色供应链研究以及现代物流统计方法和指标体系研究将成为中国物流学研究的重要领域。

1. 物流服务创新及其风险规避将成为重要研究领域

中国正处于物流模式创新的高潮期,各种新的物流服务模式不断涌现,各种微创新蓬勃发展。如物流金融已由简单的代收货款发展到现在的融通仓模式、反向担保模式等新形式,保税港区和物流金融的融合发展潜力巨大。① 物流新模式的出现无疑会提高物流服务的附加值,但是作为新兴事物也必然存在着许多风险,因而如何规避风险并且提出新的物流模式就成为在物流理论上有待解决的重要问题之一。

2. 以物联网为代表的物流智能化研究将会日渐增多

信息通信技术的最新成果无疑将为现代物流发展提供新的发展机遇,其中最具代表性的是物联网技术和3G技术。② 3G网络的建设以及物联网技术的发展无疑会降低物流成本、提高物流智能化水平,物流智能化将是现代物流业的必然趋势。但是,关于这些新兴信息通信技术在物流领域的开发和应用还有诸多问题尚未解决,这不仅包括一些软硬件技术的研发等技术性问题,而且包括物流需求分析、物流盈利模式等诸多管理问题。未来随着我国信息化与现代物流的深度融合,有关物流智能化的理论研究将会日渐增多。

3. 低碳物流和绿色供应链将是物流学理论创新的焦点

物流业属于高碳产业,物流运输过程中产生的碳排放是温室气体的主要来源。实现物流的低碳化,并通过物流服务的高级化、物流体系建设的完善化,以降低整

---

①李毅学,汪寿阳,冯耕中.一个新的学科方向——物流金融的实践与理论综述[J].系统工程理论与实践,2010(1):1-13.

②Perego A., Perotti S., Mangiaracina R. ICT for Logistics and Freight Transportation: a Literature Review and Research Agenda[J]. International Journal of Physical Distribution & Logistics Management, 2011(5): 457-483.

个社会的碳排放水平，无疑是中国适应全球气候变化和实现物流可持续发展的重大机遇。此外，逆向物流和绿色物流不仅是应对资源短缺与环境保护等问题的有效策略，而且也符合中国可持续发展的长期战略。因此，面对消费者环境保护和资源节约意识的日渐增强，以逆向物流为核心的逆向供应链研究与以绿色物流为核心的绿色供应链研究将成为物流理论创新的焦点。

4. 物流统计方法和指标体系将是亟待研究的重大问题

统计数据是经济研究的基础，准确有效数据的缺失会严重制约政府和企业决策的准确性与可靠性。现代物流业横跨多个基础性、服务性行业，其本身是一个庞大的纵向经济领域，同时也是一个为其他所有经济领域服务的横向经济领域，因而针对物流业的统计工作是一项艰难而非常重要的工作。改革开放之后，我国现代物流产业发展迅猛，但相应的物流统计工作却进展缓慢，主要表现为没有建立统一完善的物流统计方法和指标体系。因此，统一完善的物流统计方法和指标体系研究将是一个亟待解决的重大理论和现实问题。

（原载《中国流通经济》2011 年第 11 期）

运用分享经济理论破解当前中国经济两大难题

李炳炎

当前，我国经济面临两大难题：一是财富和收入分配严重失衡，贫富分化日趋严重，已经出现两极分化现象；二是从 2010 年 7 月起我国出现了新一轮通货膨胀，来势凶猛，蔓延迅速，可能酿成“滞胀” 风险。本人尝试用自己提出的新的经济理论来破解这两大难题。我的新理论就是我在《利益分享经济学》中提出的中国特色社会主义分享经济理论。《利益分享经济学》2011 年 3 月获“江苏省第十一届哲学社会科学优秀成果奖”，2011 年 5 月在美国麻省大学获“21 世纪世界政治经济学杰出成果奖”。这充分说明，中国特色社会主义分享经济理论已经被国内国际社会所承认，并已引起多方面关注。利益分享经济机制，不仅具有消解分配失衡的功能，同时还具有消解经济“滞胀” 的功能。

一、何谓“中国特色社会主义分享经济理论”及其经济机制

中国特色社会主义分享经济理论，是中国特色社会主义经济理论一个独特的

理论分支。① 第一,这一新理论的核心思想是:经济观从以物为本转到以人为本,从利益独占转到利益分享。第二,这一新理论的理论公式是:$w = c + (v + m)$;$v + m = n = n1 + n2 + n3$;$w = c + (n1 + n2 + n3)$。其含义为社会主义市场经济生产方式所生产的商品的价值(w)由两个部分组成:一部分是生产资料成本价格(c),另一部分是新创价值($v + m$),即必要价值 v 加上剩余价值 m。根据劳动价值论,生产商品所耗费的活劳动所创造的新价值一开始是一个整体($v + m = n$),这个新价值(n)的社会性质笔者将其命名为"需要价值"。"需要价值"的含义是:满足人民日益增长的经济需要这一社会主义生产目的,与新创价值结合而形成的一个新的经济范畴,它是对工资和利润($v + m$)的扬弃,是社会主义生产目的在社会主义市场经济条件下的体现和具体化。需要价值必须在国家、集体、个人三个利益主体之间合理科学地分配,形成国家收入($n1$)、企业收入($n2$)和劳动者个人收入($n3$),即 $n = n1 + n2 + n3$。所以,$w = c + (n1 + n2 + n3)$,这是社会主义分享经济理论的总公式。从理论经济学的角度看,公式 $w = c + n$,表示在社会主义市场经济的主体部分存在的"自主联合劳动"②条件下,物化劳动表现为"社本"③即 C 或 c④,而活劳动表现为"需要价值"(n),即社会主义商品价值 $W = C$(社本)$+ N$(需要价值)。第三,这一新理论的典型实践形式中的"分享" 包括以下四个层次:利润分享适用于私有制企业;净收入分成制适用于公有制企业,包括国有企业和集体所有制企业;所有权(财产权)分享适用于股份制企业与股份合作制企业;经营权分享适用于能够实行"共同决定制" 的企业。我国的"鞍钢宪法" 所规定的"一改二参三结合" 制度中的"工人参加管理"即属于经营权分享。

中国特色社会主义分享经济理论,正是构建中国特色社会主义分享经济制度的理论基础。而构建这一新制度,则必须首先构建新的初次分配方式。我国沿用

---

①李炳炎. 利益分享经济学[M]. 太原:山西经济出版社,2009:3 -5.

②按照马克思的观点,雇佣劳动是资本主义生产方式的本质特征,是其"普照的光"。笔者早在 1982 年就提出自主劳动思想,并在 1986 年发表的论文中正式提出"自主联合劳动" 范畴,认为它是社会主义生产方式本质特征,是对雇佣劳动的扬弃。"自主联合劳动" 一词,是自主劳动与联合劳动的结合,自主劳动是社会主义的特征,联合劳动是社会化大生产的特征,社会主义市场经济制度必须同时具备这两个特征。

③"社本"一词是卓炯先生率先于 1983 年提出、笔者于 1985 年提出并应用的。"社本" 是资金的社会主义形式,是"资本一般" 即能增值价值的价值与社会主义生产关系的结合。"社本" 中的本就是"本钱"的意思,意即"社会主义的本钱"。相反,"资本" 可解释为"资本主义的本钱"。改革前的中国正是由于社会主义没有本钱,经济愈搞愈穷。正是没有"社本" 范畴,社会主义理论经济学的理论体系迟迟建立不起来。

④大写的 C 是指社会主义商品生产中所占用的总量"社本",即"所用社本";小写的 c 是指商品生产中所耗费的社本即"所费社本"。

至今的传统的企业收入分配方式，是建立在以下商品价值构成公式上的：$w = (c + v) + m$。企业生产出的商品的价值，扣除物耗成本 c 之后的新创造价值，则划分为工资 v 和利润 m 两个部分，作为劳动报酬的工资 v 进入生产成本。这样，工资 v 和利润 m 始终是对立的，v 是劳动报酬，m 是资本所得。在“强资本弱劳动”的劳资关系格局下，势必形成国民收入初次分配中劳动报酬 v 占比愈来愈低，利润 m 占比愈来愈高的不合理走势。另一方面，劳动报酬 v 绝不能随着企业的生产效率的提高和经济效益的提高而同步提高。因为企业的生产目的是追求利润最大化，就必然压低成本，使成本最小化，而成本包含 c 和 v 两部分。所以，v 与 m 始终处于对立的地位，反映了现实生活中劳资关系紧张、劳资矛盾尖锐化。

针对上述初次分配方式存在的严重弊端，笔者提出一种新的初次分配方式，即中国特色企业收入分配方式。中国特色企业收入分配方式是建立在我国基本经济制度基础之上的初次分配方式创新。具体地说，由于我国在这个基本经济制度下实行社会主义市场经济，企业生产的产品仍然是商品，有价值和使用价值。但是，根据科学的马克思劳动价值论，社会主义商品价值的构成公式是：$w = c + n = c + (n1 + n2 + n3)$。这就是说，社会主义市场经济中企业生产的产品，作为商品实现了其价值从而取得了销售收入 w，扣除生产资料成本价格 c 就得到新创造的价值 n，即企业净收入（国民收入）。企业净收入依据一定原则、通过一定机制划分为国家收入 $n1$、企业收入 $n2$、职工收入（劳动报酬）$n3$ 三个部分。这样，就从根本上消除了劳动报酬占比越来越低和劳动报酬不能随着劳动生产率的提高而同步提高这两大弊端。这是因为在以公有制为主体的基本经济制度下，公有制企业中劳动者必然占主导地位，形成“强劳动，弱资本”的劳资关系。体现在兼顾国家利益、企业利益和职工个人利益的分配原则中，突出民生、提高消费率的政策取向，必须保证劳动报酬占比较高，至少不低于国际平均水平；必须将劳动报酬与劳动生产率和 GDP 挂钩，随着 GDP 增长，劳动报酬与之同向同步按一定比率增长，实现两者同步增长。

与传统的企业收入分配方式相区别，中国特色企业收入分配方式具有以下三大优点：①通过这种初次分配方式，能够消除国家、企业、职工三个经济主体之间的利益矛盾，实现收入分配公平、合理，从源头上消除分配不公。②推行中国特色企业收入分配方式改革，可以成为一个切入点和突破口，改变不合理的国民收入分配格局。③由于中国特色企业收入分配方式所产生的分享经济运行机制具有天然的反通货膨胀和反“滞胀”的功能，如果能在企业层面广泛推行，则有利于抵御我国可能出现的高通货膨胀、高失业率、经济动力不足以至经济下滑即“滞胀”风险。

二、有效消除“两极分化”的分享经济对策

温家宝总理在领导干部专题研讨班讲话时指出:“当前,收入分配问题已经到了必须下大力气解决的时候。如果收入差距继续扩大,必将成为影响经济发展和社会稳定的重大隐患。”因此,客观而深入地研究当前我国出现的收入分配领域两极分化的严重性、产生原因以及治理对策,是无法回避的战略性问题。

我国贫富差距问题严重主要表现为:①基尼系数持续攀高,居民收入集中化程度日益加剧,基尼系数已连续10年超过了国际警戒线。②改革开放以来,城乡收入差距不断拉大。③区域间收入差距继续扩大,主要表现为东部地区和中西部地区之间差距的扩大。④行业收入差距迅速拉大,特别是垄断行业与低收入行业间的收入差距两极分化现象极为严重。

我国现阶段出现的两极分化现象,是多种因素综合产生的结果。治理两极分化势在必行。笔者在此仅提出分享经济的治理对策和措施:①在初次分配中,大幅度提高劳动报酬的比重,相应削减资本报酬的比重。要对超过行业平均利润率的私营企业课以重税。对于国有企业高层管理人员的薪酬,一要取消年薪制,改为月工资制,不得超过本企业员工平均工资的10倍,超过部分由审计部门收缴国库;二要由职工代表大会决定高管的薪酬水平。②推行企业净收入分成制,切好国家、企业、个人三部分“蛋糕”。所谓净收入分成,就是将企业已经取得的净收入在国家、企业、职工个人三个经济主体之间按既定的比率分享。国民收入分配的总原则,就是要正确处理好国家、企业、个人三者之间的利益关系,进行合理分配。在社会主义市场经济条件下,合理分配具有两层含义:一是收入分配有利于充分调动经济活动参与者的积极性,提高经济效率;二是收入分配相对公平,保证每个社会成员最基本的生活需要,保护合法收入,调节过高收入,取缔非法收入,防止收入差距过大。③推行中国特色的员工所有制股份公司。员工所有制股份公司是指根据员工的岗位特点,结合员工的工龄、职称等因素将股份分配到每位员工所有,实行自主联合劳动所有制。

中国特色社会主义分享经济理论为破解初次分配领域中效率和公平的“两难困境”提供了新思路,并赋予了制度性保障。该理论以利益分享的新经济观为理念,在初次分配领域中建立一种新的协调的利益分享机制。具体而言,在公有制企业中,用净收入制来代替现有的工资制;在非公有制企业中,采用利润分享制,使个体利益的实现与整体利益的实现紧紧地联系在一起,在它们之间建立起一种共同消长而不是此消彼长的新型关系,可以在提高效率的同时,实现收入分配

的公平。解决如何使劳动报酬随着 GDP 的增长而同步同向按一定比率增长这一难题。

三、我国当前面临的“滞胀”风险及其分享经济治理对策

笔者认为,新一轮通货膨胀的主要成因不是输入型而是内生型的。一是固定资产投资规模过大,导致经济过热;二是货币超量发行,货币信贷急剧膨胀,流通中的货币过多,严重违背了货币流通规律。

1. 近期中国经济必须高度警惕“滞胀”风险

目前,与主要发达国家经济相比,中国的经济运行态势令人堪忧,中国经济面临着“滞胀”风险。

(1)通货膨胀显著上行,风险加大。从物价指数上看,从 2009 年 3 月起,物价指数大幅攀升,大宗商品的市场价格同比上涨,其中食品价格上涨较快。2010 年,居民消费价格指数同比上涨 3.3%(一般来说,居民消费价格指数超过 3% 就是通货膨胀)。值得注意的是,2010 年 11 月居民消费价格指数同比上涨超过 5%,创两年多来新高。2011 年 1 月居民消费价格指数同比上涨 4.9%,至今居高不下。目前,粮食等农产品价格上涨、劳动力与资源品价格上行、大宗商品价格飙升、国内流动性依旧宽裕、国际大宗商品价格上涨等因素将加大通货膨胀压力,中国经济发展趋势面临着通货膨胀恶化风险。

(2)宏观经济严重失衡,潜在的经济下滑风险加大。长时期以来,中国的宏观经济严重失衡,主要表现在:一是经济增长动力结构失衡,即投资、消费和净出口失衡。全球金融危机爆发后,由于国际贸易形势的恶化,出口需求迅速衰减,在有效消费需求不足的情况下,只好继续依赖政府的大规模投资来拉动经济增长。二是经济高增长与粗放型经济发展方式并存。目前,中国经济的高增长率是以巨大的资源和环境代价换来的。2010 年中国国民生产总值虽然同比增长 10.3%,但付出的代价太高,其中工业增加值仅占 26.5%,而 73.5% 都是消耗物化劳动产品的转移价值。而发达国家的工业增加值平均都在 40% 以上。这说明中国经济增长的粗放型格局没有改变,转变经济发展方式的任务依然艰巨。

(3)就业形势依然严峻。失业率是经济运行的晴雨表。虽然国家统计局数据显示,2008 年、2009 年、2010 年城镇登记失业率依次为 4.2%、4.3%、4.1%,但由于很多真正失业的人不一定去登记,加上农村就业没有包括在里面,因此国家统计局每年公布的登记失业率数字,比调查失业率和实际失业率要低。从以上分析可知,目前,中国宏观经济严重失衡,收入分配领域的两极分化导致经济增长基础较弱,再加之就业形势依然严峻、通货膨胀压力不断加大,所以近期中国经济必须高度警惕出现"低增长、高通货膨胀"并存的"滞胀"局面。

2. 从调整微观经济机制入手,构建标本兼治的反"滞胀"长效机制

(1)后危机时期,被长期使用的"凯恩斯政策组合"已失灵,应该淡出。毋庸置疑,为应对经济危机,中国实施积极的财政政策和货币政策,"审时度势,逆经济风向而行事",对抑制经济衰退、促使经济早日复苏起了重要作用。但通过对这些宏观政策的有效性和可持续能力的分析表明,运用凯恩斯政策这把"撒手锏"应对经济大震荡事件十分必要,但绝不可长期使用。首先看财政政策。从1998年的亚洲金融危机到2008年的全球金融危机,直至目前,中国已实施了十多年的扩张性财政政策。这些财政政策的实质就是在内需不足的情况下,一味地靠投资拉动经济增长,导致了消费和投资的失衡,使得经济结构发生了严重的扭曲。这种严重失衡的"高投资、低消费"的经济增长动力结构不能根本性改变,只会引起全社会范围内大规模的产能过剩,严重时酿成经济危机。其次看中国的货币政策。货币政策本身具有"时滞性"以及货币传导机制经常受阻等缺点。为应对危机,从2008年直到2010年9月,中国政府一直采取宽松的货币政策,信贷大规模扩张。但由于大多数企业面临产能过剩的问题,加之实体经济不景气,拿到信贷资金的企业不愿投资实体经济,反而在虚拟经济领域进行投机。这些信贷资金流向楼市和股市,其结果必然造成资产价格的上涨,从而使经济严重泡沫化,加大了通货膨胀压力,使货币政策的预期效果大打折扣。从经验上讲,"滞胀"是长期实行扩张性财政政策和货币政策的结果。因此,化解中国的"滞胀"风险,必须寻找"第三条道路",即新的理论思路与对策。

(2)消除"滞胀"风险,必须从调整微观经济机制入手,建立"标本兼治"的长效机制。制约经济增长的微观原因。内需不足特别是消费需求不足是制约中国经济增长的"顽疾",而扩大内需战略难以真正启动的病根,就在于不合理的国民收入分配格局所导致的过大的居民收入差距。广大劳动者特别是农民、农民工和普通工薪阶层的财产性收入比较少,基本生活来源主要是依靠劳动获得报酬。劳动报酬不断地被压低,造成了作为国民主体的劳动者的实际购买力相对下降,从而造成有支付能力的消费需求长期不足。同时,企业内部不合理的收入差距,不但会导致企业和员工的利益摩擦,而且会降低工人积极性和主观能动性的发挥,影响工作效率和企业效益,制约经济增长。在收入分配中,初次分配是分配的基础,它形成不同经济主体的不同原始收入。从国外的实践来看,初次分配是人们利益的根本所在,它占国民收入的80%~90%,即使在福利国家的分配中,再分配充其量不超

过30%。不合理的企业分配制度会减少企业活力,影响企业的效益,降低企业供给。收入分配的两极分化,导致社会平均消费倾向降低,必然引起消费不足。所以,促进中国经济持续健康增长,必须在初次分配领域建立起"兼顾公平和效率统一"的微观经济调节机制。无论哪一种通胀,都有自身微观层次上的原因。由于GDP增长率提高的同时,大多数行业的初次分配不公,导致收入两极分化加剧,产生"暴富"阶层。由于实体经济不景气及投资渠道单一,导致了富裕阶层将过多资本投入楼市和股市,推动了资产价格上涨。同时,微观经济主体的通胀预期是支撑通胀"惯性"的重要因素。在信息不完全的情况下,政策的摇摆和预期的不确定都会导致潜在的通胀压力转化为现实的通胀。一旦通胀预期形成,就会产生新一轮的物价上涨。治理中国经济的"停滞"、"通胀"及"滞胀"问题,不能只运用宏观调控手段包括行政手段,更需要从调整微观机制入手,寻找能够调节经济运行的"自动稳定器",建立标本兼治的反"滞胀"长效机制。

(3)中国特色社会主义分享经济的企业分配方式改革方案。中国建立社会主义利益分享制度,必须针对不同所有制性质的企业,采取不同的改革方案。

1)对公有制企业,用净收入分成制来代替现有的工资制。净收入分成制具有工资制无可比拟的优点:一是作为分配基数的净收入(n)等于企业销售收入减去生产资料成本(c),所以,在销售收入不变的情况下,个人分配多少与生产资料成本高低有关,个人会在追求自身经济利益增长的驱动下,生产节约和技术创新;二是核算中不再将工资列入成本,把"剩余关系"变成了"分享关系",使国家、企业、个人成为利益共同体,有利于实现共同富裕,体现社会主义本质特征。

2)对于非公有制企业,用利润分享制来代替现有的工资制。非公有制企业的重要特点就是生产资料私人占有。在非公有制企业建立分享经济制度时,除了考虑国家、企业和个人三个经济主体之间的利益外,还要考虑资本所有者的利益。首先,职工从净收入中取得固定的工资收入($np1$),这是职工个人收入的一部分。其次,对于剩下的净收入,国家通过各种税收从企业中分享到净收入($ng1$),企业从净收入中获得技术革新、扩大再生产等方面的企业基金($ne2$)。最后,对于余下的部分利润($w-c-np1-ng1-ne2$),再按一定比例在资本所有者和企业职工之间进行分配,各自所得收入依次记为$nc3$、$np2$。

因此,非公有制企业中运用利润分享制的分配公式可以表示为:$w=c+(n1+n2+n3)=c+ng1+ne2+nc3+(np1+np2)$,式中,$ng1$为国家收入,$ne2$为企业收入,$nc3$为资本所有者收入,($np1+np2$)为企业职工收入,从而利润分享制兼顾了国家、企业、资本所有者、企业职工四个经济主体之间的利益。

(4)中国特色社会主义分享经济的运行机制。建立社会主义分享经济制度,就是从建立新的企业分配制度入手,建立新的经营机制和财产约束关系,重塑微观基础,运用分享制微观经济组织内生的下述诸多运行机制来抵抗"滞胀"生成问题机理。

1)激励机制。中国特色的分享经济以"利益"调整为切入点,协调了国家、企业和个人的利益关系,在三者之间形成了"一荣俱荣、一损俱损"的利益格局,内生出诸多激励动力。一是收入增长动力。由社会主义分享经济理论的公式可知,国家和企业收入增加了,个人收入也增加;个人收入增加了,国家、企业收入也增加,协调了利益关系。个人收入的不断增长,不但不会成为减少国家、企业收入的威胁,反而成为国家、企业集体收入增长的原因。二是技术进步动力。企业实行净收入分成制或者利润分享制,就会在制度上形成一种促进企业资金积累、技术创新的硬约束,使企业的技术装备、内部管理随生产的运行而不断提升。企业职工的收入不再是事先确定好的工资,而是取决于企业的经营成果和职工个人劳动贡献的大小,往往由技术水平的高低来决定,以"价值系数"来体现。职工的技术水平越高,价值系数就越大,职工个人劳动收入就越多,反之亦然。这样,每个工人会意识到自身技术素质的重要性而主动提高自身技术水平,从而形成职工整体提高技术水平的强大动力,为企业的发展注入生机与活力。三是市场竞争力提升动力。在激烈的市场竞争条件下,为了实现企业净收入最大化,企业和工人必然会采取诸多措施提升企业的市场竞争力。比如,加快转型升级、加强自主创新、转变发展方式;加强行业之间、企业之间的合作,扩大对外开放,拓宽企业彼此之间的发展领域,增强实力;加强企业文化培育;拉长产业链,提高抗风险能力,实现可持续发展等。

2)约束机制。第一,生产成本约束。实现净收入分成制和利润分享制后,企业以净收入为目标,取代了以往的利润作为企业生产经营目标和生产动机,净收入也就成为企业经营活动的中心和企业经济效益的指标。由 $w = c + (n1 + n2 + n3)$ 可得,在销售收入既定的情况下,净收入的最大化意味着企业必须提高管理水平和劳动生产率,从而增加净收入;节约各项物耗成本从而节约生产资料费用,从源头上对生产资料的浪费进行约束,从而形成一种使生产节约和企业增产相互推进的经济运行机制。第二,分配行为约束。社会主义分享经济通过事先确定国家、企业和个人的分享比率,有效地约束、规范了政府与企业的分配行为。可以彻底摆脱政府和企业在国民收入分配中的自利行为(如收入向政府倾斜、资本剥削劳动等),从而改变目前居民收入在国民收入中所占比例偏低现象,实现发展成果分享。

3)调整机制。一是市场调节机制。企业以净收入为目标,必然以市场为导向,实行以销定产的生产经营模式,充分发挥市场机制的作用。二是效率和公平兼顾机制。企业通过实行净收入分成制和利润分享制后,兼顾了多方面的利益,能解决效率和公平之间“鱼和熊掌不可兼得”的矛盾,在实现按劳分配为主体的同时,也实现生产要素参与分配的原则,真正形成效率和公平同时兼顾的协调机制。三是利益协调机制。利益分享的新经济观,不仅强调各经济主体有其特殊的经济利益,还在各经济主体经济利益之间建立一种新的协调的利益分配关系。国家、企业和个人按一定的比例去分配企业净收入,从而三者的收入同步增长,三者的利益协调发展,实现了从利益“独占”到利益“分享”的转变。通过实行净收入分成制和利润分享制,使各经济主体风险共担,利益共享,使各经济主体经济行为得到规范,使各经济主体相互争利的“内耗”大大降低,增强经济发展合力。

以上各种中国特色分享经济的内生机制不是相互独立的,而是相互联系、相辅相成的,共同发挥作用,一种机制作用的发挥并不会影响另一种机制的正常运行,相反还会促进放大另一种机制的作用和效果。

由以上社会主义分享经济制度运行机制的分析可得出一个重要结论:当经济运行受到干扰偏离均衡时,分享经济制度能使偏离均衡的经济自动地向均衡状态收敛。因此,通过建立社会主义分享经济制度,重塑微观经济运行机制,在各种内生机制的相互作用、相互制约下,可以有效地对付通货膨胀、失业增加和经济效率下降,是化解目前中国经济面临“滞胀”风险的有力武器。

四、相关建议

从以上分析可知,社会主义分享经济机制是促进经济又好又快发展的“自动稳定器”,它通过重构微观基础,从根源上化解中国经济的“滞胀”风险。因此,在后危机时期,为应对中国经济的“滞胀”风险,中国政府应转变政策思路。首先,中国利用扩张性财政政策和货币政策在应对“大冲击”,已使经济走出低谷,鉴于扩张性财政政策和货币政策不可以长期使用,所以,目前应该让实施数年的凯恩斯政策组合淡出,尽快进行微观经济运行机制的重塑。其次,对于微观经济组织的变革,不应侧重于产权制度改革,而应着重于在企业初次分配领域引入利益分享制度,用分享经济机制的综合效应对付经济发展停滞、失业增加和通货膨胀即“滞胀”问题,这是治本之策。为此,郑重建议在全社会推行企业净收入分成制和利润分享制的经济模式,以取代原有的工资制经济模式。唯有实施该对策,方能在“十二五”及以后的长时期内从根本上消除通货膨胀、高失业率和经济衰退,逐步建立分享型经济发展方式,实现无“滞胀”的经济发展。

(原载《中国流通经济》2011 年第 11 期)

“中国模式”的实质

胡　钧

一、国家伟大复兴道路的选择

发达的商品流通是资本主义产生的历史前提,资本主义是一种市场经济占统治地位的生产形式,世界市场的建立是资本主义发展的根本条件和生命线,把资本主义推向全世界也是它历史作用的重要方面。随着国家垄断资本主义的发展,跨国公司统治地位的确立,社会化大生产覆盖所有国家,资本扩张伸向了全球每一个角落,这就是经济全球化。物质生产从来就包括两个方面:生产力和生产关系,资本主义在推行社会化大生产的同时,必然要输出它的西方文明,用西方资产阶级的面貌改造世界,输出西方模式。在 18 世纪推行西方模式获得了成果,产生了美国和日本两个资本主义国家。到 20 世纪这条道路已经堵死,西方发达国家推行资本主义模式就是要把落后国家变为殖民地。毛泽东主席解释了这一认识过程:“自从一八四零年鸦片战争失败那时起,先进的中国人,经过千辛万苦,向西方国家寻找真理。……只要是西方的新道理,什么书也看。向日本、英国、美国、法国、德国派留学生之多,达到了惊人的程度。……要救国,只有维新,要维新,只有学外国。……帝国主义的侵略打破了中国人学西方的迷梦。很奇怪,为什么先生老是侵略学生呢?”

十月革命一声炮响,送来了马克思主义,第一次指明了人类社会历史发展的客观规律,同时俄国十月社会主义革命的胜利实践,坚定了我们抛弃西方模式,走社会主义革命道路的信念。

二、“中国模式”的提出和背景

新中国成立 60 年来,我国社会主义经济建设取得了巨大成就。我国只用了 30 年的时间就把英美在工业革命时期需要 100 年才能完成的使命完成了。2008 年国际金融危机爆发后,发达资本主义国家纷纷陷入危机之中难以自拔,而我国不仅成功地减小了危机的冲击,而且通过经济刺激计划迅速复苏,“中国模式”更成为世界瞩目的焦点。

要成为一种特定的“模式”，它必然是在与历史和现实所存在的不同样式的比较中产生的。从不同的视角与不同的对象对比，就会突出“模式”的不同方面，有助于加深我们对“模式”的认识。观察一下对“中国模式”的阐述，国内理论界和发达资本主义国家舆论界的认识有很大差别。在我国理论界占支配地位的观点是把实行社会主义市场经济看作“中国模式”最本质的特征。有人说：“中国模式的本质就是社会主义市场经济。”有人说：“‘中国模式’的鲜明特色，就是把社会主义基本制度和市场经济结合起来，建立起社会主义市场经济体制。”但西方理论界对此却有不同的看法，他们一般很少提到发展市场经济是“中国模式”的特点。理由很清楚，他们就是市场经济国家，而“中国模式”之所以对经济发展起着比他们的社会制度更突出的作用，一定是因为他们所没有的别的原因。他们从自己的视角观察，提出了一些新的方面，为克服看问题的片面性，这些应当是我们需要认真参考的。英国学者马丁·雅克在新著《当中国统治世界时：中国的崛起与西方世界的终结》中认为，中国的统治方式是西方式的，但它的价值观并不是西方式的。政府以及大家庭是中国的社会机制，这与现代西方社会不同。西班牙驻华使馆前商务参赞、前西中企业家委员会主席恩里克·凡胡尔认为，“中国模式”具有国家资本主义和政治专制的特点。在他看来，中国国家政权的作用并不局限于提供补贴和监管。这意味着市场具有中心地位，国家扮演的是一个“领导者”角色，确定经济优先发展方向和目标，引导经济体制向符合市场需求的方向发展。这里他所谓的国家资本主义和政治专制实际上就是以国有经济为主导的社会主义公有经济和共产党的领导。不是市场，而恰恰是这些非市场的特点构成了“中国模式”的内容。国外学者的研究为我们思考“中国模式”提供了一种新的更有意义的视角。

“中国模式”应是新中国成立以来经过长期经济社会发展形成的、符合中国实际的、具有鲜明制度特色的、成功的经济社会发展方式。其实质就是中国社会主义基本制度。原苏联及东欧社会主义阵营解体后，社会主义中国成为西方意识形态上的首要敌人，随着中国经济的发展，西方不断抛出各种各样的中国威胁论和中国崩溃论，期望中国的社会主义走向失败。在这一点上，国内有些人与西方舆论遥相呼应，试图唱衰社会主义，将中国的改革引向西方资本主义模式。“中国模式”的形成实际上是对西方资本主义发展模式的有力回应，证明社会主义是完全可行的社会制度，是可以实现经济发展、造福人民的。俄罗斯科学院世界经济和国际关系研究所主任研究员亚历山大·萨利茨基在接受新华社记者专访时谈到，尊重历史和善于计划是中国取得巨大成就的两个重要因素，而中国改革开放是对社会主义和马克思主义理论的检验。他认为，与以往用社会主义和马克思主义检验中国发展的实践不同,邓小平让人们用实践来检验社会主义和马克思主义的价值。应当说,社会主义和马克思主义经受住了中国实践的检验。从世界社会主义运动的发展来看,“中国模式”的成功既是中国自身的成功,也是世界社会主义运动的成功。中国共产党领导下的中国社会主义实践的伟大成就不仅使西方感到了前所未有的压力,也极大地推动了世界社会主义运动的发展。

同时,“中国模式”的成功也为广大发展中国家积极探索符合自身特点的发展之路提供了非常有益的参考和经验。二十多年前,邓小平同志就曾预言:“我们的改革不仅在中国,而且在世界范围内也是一种试验,我们相信会成功。如果成功了,可以对世界上的社会主义事业和不发达国家的发展提供某些经验。”今天,“中国模式”的初步成功已经产生了这样的影响。美国布普金斯学会约翰—桑顿中国中心研究主任、资深研究员李成认为:“事实上,这一模式已经在不同程度上被一些国家所效仿。这主要体现在经济发展方面。因为这些国家看到,完全市场化很多时候并不能带来他们所期待的结果,往往还会导致大量社会和政治问题。”正如古巴领导人卡斯特罗所说的那样,中国经济的飞速发展表明,中国“已成为所有第三世界国家最大的希望和最好的榜样”。这也是“中国模式”的世界意义所在。

三、“中国模式”的实质和特点

“中国模式”是在60年的风雨中磨砺出来的。新中国60年的发展经过了各种各样的探索改革和不断的自我完善,由高度集中的计划经济体制向政府主导下的市场经济转变。把市场作为一种与计划一样的发展社会主义的方法和手段,是邓小平同志的伟大创举。在社会主义条件下发展市场经济的确大大增强了活力,解放了生产力,促进了生产力的发展,起到了不可忽视的作用,正如有人所说的那样,“如虎添翼”。但是我们也应该认识到,市场经济不是一个独立的力量,它作用的力度、范围是在其所在的基本制度下形成的。我们的市场经济首先是社会主义性质的,以公有制为主体的社会主义基本经济制度决定了社会主义市场经济是在国家规划主导下发挥调节作用的,忘记了这一点是不对的,科学发展观的提出更加明确了国家经济发展规划的重要性,因此当我们谈到“中国模式”时,把市场经济放在首要地位是不符合实际的,是一种肤浅的认识。应当看到,它只是社会主义公有制经济用来发展生产力的方法和手段。

“中国模式”的基本特征可归纳为三个方面:中国共产党领导的核心地位与多党合作的政治体制,国有经济的主导作用与多种所有制经济共同发展的所有制结构,依据科学发展观制定的国家经济规划的主导作用与充分发挥市场经济的基础性调节作用。这是“中国模式”的三个基本构成要素，也是“中国模式”获得成功的三个最根本的因素。

1. 中国共产党的领导和成为执政党

近几年一些西方学者和媒体在谈论中国发展模式取得巨大成就的原因时，与过去相比有一个明显的特点，即他们对中国共产党领导和一党执政的作用给予了特别的重视，不少人把共产党的领导看成决定中国发展道路取得举世瞩目成就首要的决定性因素。这表明，西方那些不带政治偏见的理论界人士对中国发展问题的研究正在逐步深入。

在关于“中国模式”实质的论述中，对西方学者的一些看法和我国理论界的一些看法进行比较，可以发现一个有趣的现象：我国一些理论界人士强调的是从西方社会学到的一些东西，如市场经济，把吸收了市场经济方法说成是“中国模式”取得成功的最重要原因；而西方较有深刻见解的学者却把中国独有而他们社会所没有的东西视为具有决定意义的因素。例如，很多学者把中国共产党的领导和一党执政看成真正具有决定意义的方面。这种情况应当引起我们深思。

著名美国未来学家约·奈斯比特近期出版的著作《中国大趋势——新社会的八大支柱》，深入研究了中国的发展道路问题。其中很突出的一点是他在书的导言中一开始就强调了中国共产党的领导地位和我们一党执政的政治制度的作用。他在谈到中国实现了现代史中前所未有的发展时说：“分析中国自身的条件和优点，我们不难发现，共产党的路线方针是坚定不移地为中国人民谋利益的。这种长远策略方针的执行不会像西方国家那样因为总统任期的结束而中断。中国也没有导致国家分裂的党派斗争，没有因为路线的突然改变而使发展受阻。相反，它一直坚持着改革开放初期所确定的共同目标。自上而下的战略方针与自下而上的参与相得益彰。”①

有的学者讲得更明确，宋鲁郑于2010年3月10日在新加坡联合早报网站上发表的一篇文章中提到，一些学者关于中国成功的原因讲了很多点：“但都有一个共同的缺陷：回避了政治制度因素，这如果不是决定性的也是最重要的原因。”“中国的政治制度如果放到全球、两岸政治比较的视野下，就会发现中国真正与众不同的特色是有效的一党制，这才是中国经济成功的真正原因。”“中国的一党制优势之一在于可以制定国家长远的发展规划和保持政策的稳定性，而不受立场不同、意

①约翰·奈斯比特，中国大趋势，吉林出版集团，2009年9月。

识形态相异政党更替的影响。”①

美国《纽约时报》的专栏作家托马斯·弗里德曼在该报网站上写道：“一党专政当然有它的缺点。但当这样一个政党的领袖是一群相当开明的人时，正如中国的情况一样，这也会成为巨大的优势。这样一个政党可以强行实施政治上很艰难，但对于一个社会在21世纪的发展来说却极为重要的政策。”②

以上所引用的几位不同国家学者和媒体的论述当然还只是表面的观察，对中国共产党有这样大的威信、凝聚力和创造力的根源在认识上还缺乏理论深度，他们的认知也不相同。但即便是较肤浅的看法，还是在一定程度上把握了真理。这对我们一些还停留在只从学习西方找原因的人来说还是有启迪作用的。

“指导我们思想的理论基础是马克思列宁主义。”正是由于马克思辩证唯物主义和历史唯物主义理论以及科学社会主义思想的武装，才使中国共产党获得了不论在战争时期还是在经济建设和改革时期无穷的力量。它的权威性和凝聚力均出于此。将这一理论用于人类社会历史的发展就是一种有规律的自然史过程的理论武装了中国的工人阶级，并成为了强大的物质力量。

正是基于对社会发展规律的这种认识，共产党把每个人的全面自由发展作为自己的理想和长远目标，形成全党的理想信仰。因此，我们不是将共产主义看成人道主义的实现，而是将之视为历史发展的客观规律，因此它对广大党员干部和人民群众具有说服力，具有可信性和动员力量。

共同的世界观、历史观以及由此决定的共同的价值观、共同的理想目标，决定了全党和全体人民群众在根本利益上的一致，不存在根本利益对立的狭隘利益集团，党的内部也不存在根本对立的派别，分歧主要表现在实现理想目标的具体道路、步骤和方法上，这些都可以通过讨论协商得到解决。这正是我们这种新型民主制度实行共产党一党领导下多党合作与政治协商制度的坚定基础。

共产党人除了广大人民群众的利益之外，没有任何本身的特殊利益，这正是它赢得广大工农群众与知识分子衷心拥护的根本原因，也是凝聚人们实现党的方针政策，推动社会前进的强大力量的根源所在。

中国共产党以马克思主义作为指导党的思想的理论基础，当然地成为“中国模式”取得辉煌成就的最重要因素。2011年7月14日，法里德·扎卡里亚在美国有线电视新闻国际公司网站上发表文章说：“美国拥有赢得21世纪的一切要素……

①参考消息，2010年3月18日。

②参考消息，2009年9月1日。

但我们所不具备的是一个利用这些因素并予以执行的政治体制。”①

2. 国有经济的主导地位

我国社会主义基本制度是建立在生产资料公有制基础上的。在现代经济条件下,大工业是国民经济的主导力量,国有经济是建立在社会化大生产基础之上的,它代表着最先进的生产力,是新的生产力的创造者,在生产力发展中起着主导作用。而我国国有经济作为社会主义性质的经济,最根本的一点就是通过它的主导作用,引领整个国民经济从资本主义生产的把利润作为决定性动机,转变到为了人本身,使社会生产目的服务于最大限度地满足全体人民的需要,实现以人为本的科学发展,保证全体社会成员享受到经济发展的果实。同时,国有经济在国家宏观调控中起着骨干作用,国有企业有义务落实国家的各项经济发展和调整决策,这对增大整体国民经济效益起着决定性作用。因此,必须坚持国有经济的主导作用,它是“普照之光”,决定了我国基本经济制度的社会主义性质。在此基础上,通过所有制结构的调整和国有企业改革,积极探索公有经济的实现形式和适应现代市场经济的国有企业经营管理模式。实践证明,经过改革和调整,国有经济的竞争力显著增强,国有大中型企业在国民经济重要行业、关键领域的影响力和控制力越来越积极。

中国国有经济的主导作用在应对2008年爆发的全球金融危机中又得到了凸显。自金融危机爆发至今,全世界都可以看到,中国经济的复苏是最迅速的,这主要得益于中国政府强有力的经济刺激计划,但这一计划如果没有公有经济的支撑是无法有效实施的。

在国有经济占主导地位的前提下,还必须大力发展非公有制经济,根据马克思主义基本原理,以公有制经济为主体的多种所有制经济的共同发展是社会主义初级阶段不能绕过的历史必经阶段,从而成为我国的一项基本经济制度。这是我们与前苏联社会主义模式一个最为重要的区别,也是我们国有企业改革顺利进行和国民经济快速发展的决定性因素之一。在经济发展上实行两条腿走路的方针,充分调动全社会一切积极因素,在全民所有制经济尚无足够生产要素吸收全部劳动者的条件下,必须使所有的人投入到生产和流通中去,大力支持非公有制经济的发展,让他们能够充分发挥创造社会财富的积极性,对他们的任何歧视都是不应该的。

3. 政府和它制定的规划在经济建设中的主导作用

“中国模式”的另外一个特点是可以集中主要力量办大事,政府和它制定的规

①参考消息,2011年7月19日。

划在经济建设中具有主导作用。马克思早就指出:市场盲目支配和按科学预见发展生产是资本主义与社会主义两个制度下的一个本质性的区别。马克思指出:“构成资产阶级政治经济学实质的供求规律的盲目统治和构成工人阶级政治经济学实质的由社会预见指导社会生产。”按社会预见指导社会生产是“中国模式”的一个本质特征,是社会主义制度的优势所在。坚持国家规划和计划对经济整体发展的指导作用,提出科学发展观,正是推动由社会预见指导社会生产这一理论的具体化和发展。当前,由社会预见指导社会生产,自然离不开政府的主导作用。但改革开放以来,一些人由于迷信西方经济学和制度上的西方模式,怀疑政府主导的经济发展模式能否成功,中国改革开放的实践对这些观点进行了有力的驳斥。正是有了政府的引导,中国的社会主义市场经济才能顺利进行,中国社会主义经济建设才能取得今天的成就。在历史事实面前,很多人改变了原来的看法。福山在接受日本政论杂志《中央公社》专访时,就中国的发展模式提出了新的观点。他认为,以“负责任的威权体制”为价值内核的“中国模式”代表着集中和高效,客观事实证明,西方的自由民主可能并非人类历史进化的终点。随着中国崛起,对所谓“历史终结论”有待进一步推敲和完善。

我们摈弃了一步跨向一切按计划进行生产的空想做法,把利用市场作为一种发展经济的有效方法,将商品交换和价值规律引入社会主义经济建设,使国家计划与市场正确结合起来,从而激活了整个社会的经济活力。通过引入市场,我们开始找到一条能够发展社会生产力的更为有效的途径。

研究总结促使经济发展取得巨大成就的“中国模式”的经验显然具有十分重要的意义。我们绝对不是要向其他国家推广什么所谓的“模式”,我们不会接受西方对我国事务的干涉,也不会对别国的内部事务指手画脚。研究“中国模式”只是为了科学地总结自己的成功经验,提高自己,供其他国家参考,为全世界共同发展作出应有的贡献。应当看到,我们所走的道路仍然处在发展和完善的过程中。随着经济的飞速发展,所有制结构的优化、市场体制的完善、民生的改善、环境的保护、经济社会的协调发展等日益成为需要重点解决的问题。这些问题的凸显使“中国模式”的未来发展面临巨大的压力和严峻的挑战,能否妥善解决并处理好这些问题直接关系着“中国模式”未来的走向,因此必须引起我们的高度重视并不断加以解决。“中国模式”取得成功的根本原因在于,坚持党的领导和社会主义基本制度不动摇。同样,在未来不断发展完善的过程中,只有继续坚持党的领导和社会主义基本制度,才能妥善处理并解决发展中出现的问题和挑战。具体来说,主要应解决以下问题:①坚持以人为本,正确处理积累和消费的关系;②坚持和完善社会主义基本经济制度,正确处理不同所有制间的关系;③坚持科学发展,正确处理计划与市场的关系;④加快转变经济发展方式,走经济社会全面协调可持续发展的道路。

(原载《中国流通经济》2011 年第 11 期)

对我国转变经济发展方式的几点思考

周肇光

2011 年 7 月 1 日,胡锦涛总书记在庆祝中国共产党成立 90 周年大会上明确指出:“在当代中国,坚持发展是硬道理的本质要求就是坚持科学发展。我们要以科学发展为主题,以加快转变经济发展方式为主线……加快建设资源节约型、环境友好型社会,促进社会公平正义,促进经济长期平稳较快发展和社会和谐稳定,不断在生产发展、生活富裕、生态良好的文明发展道路上取得更大的成绩,不断为全面建成小康社会、实现中华民族伟大复兴打下更为坚实的基础”。① 认真学习胡锦涛总书记重要讲话精神,对我们正确认识转变经济发展方式的必要性与路径选择,具有重要指导意义。改革开放以来的实践证明,转变经济发展方式,是我们党长期推进经济发展战略过程中的明智选择,是适应国内外经济形势发展变化的客观需要,是遵循人类社会经济发展规律的必然要求。同时,也是我们党在市场经济条件下力求保持人与自然和谐发展的重要举措。正因为如此,我们要认真学习和领会,既要清醒地认识到我国转变经济发展方式面临的深层次问题,又要积极探索经济发展方式转变过程中所面临问题的解决路径。

一、中国共产党历来重视转变经济发展方式

经济发展方式是指一国或地区实现经济增长、经济结构优化和经济质量提高的一种运作模式。经济发展方式转变,就是由粗放型增长到集约型增长,从低级经济结构到高级、优化的经济结构,从单纯的经济增长到全面协调可持续经济发展的转变。② 新中国成立以后,中国共产党作为执政党登上历史舞台,带领全国各族人民排除各种干扰,取得了举世瞩目的伟大成就。特别是改革开放以来,我们党非常

①胡锦涛. 在庆祝中国共产党成立 90 周年大会上的讲话[N]. 经济日报,2011-07-02(2).

②逄锦聚. 经济发展方式转变与经济结构调整[N]. 光明日报,2010-02-23(10).

重视转变经济发展方式这个重大课题，每届党的代表大会报告中都强调和关注转变经济发展方式问题，并把它作为经济发展战略中的重要任务来抓，力求走内涵发展、科学发展之路，为创造协调、有效的经济发展环境，实现中国特色社会主义建设伟大目标而努力奋斗。

1982 年 9 月 1 日，在党的十二大报告中，针对当时国民经济运行效益差，生产、建设、流通领域中浪费现象惊人、单位社会产品物质能耗高、工业企业资金利润率低、大中型项目建设周期长等问题，明确提出，“在一九八一年到一九八五年的第六个五年计划期间，要继续坚定不移地贯彻执行调整、改革、整顿、提高的方针，厉行节约，反对浪费，把全部经济工作转到以提高经济效益为中心的轨道上来。要集中主要力量进行各方面经济结构的调整，进行现有企业的调整、改组与联合，有重点地开展企业的技术改造，同时要巩固和完善经济管理体制方面已经实行的初步改革，抓紧制定改革的总体方案和实施步骤”。① 这些经济发展战略思想，为转变经济发展方式奠定了坚实基础。

1987 年 10 月 25 日，在党的十三大报告中，针对当时我国国民经济活动效益仍然低下以及明显存在的人口众多、资源相对不足、资金严重短缺等矛盾，明确提出，“必须坚定不移地贯彻执行注重效益、提高质量、协调发展、稳定增长的战略。这个战略的基本要求是，努力提高产品质量，讲求产品适销对路，降低物质消耗和劳动消耗，实现生产要素合理配置，提高资金使用效益和资源利用效率，归根到底就是要从粗放经营为主逐步走上集约经营为主的轨道”。② 这些经济发展战略思想，为转变经济发展方式提供了现实路径。

1992 年 10 月 12 日，在党的十四大报告中，针对当时经济发展中面临的新情况、新问题以及国民经济面临的加速发展、调整结构、提高效益的重大任务，明确提出：“通过深化改革，建立和完善科技与经济有效结合的机制，加速科技成果的商品化和向现实生产力转化。……努力提高科技进步在经济增长中所占的含量，促进整个经济由粗放经营向集约经营转变。”③这些经济发展战略思想为转变经济发展方式提出了具体要求。

1997 年 9 月 12 日，在党的十五大报告中，针对当时国民经济整体素质和效益不高，经济结构不合理矛盾较为突出，人口增长、经济发展对资源和环境带来巨大

---

①中国共产党第十二次全国代表大会文件汇编[M]. 北京：人民出版社，1982：18.

②中国共产党第十三次全国代表大会文件汇编[M]. 北京：人民出版社，1987：15 – 16.

③中国共产党第十四次全国代表大会文件汇编[M]. 北京：人民出版社，1992：30.

压力等现象，明确提出："以市场为导向，使社会生产适应国内外市场需求的变化；依靠科技进步，促进产业结构优化；发挥各地优势，推动区域经济协调发展；转变经济增长方式，改变高投入、低产出，高消耗、低效益的状况"。① 这些经济发展战略思想为转变经济发展方式提出了具体任务。

2002 年 11 月 8 日，在党的十六大报告中，针对当时我国生产力和科技、教育比较落后，城乡二元经济结构尚未改变，地区差距扩大趋势尚未扭转，生态环境、自然资源与经济社会发展矛盾日益突出等问题，明确提出："坚持以信息化带动工业化，以工业化促进信息化，走出一条科技含量高、经济效益好、资源消耗低、环境污染少、人力资源优势得到充分发挥的新型工业化路子。"②这些经济发展战略思想为转变经济发展方式指明了发展道路。

2007 年 10 月 15 日，在党的十七大报告中，又针对当时我国经济发展资源环境代价过大，城乡、区域经济社会发展仍不平衡，农业稳定发展和农民持续增收难度加大，劳动就业、社会保障、收入分配、教育卫生、居民住房、安全生产、司法、社会治安等方面关系群众切身利益的问题仍然较多等现象，明确提出，要"加快转变经济发展方式，推动产业结构优化升级。这是关系国民经济全局紧迫而重大的战略任务。要坚持走中国特色新型工业化道路，坚持扩大国内需求特别是消费需求的方针，促进经济增长由主要依靠投资、出口拉动向依靠消费、投资、出口协调拉动转变，由主要依靠第二产业带动向依靠第一、第二、第三产业协同带动转变，由主要依靠增加物质资源消耗向主要依靠科技进步、劳动者素质提高、管理创新转变"。③为使我们党广大党员干部从思想上正确认识转变经济发展方式的重要性和必要性，又进一步阐述了胡锦涛总书记提出的科学发展观内涵，指出"科学发展观，第一要义是发展，核心是以人为本，基本要求是全面协调可持续发展，根本方法是统筹兼顾。必须坚持把发展作为党执政兴国的第一要务。……着力把握发展规律，创新发展理念，转变发展方式，破解发展难题，提高发展质量和效益，实现又好又快发展，为发展中国特色社会主义打下坚实基础"。④ 这些经济发展战略思想为转变经济发展方式提供了科学的方法论。

2010 年 10 月 15 日，党的十七届五中全会在北京召开，强调制定"十二五"规

---

①中国跨世纪发展的行动纲领[M]. 北京：中共中央党校出版社，1997：22 – 23.

②中国共产党第十六次全国代表大会文件汇编[M]. 北京：人民出版社，2002：21.

③党的十七大报告辅导读本[M]. 北京：人民出版社，2007：14 – 15，22.

④党的十七大报告辅导读本[M]. 北京：人民出版社，2007：14 – 15，22.

划必须“以科学发展为主题,以加快转变经济发展方式为主线,深化改革开放,保障和改善民生……为全面建成小康社会打下具有决定性意义的基础”。① 也就是说,我们党要按照科学发展观的要求来转变经济发展方式,就是要坚持生产发展、生活富强、生态良好的文明发展道路,建设资源节约型、环境友好型社会,实现速度与结构质量效益相统一、经济发展与人口资源环境相协调的社会人文发展之路。这些经济发展战略思想为转变经济发展方式进一步指明了方向。

可见,中国共产党作为执政党历来都非常重视和探索在经济发展中如何转变经济发展方式这个重大战略课题。从中可以看出,我们党在转变经济发展方式上的立场是坚定的,思路是一贯的,这充分表明执政党在经济发展战略实施中是负责任的。正由于有了中国共产党的坚强领导,改革开放事业才取得了巨大的成就。但是,由于我国的特殊国情和市场经济发展正处于初级阶段,在经济发展方式上还存在一些问题,深入分析所存在的问题及其产生的原因,对我们党正确选择转变经济发展方式的路径是非常有必要的。

二、转变经济发展方式面临的问题及其原因

马克思主义唯物辩证法告诉我们,任何事物的发展变化都具有两面性,中国经济发展也不例外。改革开放以来,我们党始终把工作重心放在经济建设上,不断研究和解决经济发展过程中出现的新情况、新问题,取得了显著成效,不仅使中国人民稳定地走上了总体小康水平的道路,而且为应对世界金融危机、促进经济发展和人类文明进步作出了重大贡献。但我们也要清醒地看到,我们在经济发展中还面临着许多亟待解决的问题,主要表现在以下四个方面。

1. 经济发展速度过度依赖以牺牲环境为代价

长期以来,我国不少地方由于片面追求经济发展,甚至以牺牲环境为代价,带来了许多负面效应。统计显示,全国有 2/3 的江河水系受到污染,每年因环境污染而造成的经济损失相当于 GDP 的 10%。我国七条最大的河流——淮河、海河、辽河、松花江、长江、珠江、黄河,都受到了严重污染。在这些河流一半以上的受监测区域中,其水质都是五级(五级在我国水质等级中是最低的等级)。主要河流污染程度达 5000 多公里,有 80% 的流域不适合鱼类生存。由于地表水污染严重,我国过分依赖地下水,致使海河流域水位线下降了 50 ~ 90 米,许多城市(如天津、济南)发生了严重的地表沉降。② 另外,我国经济发展所消耗的能源也是全球第一,以

①中共十七届五中全会在京举行[N]. 经济日报,2010 - 10 - 19(1).

②辛西娅等. 中国可持续发展面临七大挑战[J]. 社会科学报,2007 - 07 - 26(1).

2003 年为例，我国经济发展对世界的贡献率为 4%，而相关资源消耗占全球的比率较高(如图 1)。

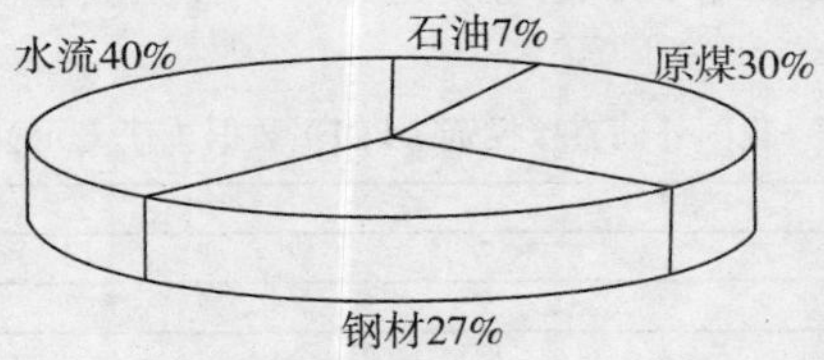

数据来源：参阅 2003 年 GDP 对世界贡献率，文摘周刊，2004 年 5 月 14 - 17 日，第 1 版。

图 1　我国 2003 年经济增长所费能耗占全球的比率

到 2010 年底，这种高能耗的经济发展指标虽然有所下降，但没有彻底改变。此外，近年来沙尘暴、雪灾、旱灾、水灾等自然灾害频发，大多与人类长期破坏自然环境有关，直接影响了我国社会主义市场经济的稳定和发展。

2. 经济发展动力过度依赖外贸进出口

经济学原理告诉我们，一国的经济发展，一般要依靠投资、外贸、消费来拉动。只有三者之间形成合理的比例关系，才能使国民经济走向可持续发展道路。如果出现了偏重，就会带来不均衡性，我国经济发展就是一个例证。近年来，我国进出口总额超过当年 GDP 的 60%，特别是工业品出口占全球贸易的比重达 12.7%，进口铁矿石占世界铁矿石总量的 70% 左右，石油进口也超过一半。这样下去，将面临巨大风险，难以有效应对国际挑战。① 由于外贸依存度过高，中国外贸利润大部分被外商拿走。如 2008 年，美国市场上流行的芭比娃娃的价格是 10 美元，而我国苏州地区的企业所得仅为 0.35 美元；罗技公司每年向美国运送 2000 万个“中国制造”的鼠标，这些鼠标在美国的售价大约为 40 美元，而中国企业只能从中得到 3 美元(含工人工资、交通费用等成本)。② 这种不良现象的存在必然会影响到国内需求，一旦国际关系发生变化，外需就会下降，拉动经济的三驾马车就会失衡。在这次世界金融危机中，我们不难看到，凡是外贸依存度高的地区和行业，遭受的经济损失就大。所有这些，主要是过度依赖外贸进出口政策所致。

3. 经济发展方式过度依赖外资

国家推进经济发展，可以有多种方式，特别是在对外开放条件下，引进外资成

---

①李毅中．转变发展方式要在“加快”上下功夫[N]．光明日报，2010 - 05 - 16(6)．

②何申权．中国出口猛降让世界担忧[N]．环球时报，2009 - 03 - 12(15)．

为一种常态,这无可非议。但如果不考虑国情,过度引进外资,势必会带来一些隐患。从我国经济发展的现实状况看,可以证明这种忧虑不是没有道理的。改革开放以来,我国实行了引资战略,引资规模逐年扩大,位居世界第二(如图2)。

数据来源:根据中国商务部网站公布的数据整理而得。

图2　1996~2008年我国外商直接投资

到2010年7月底,我国累计设立外商投资企业69.8万家,实际使用外资1.05万亿美元,成为全球最具吸引力的投资东道国。① 这种过度依赖性突出表现在全民招商引资的热潮中,各地为吸引到更多的外资,竞相出台更为优惠的招商政策,疯狂刺激地方经济发展。实践表明,招商引资战略是正确的,在一定条件下促进了我国经济的快速发展,特别是在我国GDP增长方面作出了重大贡献,有人说外商把利润留给了自己,把GDP留给了中国,就是这个道理。但是,不少地区由于盲目引资,造成了产业结构的畸形化和雷同化,重复建设呈现严重化趋势。有些地方政府部门把招商引资与年终考核、干部晋升挂钩,很少考虑引资的质量以及是否符合地方产业发展需要,有人把这种现象称之为"拜资主义"。在这些外资中,有些本来就不是优良型的,一旦进入中国,就会肆无忌惮地疯狂起来,只要有法律空子可钻,就会竭尽全力减少企业纳税义务,从而使税负最小化,资本收益最大化,使我国在付出了巨大的社会成本之后,却只能获得相当有限的经济利益。同时,外资还要对我国产业进行最大限度的控制,典型的例子就是"中策现象"——中国香港中策投资有限公司已经在我国大陆有目的、有步骤、系统地收购了200多家国有企业,

①习近平. 在"联合国贸发会议第二届世界投资论坛"开幕式上的主旨演讲[N]. 光明日报,2010-09-08(4).

基本控制了轮胎制造业的大部分市场。① 如果处理不好,这种"外资繁荣"的经济发展模式就会对我国经济发展方式转变产生不利影响,应当引起我们的思考。

4. 经济发展效果评价过度依赖 GDP 指标

在市场经济条件下,对经济发展的效果进行评价是必需的,但关键要确定科学的评价指标体系,正确衡量经济发展,才能实行科学的经济发展方法。但是,在我国经济发展进程中,如何衡量经济发展的业绩,我国采用了西方的 GDP 指标评价体系。GDP 是英文"Gross Domestic Product"的缩写,它反映一国或一个地区所有常住单位和个人在一定时期内全部生产活动(包括产品和劳务)的最终成果,是社会总产品价值扣除中间投入价值后的余额,也就是当年新创造财富(包括有形和无形)的价值总量,也称国内生产总值,是联合国国民经济核算体系(SNA)中最重要的总量指标。由我国经济发展的实践可以看到,GDP 这个评价指标是有缺陷的,主要表现在:一是不能反映社会成本,二是不能反映经济增长的方式和为此付出的代价,三是不能反映经济发展的效率、效益和质量,四是不能衡量社会分配和社会公正。② 长期以来,我国 GDP 增长率每年虽有变动,但整体是较高的(如图 3)。

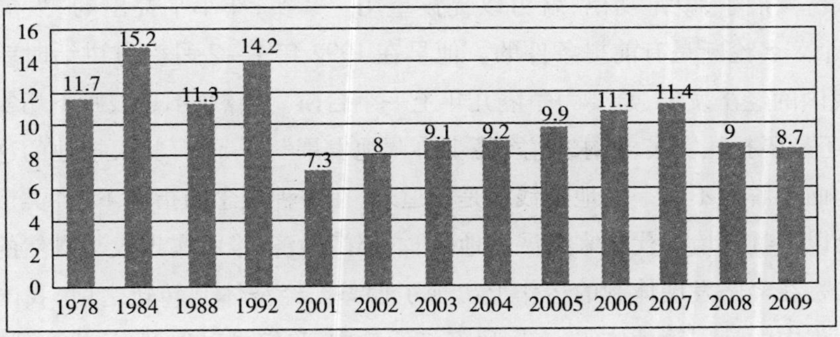

数据来源:根据历年相关报刊公布的数据整理而得。

图 3　1978~2009 年我国经济增长率(%)

在经济活动中,如果我们只注重经济总量和速度的增长,而不顾资源损失、环境污染、生态破坏,即使社会出现了经济增长,也会因环境恶化,使人民生活质量反

①杨公朴等. 产业经济学教程[M]. 上海:上海财经大学出版社,2002:325-326.

②关于 GDP 的几点思考[N]. 经济日报,2004-04-08(5).

而处于下降的悲惨局面。① 我国近年来这方面的例子比比皆是,令人痛心,客观上要求我们必须正确认识GDP评价指标,并把改变GDP评价指标内容中的经济活动作为切实转变经济发展方式的重要议题来研究。

我们党针对我国改革开放以来转变经济发展方式中存在的问题,采取过多种有力措施,但均未达到预期效果,其主要原因就是我们对解决上述问题的路径,思考得还不够深入。正如程恩富教授指出的那样,要转变经济发展方式,就"不得不思考人口、资源、环境与发展的关系,不得不反思以牺牲生态谋求经济增长、以牺牲劳工谋求资本增值、以牺牲他人谋求自身福利、以牺牲整体利益谋求局部发展、以牺牲长远谋求眼前利益、以牺牲精神谋求物质占有、以牺牲后代人谋求当代人享受的不可持续的发展方式,挖掘当代人类社会经济走向不可持续发展道路的深层根源,探索人类可持续发展的道路、方式和前景"。② 我们赞同这种观点,因为只有找到导致问题的深层根源,才能有针对性地采取措施,才能切实推进经济发展方式转变。从存在上述问题的根源来看,主要有两个重要方面值得研究。一是在对经济发展内涵的认识上出现了偏差。如有些人片面理解邓小平同志提出的"发展是硬道理"这个著名论断。有人说,不管你怎么做,只要有利益,只要GDP指标上升了,就是经济发展了,就是功臣,就可以提拔重用。其实,邓小平提出的"发展是硬道理"这个著名论断是有前提条件的。他早在1992年1~2月南方讲话时就明确指出:"我国的经济发展,总要力争隔几年上一个台阶。当然,不是鼓励不切实际的高速度,还是要扎扎实实,讲求效益,稳步协调地发展"。③ 而有些人把他的这个著名论断片面理解为不顾一切地赚钱就是硬道理,在这种理念的指导下,各类市场主体必然会以牺牲环境为代价来发展本地区、本部门经济,难以实现人与自然的协调发展。二是在经济发展体制的运作上出现了偏差。经济体制转轨之前,我国实行的是高度集中的计划管理体制,在国民经济活动中,我们可以看到,从投资拨款、劳动力资源配置、原材料供应到产品销售,都是通过计划安排来实现的,具有一定的比例性和前瞻性。经济体制转轨后,打破了这种统一计划分配的模式,产品供求由市场来导向,经济发展方式不得不服从于市场调节,但由于市场逐利的本性,往往会表现出一种盲目性,使生产要素供给结构和市场需求结构变得十分不确定,导致产

①关于GDP的几点思考[N].经济日报,2004-04-08(5).

②程恩富.世界政治经济学学会会长致开幕词[A](海派经济学:第22辑)[M].上海:上海财经大学出版社,2008:2.

③邓小平.邓小平文选(第3卷)[M].北京:人民出版社,1993:375.

业结构调整出现了不平衡的状态。在市场规律作用下，为实现市场效益的最大化，必然会呈现出个人、企业、地方、中央四个层次之间利益博弈的现象，最终形成了地方政府部门的政绩观、权力观以及各种寻租现象。由于政府职能的转变，实行了三个分开（即党政分开、政企分开、所有权与经营权分开），扩大了市场调节的自由度，在一定程度上为西方新自由主义在我国扩大影响力提供了机会。我们认为，在我国经济体制转轨时期，虚心学习和科学借鉴西方先进的经济发展经验和经济理论无疑是正确的，不应该排斥，但如果不考虑我国国情，盲目照搬西方经济理论和经济发展模式是不妥的。正如李炳炎教授指出的那样，"社会主义市场经济范畴具有十分严密的规定性和十分丰富的内涵，理应成为社会主义市场经济体制的理论基础。但是新自由主义经济学占据了主流经济学地位，其对我国的深刻影响，导致一些地方在改革实践中不同程度地削弱了公有制的主体地位和政府对市场的干预与宏观调控，产生了不少问题"。① 对此，我们如果不加以高度关注和辨别，就有可能影响到我国经济发展方式的根本转变。

三、转变经济发展方式的路径选择

扎实推进我国经济发展方式的转变，是关系国民经济全局重大而紧迫的战略任务，是摆在全党和全国人民面前刻不容缓的大事。因此，要加快转变经济发展方式，就要做到四个坚持。

1. 在经济发展理念上坚持以科学发展观为指导

在经济发展理念上坚持以科学发展观为指导，是转变经济发展方式的前提条件。这是因为，坚持科学发展观是立足社会主义初级阶段基本国情，总结我国发展实践，借鉴国外发展经验，适应新的发展要求而提出来的。科学发展观之所以是科学的，关键在于它强调全面协调可持续发展，而不是我们以往的片面发展、不计代价的发展。正因为如此，科学发展观成为我们党领导全国各族人民加快建设社会主义现代化，最终实现共同富裕的指导思想和方法论。② 因此，作为党和国家政府的决策者和企业、事业单位的生产经营者，在转变经济发展方式过程中，一是要按照科学发展观的要求，在制定转变经济发展方式的战略时，要做到统筹城乡发展，统筹区域发展，统筹经济社会发展，统筹人与自然和谐发展，统筹国内发展和对外

---

①李炳炎．论社会主义市场经济的基本规律[A]（海派经济学：第26辑）[M]．上海：上海财经大学出版社，2009：100.

②周绍明．把握经济社会发展全局，坚定不移地贯彻落实科学发展观[N]．光明日报，2006－02－21（9）.

开放,促进现代化建设各个环节、各个方面的相互协调,促进生产关系与生产力、上层建筑与经济基础的相互协调。二是要继续解放思想,更新观念,顺应国内需求结构升级的新形势,及时调整产业结构和产品结构,加快改造提升传统产品,以节能增效和生态环保为抓手,强化技术改造,淘汰落后产能,加快发展绿色经济、循环经济和节能环保产业,推广应用低碳技术,坚持技术引进与消化、吸收、创新相结合,构建资源节约的技术支撑体系。① 同时,尽可能实现高校科研院所与企业研发的一体化服务,充分体现科学发展的新思路、新要求。三是要充分考虑资源和环境的承受能力,既要重视经济增长指标评价,又要重视环境资源指标评价,既要满足当前人民群众物质文化利益的需要,又要为子孙后代留下充足的发展条件和发展空间。也就是说,在经济发展方式转变中,要建设资源节约型、环境友好型社会,实现速度与结构质量效益相统一,经济发展与人口资源环境相协调,坚持走生产发展、生活富裕、生态良好的文明发展道路。②

2. 在经济发展动力上坚持内需与外需并重

在经济发展方向上坚持内需与外需并重,是转变经济发展方式的必然选择。这是因为,我国实行的是以外向型为主导的经济发展战略,由此出现了内需不足的现象。因此,在转变经济发展方式中要做到:一是要改变以外向型为主导的经济发展战略。对外贸出口需求要从60%下降到40%以下,国内消费需求要从不到40%上升到60%以上,确定这个比例的根据,就是我国有13亿多的人口,居民储蓄存款有20多万亿元人民币,内需市场潜力非常之大。二是要扩大社会各群体多层次的消费需求。例如,要扩大劳动密集型企业的种类和规模,增加就业人数,提高收入水平,增强居民低收入群体的消费能力;根据新农村建设的要求,开拓农村市场,疏通农产品流通渠道,促进农业产业化,做好“家电下乡”等各类农机下乡工作,进一步扩大农村消费,中国有8亿多人在农村,是一个广阔的消费市场,如果把农村需求做好了,就是转变经济发展方式最好的选择;进一步完善城市社区文化、休闲、旅游等服务设施,增强社区服务功能,完善城市社保服务体系,扩大城市消费,因为城市人口正在逐年扩大。由于城市消费群体需求量不断扩大,我们就可以根据城市发展的特点,积极拓展电子信息、通信产品、教育培训、家政服务、文化娱乐、体育健身等适合个性化服务的新型消费模式,从而促进消费升级,带动其他相关产业发展。三是借鉴国外经验,创造需求热点。例如,积极培育和扩大低碳汽车、家电、农

①邹珊珊等. 发展绿色经济,推动可持续发展[N]. 经济日报,2010-05-24(9).

②努力推进经济结构战略性调整[N]. 经济日报,2007-12-03(6).

机以及低碳型的纺织、轻工、电子信息等消费热点,促进企业以质量、品牌、标准、服务为重点,积极引导和制造消费。抓住第三代移动通信技术(3G)加速发展、三网融合、低碳生活设施等新机遇,开拓新型消费领域。四是在稳定我国企业劳动密集型产品出口的同时,扩大传统优势产品与自主品牌产品出口,①实现内需与外需均衡发展的战略,这对于推进经济发展方式转变至关重要。

3. 在经济发展方式上坚持以公有制为主体

在经济发展方式上坚持以公有制为主体,是转变经济发展方式的主要路径。这是因为,在我国现阶段转变经济发展方式,主要解决以人与自然环境为核心的经济社会协调发展问题。从管理学角度来讲,不论企业组织形式如何,都是经济社会活动的细胞。但是,细胞的结构是否优化,在一定程度上直接影响经济社会活动的健康发展,进而影响人与自然的和谐发展。其中,以公有制为主体的企业结构应当更有优势,这是因为,生产资料公有制决定了它必须对转变经济发展方式、促进经济社会协调发展承担责任。据《经济日报》2010 年 9 月 1 日报道,2003 年国务院国有资产监督管理委员会成立之时,属于中央企业的有 196 家,2009 年减到 129 家,2010 年减到 100 家,并鼓励外资、中资等各类资本对其他央属企业进行改组改造。其理由是只要质量高,不要讲数量多少。我们认为,这样的解读是不全面的。这是因为,数量和质量不是绝对的反比例关系。从我国改革开放的历史进程来看,国有企业主体地位是否突出,其发展环境是否良好,企业发展质量是否优良,在市场竞争中是否占有优势,主要取决于制度性安排,这是不争的事实。为此,在推进经济发展方式转变的过程中,一是不能忽视国有企业的主体地位,因为国企和私企不同,它要承担社会责任,承担保障我们党执政地位的作用,承担保证广大人民群众根本利益和共同富裕的重要作用,在转变经济发展方式的过程中,也同样起着这方面的保障作用。尽管有的国有企业在这些方面也存在问题,但不能把它统统归结为公有制问题,要运用历史唯物主义观点来客观分析其原因。二是在国有企业的主导下,要提高自主知识产权品牌的整体水平。这是因为,在市场经济中,品牌代表着一种经济主动权,代表着一种市场份额,蕴含着企业发展的可持续性。到中国来投资的跨国公司之所以能够具有竞争优势,就是因为它们拥有自主品牌。以日韩企业为例,从 20 世纪 70 年代以来,日本有丰田、本田、索尼、松下、三菱,韩国有现代、三星等一大批品牌出现在世界各地,这些品牌在我国已经家喻户晓。我国要转变经济发展方式,就必须精心组织和实施品牌战略,因为只有打出产品的知名度

①李毅中．转变发展方式要在“加快”上下功夫[N]．光明日报,2010－05－16(6).

和信誉度,才能创造出企业自身的品牌产品,才能在国际竞争中取得主动权。三是在国有企业经营中要正确处理政府与市场的关系。要充分发挥市场机制这只“无形之手”的积极作用,凡是市场能够充分发挥作用的领域,政府就不要干预,不要错位和越位。要有效、有序地发挥政府这只“有形之手”的作用,凡是市场作用不到或市场失灵的领域,如社会收入分配、公共物品生产、公共资源配置、行业垄断、国民经济综合平衡、国家经济安全等,政府都不能空位,以从根本上保证国有企业的主体地位和健康发展。[①] 因此,巩固国有企业的主体地位,不仅是我们党执政为民的根本保证,也是当前促进经济发展方式转变的重要路径。

4. 在经济发展效果上坚持数量与质量相融合的综合评价

在经济发展效果上坚持数量与质量相融合的综合评价,是转变经济发展方式的重要保证。根据转变经济发展方式的内在要求,其目标考核要有利于提升产业结构和产品结构,有利于反映国民的总体福利水平和幸福指数。我国学术界有许多学者认为,用现在所采用的 GDP 指标来评价经济发展效果是不全面的。这是因为,GDP 指标只能反映经济发展的增量速度和各部门的增长比例,而反映不出经济发展目标的质量要求。因此,在转变经济发展方式的过程中,要对原来使用的 GDP 指标评价体系进行科学改造,建立 GDP 与 HDI 相融合的评价体系。这里的 HDI 是“Human Development Index”的缩写,它是 20 世纪 90 年代联合国提出的人类发展指标。这个指标设计突出了衡量人类发展所必需具备的人均收入水平、人均预期寿命、国民教育状况三个基本要素。其中,人均收入是通过人均 GDP 购买力评价法(以美元核算)来衡量的,人均预期寿命是以出生时人口的预期寿命为样本数据的,国民教育状况是以成人识字率和人口平均文化程度来衡量的。这三个方面综合体现了人类经济发展、社会进步、生态和谐与政治文明的客观要求。[②] 在这个基础上,如果再加进就业率和公共安全指数,就能在推进经济发展方式转变的过程中更好地起到导向性作用,这对于追求经济发展质量具有普遍意义,对于改变地方政府的政绩观、效益观具有直接指导意义。也只有这样,才能使我们在经济发展效果上真正做到坚持数量与质量相融合的综合评价,真正走科学发展之路。

总之,我们要认真学习贯彻胡锦涛总书记“七·一”讲话精神,把加快经济发展方式转变作为深入贯彻落实科学发展观的重要目标和战略举措,毫不动摇地加

①虞云耀. 科学发展观是实现又快又好发展的世界观和方法论[N]. 经济日报,2005-10-03(5).

②从关注 GDP 到关注 HDI[N]. 社会科学报,2004-06-10(1).

快经济发展方式转变，不断提高经济发展质量和效益，不断提高我国经济的国际竞争力和抗风险能力，使我国经济发展质量越来越高，发展空间越来越大，发展道路越来越宽，从而实现国民经济又好又快发展，使我们党更好地带领全国广大人民群众坚定地走中国特色社会主义道路。

（原载《中国流通经济》2011 年第 11 期）

经济全球化与中国工业化腾飞

钱　津

在经济全球化背景下，自 2004 年起，中国经济发展就进入了工业化腾飞阶段，即实现工业化之前的国民经济高速增长时期。预计到 2020 年，中国将基本实现工业化，即达到全面建设小康社会奋斗目标的基本要求。

总结以往成就和经验，其中重要一点就是中国的工业化实现必须适应经济全球化的时代背景。经济全球化的实质是资本的全球化运动。在形成经济全球化运动之前，资本只是在进行国际化运动，而并未达到全球化运动的水平。资本由国际化运动发展到全球化运动需要有新的物质技术基础，正是新技术革命成就了资本的全球化运动，计算机的发明及其微型化和网络化直接使资本运动抵达世界的每一个角落。如果没有这种物质技术的支持，是绝不会产生经济全球化运动的，因为没有资本的全球化运动就不可能出现经济的全球化运动，而资本的全球化运动就是建立在新技术革命基础上的，是建立在计算机技术高度发达和网络化已经形成的基础上的。这说明，直到 21 世纪初，资本还有强大的运动力，并且资本的力量已经全球一体化了，人们不论走到哪里，在现代的市场经济条件下，都摆脱不了资本力量的影响。中国在进入工业化腾飞阶段之后，更应对经济全球化下的市场发展和资本运动给予高度重视。

一、中国工业化腾飞的市场就是国际市场

中国的工业化腾飞是与经济全球化紧密相连的。不仅中国的经济建设不能脱离经济全球化背景，而且中国的国内市场也要成为经济全球化下国际市场的组成部分。

1. 中国市场是国际市场的热点

不要以为与经济全球化联结,与国际市场联结,就是走到国外去,就是离开中国去开发中国以外的市场。实际上,在经济全球化背景下,现在进入工业化腾飞的中国市场就是国际市场;在外商眼中,中国市场是国际市场;在中国企业的经营意识中,在国内经营等同于在国际市场经营。这是我们在工业化腾飞阶段必须强调的,也是在经济全球化背景下要求企业必须明确的。

前几年,中国有的企业去国外办厂,搞投资,忙得不亦乐乎,其实,它们的那种忙与其在国内并无大的差别。可以说,美国并不缺我们投资的冰箱厂,我们主动去办厂,只是劳累自己,对于美国的帮助并不大。从资本盈利的角度讲,在美国投资远不如在中国西部投资赚钱多。如果我们能有更多的资本投在西部,至少每年也可为春运减轻不少压力。但很少有去西部投资的,还是偏好将钱投到美国等发达国家。这绝对不像是全国一盘棋。由此给国家造成多少损失,恐怕没有人计算过。因此,还是需要改变观念。在经济全球化过程中,我们应该更关注国内市场,而不是到国外市场去蜻蜓点水。

现在,各个国家的人都到中国来赚钱。在浙江省的义乌市,有 8000 外商常驻,那气派不是哪里都能比的。在北京、上海、广州、武汉、成都等大城市,更是外商云集,市场火爆,而且在中国建厂的外商一年比一年多。这么多外国人到中国来干实业,偏偏我们中国人不愿在中国干。难道说那些外国人都比中国人傻,不知道在自己国家做企业,偏偏要跑到中国来投资。也许,等到我们将国外的市场做好了,外商也将中国的市场做好了。我们进到外国去,人家进到中国来,好像是同等的,还实现了国际大交流。其实不然。我们做好一个美国市场,才 3 亿人口;做好一个日本市场,才 1.5 亿人口;做好一个俄罗斯市场,才 1 亿人口;做好整个非洲市场,才几个亿的人口。可是,人家只要做好了中国市场,那现在是 13 亿人口,将来是 15 亿人口,还有比这更合算的吗?所以,应该是来中国的那些外国人比我们想出去的人更聪明。关键是经济全球化以后,网络将世界连在了一起,我们不必非到国外才能进入国际市场。再有就是外商都到中国来赚钱,中国市场早已经成为国际市场的热点,我们真的不需要再舍近求远了。我们一定要清楚,就在中国好好干,就在中国开拓市场,那就是进入了国际市场,就是在与国际资本进行激烈的国际竞争。

2. 努力开发中国农村消费市场

在发达市场经济国家,其消费市场主要是在城市,其农村人口极少,故市场容量极为有限,企业根本不必去刻意开发农村市场。然而,在中国情况就大不一样了。作为最大的发展中国家,中国至今仍有 7 亿多农村人口,也就是说存在着一个庞大的农村消费市场，这一市场的存在是生产消费品的企业不可忽视的，甚至是从事服务业的各类企业不可忽视的。可以说，就目前情况看，中国农村人口还很少市场化消费，即这7亿多人口之中，还很少有医疗消费、现代工业品消费、娱乐消费等，这一市场还处于未开发阶段。相比国外市场的开发，中国农村消费市场的开发，对于将中国市场作为国际市场开发的中国企业来说，应该是更重要的。这既是企业在工业化腾飞中可获得的巨大生存空间，也是中国国家经济安全的一种保障。

在企业开发农村市场时，可以设想让农村人口得到更大的优惠，让政府的调节作用更突出地表现出来。也就是说，对于企业面向农村销售的产品，政府可以通过一定的法律程序给予某种程度上的税收减免，以便于支持农民购买和鼓励企业开发农村市场。如果政府能这样做，将有利于企业进入农村市场，有利于农村消费市场迅速繁荣起来。所以，从企业的角度讲，应该积极地做工作，促使政府对销往农村的商品实行一定程度的减税或一定范围的免税。只要能够普遍地减免税，农民就能够得到更多的实惠，企业也能够更快地打开农村市场，更快更好地发展生产。

同类产品，应该是销往城市一种版本，销往农村一种版本，而不能是同一版本，更不能是以城市的版本销往农村。同类同版本的产品应是同价格的，而农村甚至有超过城市的消费欲望，却没有城市那么高的消费能力，制成不同的版本，是为了以不同的价格适应不同的市场，在农村就需要有比城市同类产品更低的价格。而不同的价格对应的是不同的成本，销往农村的产品成本可以相对低一些。这并不是说卖给农民的产品可以偷工减料，而只是说这些产品可以减少不必要的功能或去掉昂贵的包装。像电视机之类的家用电器，就可以做得简单一点儿，去掉非大众化的功能，以降低成本。像家庭常用药品，就可以恢复老包装，简单一些，不要搞得里三层、外三层，药品还没有包装费贵。农民喜欢实用，更喜欢便宜，企业针对这种状况多动一动脑子，就能够找到进入农村市场的坦途。

二、中国企业家需要具有全球意识

在经济全球化的时代背景下，在中国的工业化腾飞阶段，中国的企业家要培养全球化意识；在中国实现工业化之时，中国的企业家更要具有全球化意识。只有这样，才能将中国的企业做大做强，才能将中国的工业化产业做大做强。

1. 做大做强中国企业

要求企业家具有全球意识，根本目的就是要做大做强中国企业。中国实现工业化必须要有强大的企业，而企业家的思想水平跟不上经济全球化的发展形势，就会阻碍企业做大做强,就会使工业化腾飞的翅膀缺少应有的力量。

日本的企业家具有全球意识,因此日本的企业大而且强。日本丰田汽车的口号是:有路必有丰田车。这里所说的路,是指全球的路。也就是说,在全世界都要有丰田汽车的市场。对于这一点,丰田汽车公司真正做到了。当今世界上确实是有路就有丰田车,丰田公司的业务遍天下,真正成为一家世界级的大企业。在日本,并不是只有丰田汽车公司一家企业具有全球意识,而是基本上大企业都具有全球意识,这是与这些企业的领导人具有全球意识分不开的。正是这些具有全球意识的企业家带领的强大企业将日本带进了工业化社会。

韩国的企业家具有全球意识,也将韩国的企业做大做强,将韩国带进了工业化。韩国著名企业——浦项钢铁公司,其领导人朴泰俊首创"资源有限,创意无限"的理念,使其企业享誉全球,成为世界著名的钢铁企业。韩国实现工业化以及走向世界,都与这位企业家的全球意识有着直接的关系。在韩国,代表企业形象的是浦项钢铁公司,而不是其他企业。浦项钢铁公司为韩国企业作出了好的榜样,带动韩国的经济飞速发展起来,也带动韩国成为新崛起的发达的工业化国家。

美国的企业家更是具有全球意识的企业家群体,他们将美国的企业做成世界上最强大的企业群,将美国发达的工业化呈现在全世界面前。世界最强大的企业之一美国通用汽车公司就是从全世界搜寻人才,用全球最优秀的人才管理企业,做全世界最具挑战性的事,所以它既是统领全球的超级企业,也是全球化的企业;既是美国最好的企业之一,也是全世界最好的企业之一。面向全球寻找智力资源,这是它最为成功的经验。它的全球意识是最强的,它的领导人的全球意识在全球企业界也是最强的。

可以说,尽管中国已经进入工业化腾飞阶段,但令人堪忧的是,中国的企业家还很少具有全球意识。也许是他们生存的环境比较艰难,思想相对比较狭隘,不似其他发达国家企业家的眼界开阔。按说中国是一个大国,不应该出现这种情况,但历史形成的事实却就是这样。我们改变不了历史,我们只能改变未来。希望国家高度重视这一问题,在工业化腾飞阶段切实培养企业家的全球意识,使其能够真正做到立足中国,放眼世界,能够从全球人类发展的立场考虑企业的发展,考虑中国的工业化,真正做大做强中国企业,跟上经济全球化的步伐。

2. 中国工业化呼唤大企业家

中国正处在工业化腾飞阶段,一个长期经济落后的国家就要改变自己的面貌了。问题在于,踏上这样一条腾飞之路,最为明显的问题是缺少具有全球意识的大企业家。

人无头不走，鸟无头不飞。大企业家是工业化腾飞的领头人，是所有企业家中的优秀代表。在其他国家的工业化历史中，称得上是大企业家的人没有几个，可是，如果要是没有这么几个人，工业化的进程就会被延宕。美国企业家福特是一个典型的例子，他始终致力于发展优质低价的小汽车，取得了一次又一次的成功，然而他一次又一次地不满意自己，总是在不断地提高标准，总是在追求新的目标，直到自己生命的最后一息。他开创了美国的现代汽车工业。历史的必然是体现在其个人的偶然之中的，这样的人才称得上是大企业家，有了这样的大企业家，一个国家的工业化才会顺利地实现。大企业家不是神，但他们是一个国家工业化的灵魂，这是他们要起到的最重要的作用。

由于历史的原因，改革开放以后中国才有了真正意义上的企业，时至今日，中国仍缺少企业家，更缺少大企业家。大企业家与一般企业家的不同在于：首先，大企业家要办大企业。凡是企业，都可以是企业家施展才干的舞台，但小企业是不可能托起大企业家的。企业家能为自己打造更大的平台，做大企业，成为行业龙头，这样的企业家才称得上是大企业家。其次，大企业家看问题有长远眼光，能够不光想到企业，更能为行业着想。作为大企业家，是不会为了自己企业的利益去搞跨一个行业的。以一家企业之利，毁掉一个行业的发展前途的现象是存在的，这与中国企业家不能将自己做大，不具有行业思想有关。再次，大企业家要不断地推动技术创新。一般企业家只能对应用新技术的创新作出贡献。很多人可以成为企业家，但只有很少的人可以成为大企业家。因为技术创新是很少人能够做到的，只有大企业家的支持，人类社会才能不断享受到新技术的成果。以上三点，中国目前的企业家是比较难做到的。可以说，中国企业家的成长环境是先天不足，后天也不足。在目前，中国一些著名的企业家处处流露出功成名就之感，这就使他们很难再成为大企业家，因为他们已经没有了发展的动力。缺乏大企业家，这是中国工业化腾飞中遇到的一个实际问题。

三、中国资本市场需要更加对外开放

经济的全球化也是资本的全球化。在经济全球化的背景下，中国的资本市场必须更加对外开放，这既是中国经济对外开放的最新要求和中国经济进入经济全球化运动的关键举措，也是中国履行加入世界贸易组织协议的基本要求。目前，中国的资本市场对外开放涉及的范围很广。在此仅对中国工业化腾飞阶段的证券市场和借贷市场的对外开放作一些概括性的初步分析。

1. 证券市场的对外开放

中国证券市场的对外开放,与货币市场的对外开放既有联系又有区别,因为这既可以是中国证券人民币交易的对外开放,又可以是外币交易中国证券的对外开放。

就中国证券市场的对外开放来讲,大致分为两个方面:一方面是允许外国人或机构进入中国证券市场购买各种中国证券,包括股票、企业债券、国家债券等。另一方面是允许外国机构在中国证券市场发行各种有价证券。相比较而言,后者比前者对外开放的程度更高一些,但在中国的工业化腾飞阶段,前者比后者更为实际一些,或者说对于帮助实现中国的工业化更有意义一些。

目前,中国的股市已经引起全世界的注意。由于中国已经进入工业化腾飞阶段,很多外国投资者看好中国的股市,希望从中分一杯羹。而中国股市扩容,在某种意义上也需要外国投资者的进入。可以说,这是两厢情愿的事,或者称作双赢的事。那么,中国的股市会不会被外国投资者控制呢?应该说是存在这种可能的,而且还是极有可能的。但是,可能性毕竟不是现实性,不论有多大的可能性,只要不使其转为现实性就可以保证股市在我们的管理和控制之中,不会发生大盘失控的情况。我们不能让外国投资者控制中国的股市,但是,我们非常欢迎外国投资者购买中国股票,我们要创造更好的条件以便于外国投资者的资金更多地进入中国股市。

中国的企业债券市场发展比较缓慢。我们希望在工业化腾飞阶段,能够借助外国资本的力量促进中国企业债券市场的发展。在今后,中国需要更多地发行企业债券,而不是更多地发行股票。这是各个国家证券市场的惯例,我们也可以依照惯例行事。如果外国投资者能够与我们想到一块儿,也愿意大量投资中国的企业债券市场,那是最好的,因为这样做非常有利于中国企业在工业化腾飞阶段获得更大发展。我们没有必要专门向外国投资者发行中国企业债券,只要引导外国投资者购买中国企业发行的债券,就可以达到吸收外国资本助中国企业腾飞的目的。

2. 借贷市场的对外开放

中国借贷市场的对外开放,主要是指允许外国银行进入中国的借贷市场,包括个人借贷市场和企业借贷市场,其中主要是企业借贷市场。外国银行可以使用人民币放贷,也可以使用其本币或其他货币放贷。当然,外国银行在中国市场所做的一切,都要经过中国人民银行批准。

中国借贷市场是非常需要对外开放的,外国银行进入中国借贷市场对于中国经济的发展和中国借贷市场的活跃是非常有利的。长期以来,中国银行业生存在僵化的计划经济体制之下,以听从行政指挥的方式放贷,病入膏肓,并非一日一年可以改变的。更何况受计划经济体制残余的影响,各个方面行政力量的干预至今并没有完全从中国的金融领域退出。所以,中国借贷市场的对外开放,最重要的意义就在于要引入国际竞争机制,促进中国银行业迅速进入市场经济体制下的运行模式,尽快切断传统体制对于借贷市场的不良影响,真正激发市场活力。也就是说,中国的银行业在进一步对外开放中要认真向外国同行学习,要以经济全球化为背景努力提升自身的借贷业务水平。

外国银行进入中国借贷市场是具有风险的。可是,外国银行不怕风险,它们要靠市场化运作经营机制规避风险,取得盈利。这是最需要中国银行业学习的,中国借贷市场的转机也在这里凸显。这些外国银行是要看贷款人的各种合法材料的,但是又不局限于看申请贷款材料,其业务人员更注重的是项目本身的可行性和申请人的素质。比如,一位电影制片人找一家外国银行申请贷款拍一部电影,只要这部电影题材好,这位制片人诚实可靠,他拿到贷款是没有问题的,而且还是很快就能拿到贷款。这就是外国银行的工作风格,看似风险很大,实际比起我们只看材料的机制,其风险要小得多。并不是外国银行没有失误的时候,而是它们的机制可以保证其失误很少,可以控制在自身能够承受的范围之内。中国一家银行也像外国银行那样冒了一次险,给了冯小刚导演一笔数额不菲的贷款,让其拍摄电影《集结号》,结果不负众望,这部影片获得了成功,这家银行的尝试也获得了成功。在今后,我们还有更多的银行要学习外国银行,改变自己的传统,迈开步伐,对中国企业的发展给予更有力的贷款支持。

外国银行进入中国借贷市场是要盈利的。我们说,风险与盈利是相对应的,风险大,盈利就可能多。我们欢迎外国银行在中国借贷市场上盈利,因为其盈利是其承担风险的回报,是应该得到的。若他们得不到盈利,那他们还来中国干什么!我们欢迎他们盈利,就是欢迎他们来中国借贷市场做事。在目前情况下,有些事还不是我们的银行能做的,我们的银行还不具有那么大的风险承受力,所以要由外国银行来做。这些外国银行将这些事都做了,那就是对我们的帮助,就是我们开放市场的意义,让这些外国银行获得应有的利润是应该的,他们能够盈利我们应该很高兴。

(原载《中国流通经济》2011 年第 11 期)

第三方物流企业如何利用物流信息技术

〔韩〕申仁光

一、全球物流环境的变化和物流信息技术理论

1. 全球物流环境的变化

为了有效进行供应链管理,企业把物流业务外包给专门的物流企业,使得第三方物流的使用逐渐普遍化。在这样的趋势下,现有的物流企业为提供差别化的第三方物流服务,不仅努力扩大全球网络,而且整合物流信息服务体制,强化信息系统。

(1)物流管理的全球化。因信息技术和贸易自由化的发展,商品市场的整合越来越深化,国际资本移动也在增多。在这种情况下,物流产业的国际化在加速,韩国企业随着向国外的进军,其物流管理范围也在国际化。尤其是像韩国这样对外贸依赖性比较大的国家,国际物流就显得更为重要。根据企业的国际化形态和程度,物流管理方法也会有所不同。

(2)物流信息网络系统的不断发展。企业为了提高竞争力,物流管理不断信息化、整合化,信息技术作为提高物流服务的手段也在不断发展。一是电子商务的扩散。电子商务的快速发展增加了物流需求,个人消费者的增加对物流服务的要求也发生了变化,如当天配送、多次少量配送等。二是供应链管理的扩散。企业的物流活动趋向于从采购到最终配送的整体物流服务,货主企业越来越多地将物流业务外包给专门的物流企业,从而提高了对物流企业服务效率和效果的要求。

(3)物流产业的大型化。企业为了调配资源,增加了物流领域的外包业务,加上全球经济的越来越一体化趋势,促使第三方物流企业的服务内容和服务范围不断扩大。虽然出现了巨头企业,但世界物流市场仍具有竞争力。全球第三方物流企业10强的英运公司(Exel Plc)的市场份额也只占了全球市场的3.13%。

2. 物流信息技术的理论考察

为选择极为有效的手段和方法来既经济又有效率地消除生产和消费过程中“物”的地点和时间上的间隔,需要进行大量的与物流相关的信息传递和处理工

作。物流领域的信息具有从生产到消费的物流活动中(即在输送、包装、装卸、保管过程中),使各项活动有机结合,使全部物流管理活动顺利完成的功能。因而,这样的物流信息是成功实现物流管理的核心要素。能保证企业准确无误地为消费者提供产品的系统就是物流系统,而支持这一系统成功运作的即是物流信息。物流信息技术是指通过物流信息化的计划、实行、控制,为物流管理者提供可相互作用的与信息利用有关的人力、设备、程序等构造。系统管理物流信息的时候,才能支持物流活动的有效管理。因此,物流信息的系统化对于物流管理非常重要。物流信息系统(Logistics Information System, LIS)是指通过物流信息的电子化实现的系统化。从企业管理角度看,物流信息系统是指支持有效的物流活动,提供物流信息,以削减物流费用,提高服务质量,使企业在核心领域的竞争中占据相对优势的系统。信息技术的运营能力代表的是为满足客户需要有效利用物流信息系统的能力,物流信息技术的应用是成功实行第三方物流的前提。物流信息技术的主要功能有确认并传达购买信息,确认并传达货物的移动信息,给顾客提供合理的物流信息,制定企业的物流管理战略并进行控制等。

二、第三方物流企业物流信息技术的导入及应用战略

1. 全球性物流企业的物流战略

(1)敦豪航空货运公司(Dalsey, Hillblom and Lynn, DHL)。作为世界国际快递、海上运输和航空运输的领军企业,敦豪在全世界220多个国家及地区为客户提供服务,在12万个城市有6500个办事处、450个货物集合分流中心、420架货机、76200台运输车辆。每天约有50万件的货物通过敦豪运输网络发送到世界的各个角落,其全球数字化通信网(Global Digital Network, DHL net)连接各个办事处,实时提供货物的状态。

(2)联邦快递(FedEx)。联邦快递拥有分布在220个国家13万座城市的50000个办事处的庞大物流网络,还有671架航空货机,43000台车辆,每天处理300多万件货物。联邦快递从1970年以来,在信息技术方面的投资达到了15亿美元,客户不仅能从网页上查询到货物的位置,而且可直接估算费用及配送时间,编写发货单和商业发票,订购发送物的包装,申请网上提货,并得到关税及税金估算服务及自动结算服务。其供应链管理(Supply Chain Management, SCM)整合服务过程是通过订单来指示生产计划和库存更新的,能够从全世界各地查到相关数据。通过在网上跟踪物流状况,适当地分配工厂、仓库库存,从而减少物流费用(20% ~ 30%),并能达到在较短时间内把物品提供给客户,满足客户需求,提高竞争力的

效果。

2. 韩国第三方物流企业的物流战略

(1)大韩通运公司。大韩通运的 Terminal 以大田为中心,包括釜谷—首都圈(SUB - Terminal)、梁山领南(SUB - Terminal)、广州湖南(SUB - Terminal)、南阳州(Terminal)4 个辅助 Terminal,即以一个 HUB 和 4 个 SUB 的方式进行运营。大韩通运通过 HUB & SPOKE 系统,以大田 HUB 为中心提供迅速高效的分类运输服务,在春节、中秋等特殊时期通过增加点对点系统进行高弹性的市场运营和服务。与此同时,还构建了从快递的接收、货物跟踪、运单记录到 Terminal 运营管理的全职能实时信息管理系统,从而实现了包括首尔本部和大田 Terminal 以及全国各个分支店相互连接的互联网络,实时提供货物信息,提高了服务效率。

(2)韩进船公司。韩进的物流方案,包括使用最新的掌上电脑(PDA)、个人通信服务(PCS)机器,将物流数据实时输入快递电子系统 e - HANEX。除了仓库物流系统、数码物流系统以外,将经过客户关系管理(CRM)、供应链管理(SCM)、企业资源计划管理(ERP)等管理运营系统处理的物流数据转换成便于提供信息的可扩展标记语言(XML)、电子数据交换(EDI)形式提供给必要的客户。韩进运营各地域的据点化物流 Terminal 与各个 HUB Terminal 之间由大型卡车在一定时间内负责干线运输,同时以地域为单位的 Terminal 在其所在地域内灵活使用地域内物流配送系统。韩进通过全国 50 个物流 Terminal、400 多个营业厅、3000 多个取货点确保其全国性的物流网络,而 2500 多台车辆月平均要处理 300 万箱货物。其 GLOVAN 是为了通过物流业务和通信技术应用相结合达到提高物流处理能力,为了通过提供与海外物流网络连接的服务提高国内产业的竞争力而进行的项目,大体上分物流信息服务和物流商务服务。物流信息服务是指与物流相关的国内外信息数据及信息通信关联数据的处理服务以及提供网络等服务;物流商务服务是将货主和物流业者连接起来,从而在充分考虑物流资源需要者和供给者之间的最佳物流需求的同时,实现物流资源利用最大化的目标。

(3)现代快递公司。现代快递在韩国有 550 多个营业点,并且在 180 多个国家提供海运和航运服务,有很高的物流基础设施应用能力,注重网络的尖端化和信息技术设备升级等运营系统的先进化,并逐渐扩大海外市场。2003 年成为韩国第一家获得由中国政府颁发的海运航空运输一级代理许可证的物流企业,在上海设立了现代牙轮;2005 年和中国最大的物流企业中外运集团建立战略合作关系,在北京开设了办事处,在北京、天津、上海、青岛、大连等城市提供中韩国际快递服务和五大都市间的内陆快递服务,并计划将服务范围扩大到全中国。

(4)希杰物流公司(CJ GLS)物流服务现状。1998 年 3 月,希杰物流公司成立时正式展开以企业物流为中心的商家对商家(B2B)业务,如今为 100 多家客户企业提供在全韩 30000 个零售店的配送业务,在全国范围内拥有 25 个物流中心和 2000 余辆配送车,一年处理多达 160 多万箱的货物。最近又收购了三星物产的快递子公司 HTH,具备了一流物流企业的规模,并且成功与日本最大的两家快递公司建立战略合作关系,开始了韩日间的国际快递业务。希杰物流公司从 2000 年开始每年投入 100 亿韩圆用于信息技术建设,构筑了自身的配送系统软件"整合配送系统",2003 年成为在韩国快递物流业第一家开发并销售 NELS - SERIES 软件的物流公司。

3. 第三方物流企业的信息技术导入及应用战略

(1)企业概况:企业规模及基础设施。第一,全球性企业。世界三大物流企业在全世界范围内直接或间接地雇用了数十万人,销售额 2006 年达到 870 万亿美元,装备有飞机 671 架、大型货车 93000 台(辆)。为了连接海上物流服务体系,它们或是通过业务合作或是通过并购(M&A)方式进行战略协作,拥有船队,具备了为世界各地区提供最佳物流服务的营业点、仓库、集装箱/货柜(CY)等。为了构建整体的全球物流体系,以全球企业已有的基础设施为基础扩展营业网,增加基础设施,为未来潜在的巨大利益作了一系列的准备。全球三大物流企业敦豪、联邦快递、联合包裹服务公司(UPS)占据了 80% 的国际市场,并针对中国、巴西、印度尼西亚等新市场进行战略性调整,以占领更大的市场。第二,韩国企业。决定全球物流竞争力的核心要素是全球性的物量确保能力、全球信息系统和运输手段的先进性。但韩国企业相对于全球企业来说,仅拥有其最多 1/50 的工作人员,占据 1/80 的销售额,而且物流设备不足、投资规模小,成为全球企业的概率很小。

(2)全球化(Globalization):地区范围(提供服务地域)。第一,全球性企业。2003 年,联邦快递、联合包裹服务公司主要针对美国、大西洋地区、太平洋地区提供服务,敦豪主要针对美国、欧洲和中东地区提供服务。它们在除了美国以外的其他地区提供特色化服务,联邦快递主要将重心放在太平洋地区、南美、亚洲等地区;联合包裹服务公司将重心放在大西洋地区、太平洋地区和欧洲;敦豪将重点放在欧洲、中东等地区,在世界化的企业发展战略中,备受瞩目的是最近几年来全球物流企业脱离了单纯的运输配送市场,开始提供综合服务。第二,韩国企业。韩国狭小的物流市场导致物流产业发展基础薄弱。因为无法实现专业化,导致韩国的第三方物流比不上货主企业的第二方物流,即使实行了第三方物流,也无法满足货主企业的需求,企业规模无法扩大。从服务地区来看,基本上是在三大全球性企业相对薄弱的国家和城市开展服务,而且只有单一的物流,很难满足客户需要。

(3)供应链管理:物流过程层面。第一,全球性企业。全世界所有物流企业的服务已经从单纯的运送服务发展到综合性的物流服务,特别是最近基本上都有综合服务供应链管理,还提供了以信息技术为基础的附加物流服务。全球性物流企业的供应链管理构建中最受瞩目的部分是金融支持。以敦豪为例,它们提供的供应链管理一体化服务,不仅是进出口物流、仓库运营,也可以提供通过供应商管理库存(VMI)负担仓库管理费用的综合物流服务。与一般物流企业追求的综合物流不同,敦豪公司通过银行业务来追求负担货主费用的金融和物流的综合服务,并且将着力点放在针对世界任何产业的物流现场都能提供同样的、均等的服务水平。敦豪在韩国为惠普、东芝等企业提供零部件物流服务,同时还利用敦豪的全球网络为其提供一体化的服务。第二,韩国企业。大韩通运使用的连接包括韩国在内的世界各地的第三方物流系统GLOPS(Global Logistics of Providing System),具有包括税务管理、社内外结算、国内外运送、国内外仓库出入库、库存管理、海运—航空进出口货物跟踪、货物查询等多种功能的系统,可以实时掌握货物状态。希杰物流公司通过全球信息网络技术(Global Information Advanced Network Technology,GIANT)提供国内外物流服务,支持系统是针对韩国和10个国家17个法人的物流系统,能够给客户准确提供世界任何地区的货物进出口状况、港口集装箱管理、当地物流操作现状和预报信息。现代快递从2002年开始,应用了先进的仓库管理系统(WMS),通过最先进的预定入库信息(Advanced Ship Notice,ASN)管理、入库管理、保管管理、出库管理、提货管理、库存管理、交叉转运管理,提供最佳的物流服务。除此之外,还提供运输管理系统(Transportation Management System,TMS)、订单管理系统(Order Management System,OMS)、多元化信息分析系统(Online Analytical Processing,OLAP),以先进的管理模式为基础,构建了可以整合采购物流、保管物流、销售物流和国际物流的物流整合控制系统(Logistics Integrated Control System,LICS),为韩国200多家企业提供专项物流服务。韩国物流企业的供应链管理,看似拥有了完善的管理系统,但实际上还只停留在韩国市场,还没有达到像全球性企业那样实现全世界网络化,在任何地方都可以方便使用的水平。

(4)信息技术:可视性、迅速性方面。第一,全球性企业。联邦快递从1970年以来对信息技术的投资费用达到了15亿美元,不只是单纯从网站上可以查询货物的行踪,还可以让客户在网上准备国际贸易所需要的货运单、商业发票,享受企业以存货可视化(EC - Inventory Visibility)、生产可视化(EC - Manufacturing Visibility),仓库管理(EC - Warehouse Management),退货管理(EC - Return Management)

等信息技术为基础的供应链的好处，适当分配公司自己的工厂、仓库库存或者联邦快递提供的仓库库存来减少物流费用（20% ~30%）。特别是生产高附加值、高科技产品的跨国公司，可以通过联邦快递的可视化管理系统掌握其在全世界各个工厂和仓库的存货情况，进行快速配送。另外，一些全球性的跨国企业也拥有自己研发的信息技术，在利用供应链管理整合物流服务时，促使采购和执行部门按照订单导出生产日程更新库存，通过网站跟踪物流状况，提高为客户服务的水平。第二，韩国企业。韩国企业虽然在国内外已经普遍拥有信息技术工具（IT Tools），但是在e－SCM 和射频识别（RFID）方面还不完善。例如，货主把物流部分委托给第三方物流公司之后，还要了解货物在每个阶段的信息，即货主企业重视自己公司已有系统和数据的联动，要求达到相同或类似于自己公司管理物流的效果。但是韩国第三方物流企业没有与货主企业相应的联动平台。韩国国内市场狭小，企业在信息技术方面进行巨额投入比较困难，阻碍了其向全球第三方物流发展的进程。

为了构建先进的信息技术环境，提高竞争力，第三方物流企业必须加紧努力。首先实现在韩国国内的标准化物流系统体系，然后逐步发展成国际领域的系统体系。

三、韩国第三方物流企业竞争力提高方案

1. 韩国第三方物流企业存在的问题

（1）在海外市场经验不足。虽然韩国的第三方物流企业都标榜自己做的是全球性第三方物流业务，但营业场所较少是不可否认的。而缺少基础设施和第三方物流经验不足，使韩国企业很难得到货主企业的物流委托。现在韩国出口制造企业的大部分物流业务都委托给外国物流企业，而只在一部分地区设立了海外法人和营业场所，因而无法向全世界发展海外网络。

（2）缺乏在全球范围内提供服务的供应链体系。从全球第三方物流企业的供应链管理可能使用的部分来看，所有的部分（估价、包装、发票、提货、关税、追踪、通关、配送、自动结算）都适用，而韩国的第三方物流企业在配送的这几个部分还不适用。就海外部分来说，除了住宅配送、国际快递部分适用外，其他部分几乎不适用。全球第三方物流企业为了构建更为完善的供应链管理体系，持续在信息技术方面进行巨额投资，但是韩国的第三方物流企业却以最小的投资维持着现状，这将会导致韩国的第三方物流企业因为供应链管理的不完善在竞争中越来越落后。货主企业的最终目标是减少物流费用和创造利润，不具备完整的供应链管理形态的韩国第三方物流企业无法实现覆盖全世界的网络化，需要更加努力地开发信息技术，寻

找解决方法。

(3)不完全的一体化整合服务。只有大韩航空和韩进海运拥有整个物流服务(航空、海上、陆地,保管、装卸、通关)的基础设施,其余企业除了主要的服务以外,提供有效率服务的能力明显不足。其共同特点是:没有一家企业为了减少货主企业的负担而使用第三方物流的金融支持,对于非主要业务,大部分企业都委托其他公司,对于投资和业务扩张态度消极。

2. 韩国第三方物流企业竞争力提高方案

(1)构建能够提供一站式服务的综合性供应链管理体系。全球性的第三方物流企业在世界各地为提供标准化的物流服务作出了努力,其供应链管理并不只是针对一个企业,而是能够连接多产业、多种企业的一体化解决方案。在这种背景下,韩国的第三方物流企业应对寻求所有企业的一体化解决方案加大投资,力求提供包括金融服务在内的一站式服务。

(2)积极应用最尖端的信息技术和通信技术。在世界市场上,不管在哪里,为了保持竞争优势,如果不利用信息技术,任何事都无法有效率地完成。为了构建e－SCM 系统,需要应用各种操作,如现存系统和地区间通信网的统合等,还要有多样的信息技术。为了构建这样的信息技术系统,政府应该给予财政上的支持,加大投资,开发差别化优势。

(3)加强物流基础设施建设。物流基础设施扩充是韩国第三方物流企业面临的最大问题。虽然韩国第三方物流企业正在努力构建 HUB,但在最近是不可能实现的。韩国政府应与第三方物流企业对最佳投资地区进行选择和分析,在世界市场上逐渐培养竞争力。

(4)扩大规模。韩国第三方物流企业进入海外的时间非常晚,特别是与通过收购合并和战略合作成长的全球性第三方物流企业相比,韩国的第三方物流企业应该在最短的时间内扩大规模,以未开发地区的新兴市场为中心,与当地企业进行合作以扩大规模。

为了实施全球化,韩国企业需要通过合并和战略合作实现有竞争领域的全球化,通过构筑信息技术及供应链管理实现系统全球化,避免无差别投资,实现以竞争力为基础的特色全球化。同时,韩国第三方物流企业的全球化、尖端化、体系化,需要政府的大力支持。政府应该与企业通过对投资地区的分析确保其在世界新市场中的竞争力。

(原载《中国流通经济》2011 年第 11 期)

高新技术园区创业机制形成条件研究

王延荣

一、基本概念与文献回顾

国内外学者对创业机制的研究大多源于对高新技术园区发展的探究。为什么有的园区获得了巨大的成功,而有的园区没有达到预期的效果?总结世界高新技术园区发展的经验,萨克森宁(A. Saxenian)①发现,硅谷成功的关键在于硅谷形成的有利于创新创业的机制,包括拥有众多的高新技术人才、比较密集的高水平研究型大学和研究机构,有利于创新的特殊社会文化环境、风险投资、产业发展与集聚优势的形成以及特有的创新网络系统等。毛蕴诗等②将这种机制视为一种围绕知识聚集资本的新的要素组合方式。而李新春等③更强调其"创新小生态"和集体学习机制的形成。对于创业机制的概念,国外还未见系统论述,国内学者由于研究角度的不同形成了不同的理解。杨静文等④从微观的角度把握创业机制的实质,认为创业机制是指影响个体创业决策及其实施的各种因素以及作用方式和后果;于国安⑤主要研究了创业机制对企业集群形成的重要性,认为企业集群式发展与创业机制的形成密切相关,两者相辅相成,互为结果,相互加强;王婷等⑥突出强调创业机制中的政府职能或责任,用市场机制配置的基础性机制激活各种创业要素的作用以及创业服务体系的完善程度;王延荣⑦提出创业机制是一个为推进创新和创业活动而建立的相关机制、政策措施以及它们之间相互关系的总称。

---

①A. Saxenian. Regional Advantage: Culture and Competition in Silicon and Route 128[M]. Harward University Press,1994:26 – 35.

②毛蕴诗,周燕. 硅谷机制与企业高速成长[J]. 管理世界,2002(6):102 – 108.

③李新春,宋宇,蒋年云. 高科技创业的地区差异[J]. 中国社会科学,2004(3):17 – 28.

④杨静文,朱宪辰,冯俊文. 创业机制在企业集群发育形成过程中的作用分析[J]. 现代管理科学,2004(5):8 – 10.

⑤于国安. 创业机制与企业集群成长互动机制分析[J]. 经济问题,2006(2):23 – 25.

⑥王婷,陈明. 创业机制与创业文化[J]. 江西社会科学,2005(7):166 – 169.

⑦王延荣. 创业机制及其架构分析[J]. 理论月刊,2004(4):76 – 80.

对创业机制形成机理的研究还是经验性的、分散的,国内外学者大量的研究主要集中在创业动机、创业机会的研究,①、②、③、④、⑤、⑥或者停留在创业环境这一比较笼统和感性层次上,如王伟毅等⑦认为日益复杂的环境不确定性是导致创业活动倍增的重要原因。张炜等⑧提出创业文化氛围、创业孵化网络、创业政策支持和基础服务设施4个要素构成了创业孵化环境的主要结构维度。但是,人们在研究中发现,在为什么创业出现在特定国家和地区、创业模式能否复制、创业政策导向的作用机制等重要问题上现有研究难以给出令人满意的解释,原因在于大部分创业环境研究成果没有从创业过程本身去研究或者只关注创业环境的某一侧面,不能说明各环境因素的相互关系,为此,基亚瓦里和福格(Gnyawali and Fogel)⑨提出了创业环境的整合模型,把环境维度和新企业创建过程连接起来进行研究,并建议政府、企业家和社会各界都要为促进创业发展创造良好的环境与机制。尽管也有学者从创业利益的角度探讨创业机制的形成问题,但并没有就创业机制的形成条件进行必要的揭示。如张青⑩从进化经济学视角研究创业问题;许玫⑪认为追求利益是经济人的行为动机,经济人进入或退出创业的选择取决于从事创业活动所获得的创业利益;王延荣⑫提出创业利益是创业活动得以进行的基本动力。可见,创业机制形成条件问题目前还没有引起人们的充分重视,本文拟以高新技术园区为例对此作一初步探讨。

---

①Shane S. ,S. Venkatarman. The Promise of Entrepreneurship as a Field of Research[J]. Academy of Management Review,2000(1):217 -226.

②Alvaro Cuervo. Individual and Environmental Determinants of Entrepreneurship[J]. The International Entrepreneurship and Management Journal,2005(3):293 -311.

③蔡莉,费宇鹏,朱秀梅. 基于流程视角的创业研究框架构建[J]. 管理科学学报,2006(1):87 -96.

④胡晓娣. 社会资本对创业机会识别的影响机理研究[J]. 生产力研究,2009(20):15 -17.

⑤张爱丽. 试析个人因素与机会因素的匹配对创业机会识别的作用[J]. 外国经济与管理,2009(11):59 -65.

⑥Smith,Brett R. ,MattbewsCharles H. ,etc. Differences in Entrepreneurial Oopportunities:The Role of Tacitness and Codification in Opportunity Identification[J]. Journal of Small Business Management,2009(1):38 -57.

⑦王伟毅,李乾文. 环境不确定性与创业活动关系研究[J]. 外国经济与管理,2007(3):53 -58.

⑧张炜,邢潇. 高技术企业创业孵化环境与创业成长绩效关系研究[J]. 科学学研究,2007(1):74 -78.

⑨Gnyawali D. R. ,D. S. Fogel. Environments for Entreprenereship Development[J]. Entrepreneurship Theory & Practice,1994(4):43 -62.

⑩张青. 创业与经济发展关系研究回顾与分析[J]. 外国经济与管理,2009(11):20 -28.

⑪许玫. 创业经济论[D]. 上海:复旦大学,2001:29 -39.

⑫王延荣. 高新技术创业动力的经济学分析[J]. 科研管理,2006(5):68 -74.

二、高新技术园区创业机制形成的规模条件

1. 基本假设

高新技术园区拥有高新技术企业、传统企业等多种类型的企业，生产的产品包括高新技术产品、传统产品和同质的基本产品，企业的融资方式多种多样，市场竞争状况各有不同，创业者的收益水平更是受行业、自身能力、管理水平和政府提供创业机制的完善程度等多种因素影响。但是，为了分析问题的方便，需要对高新技术园区创业过程中的相关因素进行简化，特提出以下基本假设。

假设1：无论是生产基本产品、传统产品，还是高新技术产品的企业，都只使用劳动这一种生产要素，且边际成本不变，均由于缺乏资金而只能采取外源融资方式。生产传统产品的创业者由于风险小，可以获得银行贷款；但高新技术创业者只能从风险投资者那里获取资金。

假设2：高新技术园区的企业均为高新技术企业，生产的产品均为高新技术产品，为了增加创业者成功的概率，风险投资者都向高新技术创业企业提供管理支持等非货币性投入。

假设3：不存在跨期消费和跨期投资，创业者在期初通过银行或风险资本家进行融资，经过一段时期的经营运作后，在期末归还投资。在期末银行收回初始贷款和一笔无风险收益（假定无风险收益为零）；风险投资者获得一定的投资收益，包括其初始投资和预期的投资回报，投资回报包括创业者支付给风险投资者和外部投资者的风险溢价（风险投资者自有资金很少，大部分是从外部投资者手中筹集资本）。

假设4：高新技术产品和传统产品的生产都属于垄断竞争市场，从长期趋势来看，产品都只能以平均成本的价格销售，经济利润为零；而在短期内，每个创业者都力图在预算条件的约束下实现消费效用最大化。整个社会的总收入由工资、无风险收益和风险溢价构成。

假设5：高新技术创业者都属于风险中性者，创业者的收益预期与所处的行业、项目以及自身能力和管理水平无关，其能否成功主要取决于政府提供创业机制的完善程度，特别是提供各种创业支持的多少。

2. 理论模型

根据上述假设，建立相应的模型，分别从高新技术创业者和政府的角度分析创业机制形成的两个条件。

（1）消费效用函数的引入。由于我们假设高新技术产品属于垄断竞争市场，

且替代弹性不变,高新技术产品的消费效用函数可用不变弹性效用函数(CES)表示为下式:

$$\mu(X_1, X_2, \cdots X_m) = (X_1^{\rho} + X_2^{\rho} + \cdots + X_m^{\rho})^{1/\rho} \tag{1}$$

其中,$0<\rho<1$,表示高新技术产品市场中各种产品的替代弹性,ρ 的增加意味着某高新技术产品垄断程度的增加。

若用 $X_1, X_2, \cdots, X_m$ 表示高新技术产品的数量,$P_1, P_2, \cdots, P_m$ 表示产品的价格,Y 表示社会总收入,β 表示各类产品的收入份额,那么产品预算约束方程有如下形式:

$$P_1X_1 + P_2X_2 + \cdots + P_mX_m = \beta Y \tag{2}$$

(2)高新技术创业者的行为。创业成长是高新技术园区创业机制形成的重要动因。创业成长既包括量的增长也包括质的增长,其中,量的增长是质的增长的基础。我们认为,高新技术园区内创业企业的数量必须达到一定的规模,才会产生足够的需求促使政府推进创业机制的形成。而对创业者来说,其遵循利润最大化原则。当创业的预期收益达到一定水平时,创业者才会产生自主创业的意愿。如果创业者获得创业成功,那他将会获得正收益,同时偿还风险投资者初始投资并按照合约规定支付预期的回报,并以创业社会利益的方式对政府的支持给予补偿;但如果创业失败,其收益为零,也不会向风险投资者偿还初始投资,更无法支付风险投资者的报酬。因此,我们通过对高新技术创业者行为的研究,分析提出高新技术园区创业机制形成的创业企业最低规模的要求。

由于假设高科技行业只使用劳动这一种生产要素,且边际成本不变。因此,对生产高新技术产品的创业者来说,其预期收益的表达式如下:

$$\pi_{ci} = \begin{cases} 0 \\ (P_i - W)X_i - R - T \end{cases} \tag{3}$$

其中,W 为工资率,R 为创业企业给风险投资方支付的回报,T 为创业企业向政府上缴的税金。

假设创业者成功的概率为 α,则其预期收益可以表示为

$$\pi_{ci} = \alpha(P_i - W)X_i - \alpha R - \alpha T \tag{4}$$

在垄断竞争的市场结构中,创业者通常不会考虑其定价策略对市场产生的影响,因此,在只有劳动这种单一生产要素投入且边际成本不变的情况下,高新技术产品的最优价格可表示为

$$P_i^* = \frac{1}{\rho}W \tag{5}$$

即某产品的最优价格与工资率成正比,与产品的替代弹性成反比。工资率越

高，其价格水平就越高。而产品 i 的替代弹性越大，其价格水平就越低；而替代弹性越小时，其价格水平就越高。

如果生产产品 i 的所有企业都采用最优价格策略，在产品的替代弹性不变（如前假设），同时整个行业的工资水平也趋于一致的情况下，可证明产品 i 带来的预期收益为

$$\pi_{ci} = \frac{\alpha(1-\rho)\beta YW}{N_i} - \alpha R - \alpha T \tag{6}$$

式中，N_i为成功生产产品 i 的企业数量。

创业企业的预期收益必须达到一定水平（至少 $\pi_{ci} > 0$），创业者才会产生自主创业的意愿。通过对式(6)的分析可以看出，有以下因素影响着创业者的创业行为。

W 和 Y 越高，对产品 i 的需求就越大，产品 i 的价格也越高，其预期收益也越高，从而刺激了经理人自主创业的意愿。

ρ 代表了产品 i 的可替代程度。ρ 越大，意味着该产品的可替代性越强，竞争越激烈，经理人的预期收益越低，因此自主创业的意愿也会降低。

β 值下降，意味着人们对高科技产品的需求增加，这将增加高科技创业企业的预期收益，从而导致创业企业数量的增加。

T 的影响具体体现为税率对创业企业的预期收益的影响，高科技产品的税率越高，生产成本越大，创业者的预期收益越低，就越抑制创业者自主创业的意愿。因此，政府应对创业企业的高新技术产品采取低税率政策（甚至免税）。

在静态情况下，风险投资者之间的竞争将导致其预期利润为零，再根据假设4，我们不难计算出总收入 Y 的水平。它应该等于劳动者的总收入加上所有创业者支付给外部投资者的风险溢价，即

$$Y = WL + N_F P \tag{7}$$

式中，W 为工资率，L 为劳动力的数量，N_F为所有创业者的数目，P 为创业者支付给外部投资者的风险溢价。而所有创业者的数目应该等于成功创业者的数目除以成功的概率，即

$$N_F = \frac{N_s}{\alpha} \tag{8}$$

式中，N_s为成功创业者的数目。

由假设 1，我们可以得出工资水平 W 是由生产基本产品的边际成本决定的。在极端情况下，一单位劳动可以转换成一单位的基本产品。因此，工资水平可以等

于基本产品的价格,我们假定为1。

在静态情况下,高新技术产品市场不存在进入障碍,因此其预期利润为零。联合式(7)和(8),我们可以推导出成功的高新技术创业企业的数量,即

$$N_s = \frac{\alpha\beta L(1-\rho)}{\alpha(R+T)-\beta P(1-\rho)} \tag{9}$$

在静态情况下,风险投资者之间的竞争将导致其预期利润为零,也就有

$$I_i + P + C = \alpha R \tag{10}$$

式中,I_i为风险投资者对高新技术创业企业的初始投资,C为风险投资者向高新技术创业企业提供管理支持的成本。将式(10)代入式(9)得

$$N_s = \frac{\alpha\beta L(1-\rho)}{I_i + P + C + \alpha T - \beta P(1-\rho)} \tag{11}$$

式(11)是高新技术园区创业机制形成的一个必要条件,即高新技术园区内高新技术创业企业数量必须达到一定规模,创业机制才可能形成。

(3)政府的行为。在高新技术园区创业机制的形成过程中,政府是创业机制构建主体之一。政府积极鼓励和支持创业也是为了获得创业利益,即创业的社会利益。我们认为,政府的预期收益必须达到一定水平,才会产生促进创业机制形成的强烈动机,进而制定各种政策,采取各种措施鼓励和扶持创业企业的发展,并为创业者和创业企业的发展创造一个稳定、良好的环境,这样可以最大限度的降低创业者和创业企业的风险。那么,政府的预期收益为

$$\pi_s = -\sum I_j + \sum \alpha_i L_i \tag{12}$$

式中,I_j为政府对第j个高新技术园区的投入支持,α_i为生产高新技术产品i的创业企业成功的概率,L_i为生产高新技术产品i的创业企业成功所带来的回报,既包括经济利益,也包括为社会提供的就业机会、促进了风险投资体系和资本市场的发育等非经济利益。

式(12)表明,政府的预期收益必须达到一定水平(至少$\pi_s > 0$),政府才有动力促进高新技术园区创业机制的形成。这是高新技术园区创业机制形成的又一条件。

3. 对模型的理论分析

通过上述模型可以看出,创业机制的形成条件是高新技术园区内的创业企业数量必须达到一定规模以及政府获得的创业收益应该达到一定水平。其主要原因在于只有企业的数量集聚到一定的规模,才可能产生园区的规模经济和范围经济,降低交易成本,形成集群效应,使创业机制的各主体形成强烈的动机,推动创业机

制的形成。

在高新技术园区面积不变的条件下,园区企业的数量越多和每个企业的产出规模越大,园区的整体经济规模越大,投入产出的效率越高,创业利益就越多,政府构建创业机制的意愿就越强烈。如果园区企业的数量达不到规模经济临界点的规模,说明园区内企业集聚密度小,产业要素聚集总量不足,必然导致园区投入产出效率和规模效益递减。2002 年,我国 53 个国家级高新技术园区约有 2.8 万家企业,其中认定的高新技术企业约 1.9 万家,总产出 10448 亿元,实现人均营业收入达 45.1 万元,远远高于全国的平均水平。但是也要看到国家级高新技术园区同国际先进高新技术园区的投入产出水平相比还存在较大差距。2002 年,我国 53 个高新技术园区的总产出规模仅是硅谷 1998 年总产出的 43%,如果以同期人均和单位面积的产出总额、出口额和利润相比则更低,其中,人均出口额仅是硅谷的 6%。高新技术园区总体的投入产出比例也很低,国际先进高新技术园区为 1:5 左右,而我国高新技术园区平均不到 1:2。因此,我国高新技术园区的企业数量和产出规模远低于国际先进高新技术园区,创业机制的绩效和效率也比较低,对于我国构建和完善高新技术园区的创业机制是不利的。同时,高新技术园区范围经济的企业集聚要素效率的提高,可以为高新技术园区的投资者谋求到最大限度的高新技术产业范围经济效益。外部的创业者和投资者青睐范围经济效益高的高新技术园区,是因为可以扩大自己的产业范围,降低交易费用,获得更高的创业利益和投资收益率。产业链延伸的多样性,使企业的非系统风险减少,可以大大增强创业者和投资者抵御外部冲击的能力,提高企业投资回报的稳定性。

高新技术园区内企业在一定水平上的集聚,可以实现交易成本最小化,这是政府构建高新技术园区创业机制的又一重要动机。由企业高效集聚而形成的正外部性、高新技术产业空间叠加和规模经济带来了高新技术园区投资费用和交易成本的降低。在园区面积和人力资源存量不变的条件下,各种生产要素集聚效率越高,交易费用呈大幅递减趋势,越容易产生强势吸引创业者和投资者的势能,有利于高新技术企业的进一步集聚,进而促进高新技术园区的规模经济和范围经济,推动创业机制形成。同时,高新技术园区在地理区域密集度下形成的规模经济和范围经济竞争力、在创新基础上由企业集群效率带来的优势互补和宽领域合作,有助于多方降低相关成本,实现多赢,使高新技术园区的投入产出效率、劳动生产率和盈利率大大超过单个分散企业的平均水平。

高新技术园区内企业一定水平的集聚,各种企业的相互集中和顺畅的市场组织网络,有利于信息和知识尤其是隐性经验类知识的传播,从而产生知识溢出效应,促进知识和技术的转移扩散,为企业创新创造条件,并提供学习的机会。同时,由于存在着学习曲线,园区内企业一定水平的集聚可以降低企业创新的成本,使园区内专业化小企业学习新技术变得容易和低成本。硅谷通过建立良好的网络组织形式和运作方式,使各企业相互作用、相互激发,各尽所能、各得其所,取得"1 + 1 > 2"的效果,产生大量具有价值的思想和成果。

三、高新技术园区创业机制形成的社会文化条件

人们在研究高新技术园区发展的过程中,往往不能解释为什么同样的资源优势在有的高新技术园区带来了巨大成功,而在其他园区却并不起作用。从社会文化特征上分析,成功的高新技术园区具有根植性的文化背景以及不可替代的社会资本。

1. 市场经济的社会基础

市场经济是高新技术园区创业机制形成的最基本的社会基础。在市场经济条件下,市场是资源配置的主要手段,市场规则和法律成为规范交易行为的主要规范,共同的契约意识和信用是降低交易成本与扩大市场交易的最好方法。高新技术园区要使人们敢于和乐于创业,也必须形成法制、务实、信用的社会交往规则,形成一些人们所共同遵循的价值观、信仰和交往方式。如硅谷创业机制的基础是"信任和承诺"等人文因素,这种人文因素是维持硅谷企业之间长期关系的纽带,使其在面对外来竞争者时,可以促使迅速整合信息和资源,降低成本和风险等,拥有独特的竞争优势。

2. 创新文化氛围

文化作为一种非正规机制,是产业集聚的黏合剂,能为高新技术园区发展提供强大精神动力,深刻影响高新技术创业的正式机制作用的发挥。高新技术园区创业机制应该深深植根于创新文化的沃土之中,其精髓是追求卓越,不断追求技术的有效性,鼓励冒险也接受失败,专业忠诚而非企业忠诚,讲求信用与合作,重视非正式交流,特别注重创新精神、合作意识、诚信观念、创业意识和企业家精神的培育。以硅谷和128公路地区为例,128公路地区有哈佛大学和麻省理工学院这两所赫赫有名的大学,而且更靠近纽约这个资本和商业中心。但是,到了20世纪90年代,硅谷在高科技领域已经远远超过了128公路地区。这一差异的原因在于,硅谷形成了自由创新的制度环境,而128公路地区则恪守着传统企业的等级和封闭。人们在探究硅谷成功的经验时不能忽略创新文化这一极为重要的内生变量,即硅谷文化在硅谷发展过程中起到了导向、约束、凝聚、激励和辐射作用,并且这种作用是潜移默化和难以克隆的。

3. 文化的开放性

在高新技术园区,需要建立一种与市场经济相称的开放型文化形态、彼此可以相互交流的人际环境和网络型的社会组织形态,需要构建一个不同学科、不同文化背景、不同专业层次的开放型的人才环境。硅谷的成功还来自于文化的开放性。可以说,硅谷集中了全球最优秀的信息技术人才,正是他们创造了硅谷的奇迹。硅谷鼓励人才流动,吸纳各种层次的人才,创造一流的人才环境。台湾新竹科学工业园区中的劳动力流动,形成知识和经验共享推动了集体学习,从而使其中的社会网络得以协调和整合。

四、结论

本文在分析高新技术创业者和政府行为的基础上,提出了高新技术园区创业机制形成的两个规模条件,即高新技术创业企业和政府获得的创业利益必须达到一定的水平。可见,只有园区内企业的数量集聚到一定的规模,才可能产生规模经济和范围经济,降低交易成本,形成集群效应,使创业机制的各主体形成强烈的动机,推动创业机制的形成。同时,为什么同样的资源优势在有的高新技术园区带来了巨大成功,而在其他园区却不起作用。实际上,成功的高新技术园区有根植性的文化背景以及不可替代的社会资本,即高新技术园区创业机制的形成还需要市场经济的社会基础、创新文化氛围和文化开放性等社会文化条件。

*本文系国家社会科学基金资助项目(项目编号:09BJY004)"基于就业导向的政府支持创业型经济发展的对策研究"和教育部人文社科规划基金(基金编号:09YJA630035)"以创业带动就业机制的形成机理及构建对策研究"部分研究成果。

(原载《中国流通经济》2011 年第 11 期)

大国消费品牌 强国生产品牌

黄国雄

一、国际城市需要品牌,品牌造就国际城市

任何国际商贸中心城市本身就是一个品牌中心,名牌集聚,名店荟萃,这是国际中心城市的标志和形象,是消费者向往的购物场所,是其凝聚力、吸引力和竞争力所在。世界名城很多,各有自己的发展轨道,各具自己的特色,但不是所有的名城都能成为世界商贸中心城市。国际商贸中心城市首先是交易中心、金融中心和品牌中心,是由名街、名店和名品三位一体所构成的。它既是一个国家经济发展的反映,也是市场国际化发展的标志;既是历史优秀文化的沉淀,也是现代文明的结晶。

没有品牌就不能反映一个国家、一个地区经济发展的状态和文明程度,也缺乏城市的魅力,它不取决于城市的人口多少、规模大小,而取决于经济发展的实力以及由此而形成的品牌集聚度和影响力。成为世界消费力集聚的中心,特别是世界名牌集聚地,能吸引一批新生的富裕阶层,他们以追求名牌为荣,满足心理的需要,以品牌消费为实,扩大消费需求,特别是奢侈品消费已成为其生活追求。

国际城市需要品牌,品牌造就国际城市,两者是相辅相成、彼此依附的关系,品牌需要国际城市的依托,使其名扬四海,走遍全球,而国际城市要凭借品牌的点缀,使其更加辉煌、更加灿烂、更有魅力。树立品牌意识,集聚品牌商品,推动商品经营品牌化的发展,可以对整体城市市场的国际化、商品结构的国际化、经营理念的国际化起到造就和推动的作用。

北京、上海、广州在打造国际商贸中心城市的过程中都非常重视品牌的引进和经营,一线城市把引进品牌作为商业工作的重点,不少二、三线城市也在积极行动,重点引进。如何正确认识品牌引进和经营,已经成为城市国际化发展的主要任务。

二、大国引进品牌,强国输出品牌

商品品牌在世界的地位和在输出商品的比重是一个国家经济发展程度的标志,一般条件下,经济大国靠强劲的商品出口积累了大量的外汇,有条件进口一部分国际品牌,满足新生富裕阶层的需要,这也是经济发展的必然过程,但它只反映大国的经济实力,不是经济强国的表现,只有输出品牌和服务,才标志着跨进强国的行列,“商业大国引进品牌、商业强国输出品牌”,不断提高品牌商品在出口的比重,用名牌占领世界市场,才有竞争力,才有影响力。引进品牌的目的不仅是为了消费,而是激励、学习、借鉴、创造自己品牌的过程。更不能利用品牌作假来欺骗中国消费者,或“出口”转“内销”,或中国制造打上外国品牌,甚至内资企业产品不标中文、只标外文,来蒙蔽广大消费者。

品牌是经济实力的表现,是一个系统的工程,是指商品以质量为中心,受市场检验,得到消费者青睐的产品系列。品牌是由多层次、多结构、多品种构成的,是科学技术的结晶,是商品价值和附加值的具体体现。

品牌强国在于它不是单一的品种或简单的几个品牌，而是系统工程，包括国家品牌、行业品牌和区域品牌，包括老字号品牌的发扬和传承，新品牌开发和营销，传统工艺的应用和新技术的发明。光靠引进，仅仅是一种贩卖行为，担当的是“二贩子”的角色，而借鉴学习，发明创造，形成自己的特色，营造自己的品牌，才是发展的硬道理，才能体现一个国家经济持久发展的实力。

三、引进不是创造，特色才有魅力

在品牌经营中，我们热衷引进，热衷移植，热衷仿造，这虽是经济发展中的正常现象，但不能停滞不前，技术在进步，经济在发展，消费观念在更新，市场热点在变化，“千店一面”、“千城一面”必须改变，商品同质化、经营雷同化、价格打折化的时代不会持久。没有创新、没有发展、没有特色就没有魅力、没有竞争力，在品牌经营上同样要实施差异化经营，这是对购物中心定位、大型百货店发展提出的新要求，必须走出在品牌经营中的种种误区。第一，争相引进，同一商圈、同一品牌，多店引进，造成重复经营、自我竞争。按照国际惯例，一个著名品牌在同一商圈不能设两个以上的代理点，以提高产品期望值，避免自我竞争。第二，以为引进品牌就可以上档次，改变经营面貌。品牌经营是系统工程，引进仅是开始，同样需要策划和营销推广，需要与品牌理念相适应的服务质量和服务措施。第三，进口商品就是品牌。品牌是分档次的，既有杂牌，也有国际名牌。一种品牌是一级品牌、二级品牌，还是不上档次的品牌；是国际认可的名牌，还是地方性的杂牌，这是必须要弄清楚的问题。但有的企业一味追求所谓的品牌，将国产商品贴上外文商标也作为国际品牌引进。第四，认为用英文就是品牌，就可以打扮成国际品牌，使一部分生产企业，宁肯放弃自己的商标，不用中文，直接标上英文名字，以蒙蔽消费者，这不仅违反了商标法，也是商业欺诈的表现。第五，认为卖高价就是品牌，只要是进口的品牌就可以任意加价，虚张声势，欺骗顾客，牟取暴利，这也是中国市场奢侈品价格高于国外市场一个重要原因。第六，代理商代理行为不规范，条件苛刻，不仅任意索取装修费、保底销售，提高品牌进入的门槛，也造成管理混乱、“一女多嫁”的现象时有发生。第七，奥特莱斯泛滥成灾，失去其固有的特色。作为品牌折扣店的奥特莱斯，有特定的内涵，以品牌为前提，以厂家直销为基本形式，在近郊区开店，以低价为特点，构成独特的业态。可是中国奥特莱斯满街都是，品牌作假，劣货充斥，廉价销售，有名无实，几乎等同于尾货市场。

四、中国经营品牌化，品牌经营中国化

品牌经营是经济发展的必然要求，是经济大国必走之路。我国人均 GDP 已达

4400美元,跨进世界中等收入行列,消费阶层多样化,对品牌需求有客观要求。这不仅是完善小康型社会对商品和服务体系的需要,而且一部分中高收入阶层已经形成,他们在消费上从求量转向求质,从追求品种转向追求品牌、追求名牌、追求奢侈品消费。因此,一线、二线城市都在寻求品牌经营,达到升级换代的目的,扩大品牌在经营中的比例。满足富裕阶层对品牌追求的需要已成为大型百货店和购物中心经营的新增长点。中国经营品牌化是一种趋势,是一种无法阻挡的潮流。

但是,品牌经营不能停留在对世界名牌的引进上,不少城市不考虑市场需要和经营条件,不惜代价,以高成本盲目引进品牌,过分超前,是当前品牌经营突出的误区,导致不少商场有场无市、有货无客的被动局面。要实施品牌经营中国化的战略,第一,要从中国的国情出发,中国经济仍然处于发展阶段,不仅存在着收入之间的差别,地区之间也发展不平衡,对品牌的需求度也有较大的不同。因此,品牌引进要有重点,要有先后,不要一拥而上。多数城市还在发展中,其重点要以完善小康型社会对商品的需求为主体,兼顾温饱型阶层的基本需要,有重点地探索品牌、名牌,特别是世界名牌的经营。第二,中国广大消费者对品牌、名牌和奢侈品的认识度还不高,品牌经营不要停留在引进上,世界名牌都有一部发展史,都有一个发展的过程,要采取多种形式使广大消费者认识品牌的价值,从而能够在更大程度上认识它、接受它、购买它。第三,普及品牌观念是社会的责任,要重视品牌的宣传和推介,提高和增强广大消费者的品牌意识,提高和增强经营者的品牌价值,提高和增强生产者的质量观念,整体推进中国产品的品牌化进程。第四,要重视地方品牌的营造。品牌是一个系统工程,是由世界名牌、全国名牌和地方名牌构成的一个整体,每一个地方都要树立品牌意识,着力打造自己的名牌。城市打造名牌,品牌推动城市的发展。

五、品牌需要服务,服务造就品牌

没有品牌就没有档次,但有了品牌不等于有了档次。好马配好鞍,品牌需要与其相适应的精品服务。中国奢侈品消费2010年已达107亿美元,占全球的1/5,居世界第二位,但其中57%是在境外消费,其中代购渠道占23%,而真正在境内消费的只占20%。究其深层次原因,除了税收海关等因素外,其中很重要一条是境内对奢侈品消费缺乏相应的购物环境,没有相配套的服务措施。产品立国,服务强国,仅有商品,仅有品牌,而没有相应的服务,既实现不了品牌的价值,也影响品牌形象。品牌体现的是商品价值,需要通过服务和营销才能把商品卖出去,需要相适应的精致服务和配套服务。要创建服务品牌,提高服务品牌的质量,必须提供与品牌商品相适应的服务方式和服务形式。服务体现的是社会价值,品牌价值本身就包含着服务价值,品牌经营对服务提出更高、更精、更细的要求。第一,要对顾客建立完整的消费档案,掌握其消费特点、购买规律,提供更精细、更有针对性的多方位服务,建立定期不定期的联系,并做好保密工作,切实维护品牌顾客的基本利益;第二,要营造宽松、舒适的购物环境,对精品购物、贵重商品购买,要采取送达式的挑选和鉴定,开设贵宾休息室,实施一对一的专人服务,注意私密性、安全性;第三,要全面了解和掌握国际品牌,特别是奢侈品的商品性能、工艺特点、产地和发展的历史,使顾客对精品有一个全面的认识,从而提高消费者对品牌商品的信心和信赖,满足其对品牌消费的荣誉感和信赖度;第四,要有良好的精致包装。精品要精装,这不仅可以加强商品的安全度和美感,还可实现商品外在价值与内在价值的统一。

(原载《中国流通经济》2011 年第 11 期)

基于法律规制视角的价格违法行为分析

尚　珂

一、价格乱象及特征

价格是市场最为活跃的因素,也是政府重点监管的市场要素。不同的社会经济条件下所反映出的价格问题有所不同。近年来,我国市场上的价格违法行为层出不穷。比如,在零售领域以家乐福、沃尔玛为代表的世界知名大型企业,通过采取虚构原价、不履行价格承诺甚至低标高结等形式对普通消费者进行价格欺诈;①以批发商、投机商为核心的少数经营者,通过采取串通、哄抬、囤积等不正当手段操纵价格,导致大蒜、绿豆等农产品价格较大幅度上涨;②以联合利华公司为典型代表的企业,通过向各大超市发调价函,接受新闻报纸、电视台、媒体采访等多种方

①家乐福、沃尔玛部分超市价格欺诈行为受到严厉查处[DB/OL]. http://www.ndrc.gov.cn/xwfb/t20110222_396220.htm,2011/02/22.

②国家发展改革委、商务部、国家工商总局有关负责人就加强农产品市场监管工作答记者问[DB/OL]. http://www.ndrc.gov.cn/xwfb/t20100701_358444.htm,2010-07-01.

式，发表涨价预期等言论，引发抢购等事件。① 针对这些严重扰乱市场秩序的价格违法行为，市场价格主管部门多次以约谈、警告、罚款、公告等方式进行了及时校正。

日益突出的市场价格违法行为也成为社会关注的热点。当前的价格违法行为呈现出几个较强的特点：一是价格违法的行为主体较多是在市场上具有较强优势地位的大型企业，具有较大的市场支配力；二是价格违法行为大多系市场上早已存在，且已经为法律明确禁止的一般性不正当价格行为，并未产生新的违法形式；三是违法行为产生的市场影响较大，严重扰乱了市场秩序，社会反响强烈。

1. 违法主体的大型化

我国价格体系市场化改革已经十几年了，伴随着价格的自由化，各种价格违法行为就产生了。尽管商家的价格欺诈、囤积居奇、哄抬物价等行为在我国并不是偶然现象，但如果没有确凿无疑的证据，人们还是很难将沃尔玛、家乐福、联合利华等这些名列全球500强的大企业与价格违法行为联系在一起。因为沃尔玛、家乐福、联合利华并不是一般的经营企业，即便从全球范围来看，它们都可以被称为商业巨头。其中，家乐福是大卖场业态的首创者，是欧洲第一大零售商、世界第二大国际化零售连锁集团，自1995年进入中国起截至2010年，家乐福在中国内地的门店总计达176家，是中国最大的外资零售商；沃尔玛更是连续三年在美国《财富》杂志全球500强企业中居首；联合利华公司2010年洗发类、洗肤类、衣物洗涤类产品的市场份额分别占到12%、12.6%、15.2%，②在同行业中也具有一定的市场支配定位，是一家对市场价格影响力较大的知名企业。它们进入中国以来，一直是同行业的标杆，是先进服务与较高管理水平的代表者，已经赢得了消费者的高度信任，它们的公然违法让人难以接受。

2. 无新型的价格违法形式

价格违法行为又称不正当价格行为，是指经营者违背价格法的原则或规定，出于非正当目的而为的各种价格行为。我国1997年出台了《中华人民共和国价格法》（以下简称《价格法》），其中第十四条明确规定了八种经营者不得为的不正当价格行为：①相互串通，操纵市场价格，损害其他经营者或者消费者的合法权益；②

---

①国家发展改革委有关负责人就查处联合利华（中国）有限公司散布涨价信息扰乱市场秩序的有关问题答记者问[DB/OL]. http://www.ndrc.gov.cn/xwfb/t20110506_410543.htm，2011－05－06.

②国家发展改革委有关负责人就查处联合利华（中国）有限公司散布涨价信息扰乱市场秩序的有关问题答记者问[DB/OL]. http://www.ndrc.gov.cn/xwfb/t20110506_410543.htm，2011－05－06.

为了排挤竞争对手或者独占市场，以低于成本的价格进行倾销，扰乱正常的生产经营秩序，损害国家利益或者其他经营者的合法权益；③捏造、散布涨价信息，哄抬价格，推动商品价格过高上涨；④利用虚假的或者使人误解的价格手段，诱骗消费者或者其他经营者与其进行交易；⑤提供相同的商品或者服务，对具有同等交易条件的其他经营者实行价格歧视；⑥采取抬高等级或者压低等级等手段收购、销售商品或者提供服务，变相提高或者压低价格；⑦违反法律、法规的规定牟取暴利；⑧法律、行政法规禁止的其他不正当价格行为。

另外，为了防止价格垄断非法行为的发生，根据我国《反垄断法》的基本规定，国家发展和改革委员会2011年1月制定并颁布了《反价格垄断规定》，对采取价格垄断协议、滥用市场支配定位和滥用行政权力排除限制竞争等三类价格垄断行为的表现形式和法律责任进行了明确规定，其中明确禁止八种具有竞争关系的经营者达成固定或者变更价格的垄断协议，将价格方面滥用市场支配地位的行为细化为六种类型。国家发展和改革委员会同时公布了《反价格垄断行政执法程序规定》，对举报受理、调查措施、依法处理、中止调查、责任豁免以及价格主管部门的责任等进行了明确的规定。应该说，市场中家乐福、联合利华等企业所实施的诸如价格欺诈、联合涨价、囤积居奇、哄抬物价等价格违法行为，均为已经纳入法律明文禁止并且应当追究法律责任的一般违法形式。

3. 市场秩序受到严重影响

根据《国家发展改革委有关负责人就查处联合利华（中国）有限公司散布涨价信息扰乱市场秩序的有关问题答记者问》的报道，联合利华公司散布的日化产品涨价信息经新闻媒体广泛传播后，增强了消费者的涨价预期，引发部分城市发生日化产品抢购，联合利华公司的产品在个别超市的日销售额超过正常时期的几倍甚至十几倍，严重扰乱了正常的市场秩序。据调查，联合利华散布涨价信息之前一周与之后一周的市场销量相比，上海超市日化产品销量平均增长21.2倍，其中联合利华公司旗下部分单品销量的增长高达六七十倍。对联合利华公司散布涨价信息的行为，如果不加以制止，将推动日化产品价格过高、过快上涨，导致市场秩序出现严重混乱。①

在市场竞争条件下，一些经营者由于担心失去市场份额，对于涨价非常谨慎。采取提前高调发布涨价信息等手段，通过媒体集中报道以试探市场反应，并希望竞争对手跟进涨价，给了行业竞争者一段相互协调价格策略的时间，进而达成价格协同行为，从而在保持市场份额不变的基础上实现行业集体涨价。这也是一种变相

①国家发展和改革委员会新闻中心网站，http://xwzx.ndrc.gov.cn。

的联合涨价的价格违法行为。

如前所述,尽管这些都是法律明令禁止的行为,但还是不断有一些大企业逆法而动,公然违法,造成了较坏的社会影响。这些企业原本应该属于讲信用、守法律的企业,否则不可能发展成一个国际知名的跨国公司。俗话说,“橘生淮南则为橘,生于淮北则为枳”,尽管家乐福、联合利华等企业的违法现象不能简单地用“橘生淮北则为枳”来解释,但这些大企业在中国的变质,反映出了我国市场法律环境的一种失常状态,应该是对中国市场环境进行试探而产生的“入乡随俗”的结果。

二、价格法规制的约束力问题分析

我国一直很重视对价格关系的法律调整,并在不同时期有针对性地颁布制定了一系列价格法律、法规来确认政府部门的价格管理权限和方法,并以保护公平竞争、防止市场垄断作为管理的出发点来确认企业的价格行为以及相应的法律责任,促进市场机制作用的发挥。目前,已经形成了以《价格法》、《反垄断法》为核心,以《价格违法行为行政处罚规定》等法规为主干,以《禁止价格欺诈行为的规定》、《反价格垄断规定》和《反价格垄断行政执法程序规定》等配套法规和规章为基础的较为健全的价格法律法规体系,这一系列法律法规日益在经济生活中扮演着举足轻重的角色。但我们也应看到,尽管利剑高悬,以身试法者仍然大有人在,价格违法行为仍然屡禁不止。法律是规范企业市场行为、促使企业诚信经营的前提条件和保障。但是,只有做到有法必依、执法必严、违法必究、严格执法,才能发挥法律的威慑力与制约作用。对我国市场现状进行分析不难发现,备受关注的价格违法问题的产生主要出自以下两个方面的原因。

1. 法律规制本身存在的问题

法律是调整人们行为或社会关系的规范。法律作为一种行为规范,为人们提供某种行为模式,指引人们的行为方向,行为人可以根据法律规范的规定事先预测到行为的法律后果,从而决定将如何行为。法律规范对行为的影响,一般分为两种情况:一是对如何行为的预测。即当事人根据法律规范的规定预计对方当事人将如何行为,自己将如何采取相应的行为。二是对行为后果的预测。由于法律规范的存在,人们可以预见到自己的行为在法律上是合法的,还是非法的,在法律上是有效的,还是无效的,是受到国家肯定、鼓励、保护或奖励的,还是会受到法律撤销、否定或制裁的,从而据此对自己的行为作出合理的安排。

在一部法律中,罚则是不可或缺的一部分,是法律强制作用的体现。没有罚则,法律就失去了法律的本性,罚则充分体现了法的指引作用。我国《价格法》第四十条对经营者实施价格违法行为，发生违反该法第十四条行为之一的情况，采取的处罚措施是“责令改正，没收违法所得，可以并处违法所得五倍以下的罚款；没有违法所得的，予以警告，可以并处罚款；情节严重的，责令停业整顿，或者由工商行政管理机关吊销营业执照。有关法律对本法第十四条所列行为的处罚及处罚机关另有规定的，可以依照有关法律的规定执行。”从上述规定来看，较为明确的是价格违法行为者所承担的处罚风险是违法所得五倍以下的罚款。这样的处罚是否能对非道德行为、违法行为起到制约作用，需要行为者在守法与违法两者之间进行经济成本的权衡，如果处罚过轻，违法成本低廉，在巨大利益的诱惑面前，出于商人追求利益的本性，失信就在所难免了。

根据《价格法》的有关规定，1999 年国务院制定了《价格违法行为行政处罚规定》(以下简称《处罚规定》)。自 1999 年《处罚规定》公布实施以来，在保证《价格法》的有效实施、打击价格违法行为、规范市场价格秩序等方面，发挥了重要作用。但是，从执法实践看，原《处罚规定》也存在一些问题，主要表现为对价格违法行为的处罚规定比较笼统，打击重点不够突出，处罚力度总体偏轻，对严重的价格违法行为尚不足以充分发挥应有的警示、震慑和惩治作用。之后，于 2006 年、2008 年、2010 年分别进行了三次修订，细化了对没有违法所得的违法者的罚款规定。对于经营者违反《价格法》第十四条规定的情况，如捏造、散布涨价信息，哄抬价格，推动商品价格过高上涨的，或者利用虚假的或者使人误解的价格手段诱骗消费者或者其他经营者与其进行交易等价格违法行为，没有违法所得的，由最初的规定处以 2 万元以上 20 万元以下的罚款(1999 年规定)，提高到处以 5 万元以上 50 万元以下的罚款(2008 年规定)。2010 年，对《处罚规定》进行了进一步的修订，特别针对捏造、散布涨价信息，囤积居奇导致市场供应紧张或利用其他手段哄抬价格，推动商品价格过快、过高上涨的行为，没收全部违法所得，并处违法所得 5 倍以下罚款；对没有违法所得的，罚款上限由 50 万元提高到 300 万元；情节严重的吊销营业执照，相应加大了处罚力度。

随着法律法规的不断修订与完善，对违法行为的惩罚力度逐渐加大，对违法者起到了一定的惩戒作用，然而我们很难说这种调整已经到位，也无法断定对于企图违法的企业仅仅采取经济处罚手段能否起到足够的震慑作用。从长远的、系统的角度来看，这种事后救济手段在实施过程中需要付出巨大的行政成本和社会成本，其缺陷也是显而易见的。

2. 价格监管机制的问题

价格监管体制以及监管权力的分配是市场监管中的重要问题，它涉及市场监管的效率。

监管体制指中央和地方监管权的划分以及监管机构内部的领导关系。各国根据自己的国情和市场发展状况选择了不同的市场监管体制,如中央集权型和地方分权型、集中统一监管型和多元监管型、政府主导型和自律主导型等。我国的价格监管体制实行的是三级监管模式,中央一级、省(自治区、直辖市)一级、地方一级,监管的部门包括价格主管部门和其他有关部门。

根据我国《价格法》的规定,中央一级的国务院价格主管部门统一负责全国的价格工作,国务院其他有关部门在各自的职责范围内,负责有关的价格工作;县级以上地方各级人民政府价格主管部门负责本行政区域内的价格工作,县级以上地方各级人民政府其他有关部门在各自的职责范围内,负责有关的价格工作。

价格主管部门及其他相关部门根据《价格法》、《反垄断法》、《反不正当竞争法》、《价格违法行为行政处罚规定》和《反价格垄断规定》等的有关规定,负责实施监管并查处价格违法行为。其中,政府价格主管部门根据《价格法》、《禁止价格欺诈行为的规定》、《价格违法行为行政处罚规定》等的规定,对价格垄断行为、不正当竞争行为、扰乱市场秩序的哄抬物价等行为,享有执法监督权限,《反不正当竞争法》赋予各级工商行政管理部门对低价倾销等不正当竞争行为和部分垄断行为享有执法监督权,国家发展和改革委员会根据《反垄断法》的规定,负责查处价格垄断行为等。

从我国的立法规定来看,目前监管体系中的价格监管相关部门在监管权力的划分上存在监管交叉和监管真空等一系列问题。监管问题的出现一方面是立法思路和技术的问题,另一方面是市场自身发展的结果。① 在立法过程中,如果法出多门,很难保证内容的一致性,监管机构在细分监管对象时就会存在监管权的交叉;另外,市场的发展会导致监管对象发生动态的变化,面对市场的变化,如果没有灵活的协调机制,就有可能使新产生的监管对象陷入分类困难的境地,监管体系对新变化反应迟钝,很容易导致监管真空;还有,监管机构出于利益或权力方面的考虑而发生的互相推诿或争管,也会导致监管交叉与监管真空现象的出现。

三、完善市场价格法制环境的思考

1. 完善监管体制,重视政府监管与自律监管相结合

监管主体是监管体制的重要构成要素,监管主体的权限以及监管主体之间的

---

①吴弘,胡伟.市场监管法论[M].北京:北京大学出版社,2006:49,63.

关系影响着监管的效率。从各国的监管体制来看，较多地采用了监管主体多样化的趋势，除政府机构、政府指导下的准政府机构以外，自律性的非政府团体、微观的市场主体等也是市场监管体制中重要的组成部分。

在日本，价格监管权集中于中央政府，建立了以"物价问题僚阁会议"为主的一系列决策咨询机构，"物价问题僚阁会议"是日本政府物价问题的最高决策咨询机构。另外，以"经济企划厅物价局"为中心，包括有关省厅和地方政府所设立的专门物价管理机构，对物价进行管理，由财政、银行、公正交易委员会等部门组成物价宏观协调与公正监管机构。日本物价监管的特点是，政府不仅制定有关价格干预的法律，而且设置专门的机构来实施这些法律，公正交易委员会就是这样的一个机构，从维护竞争秩序的角度对市场中的价格违法行为进行监管。

在法国，建立了以竞争、消费和反诈骗稽查局和国家竞争委员会为中心的监管体制，中央和地方实行垂直领导，不受地方政府的管辖。国家竞争委员会是介于政府和法院之间的一个相对独立的机构，其主要任务是保护竞争和市场的正常运行，对于违法竞争者，接到反映后指令或委托竞争、消费和反诈骗稽查局进行调查，由国家竞争委员会作出裁决和处罚，然后向法院起诉，法院通过司法程序使上述裁决、处罚得以强制执行。

长期以来，政府机关的监管一直是监管主体最为重要的力量，它有着一般监管主体无法比拟的优势，有国家强制力维护其监管权威，有国家财政作为其监管的物质后盾。

政府在监管中的地位和作用不容低估，社会各界对监管工作的支持与配合也不可或缺，发挥行业协会的自律作用并强化市场主体的内控机制，也是市场监管重要的组成部分。在整个监管体系中，每个部分都有自己发挥作用的空间，单纯强调任何一类监管主体的作用都有失偏颇。相对于政府监管的刚性特点来讲，自律监管具有其无法替代的优点，政府监管适宜于一个需要稳定、清晰和可预见的制度环境的地方，而自律监管则适宜于一个需要较为具体详细、灵活的制度环境的地方。自律监管在政府放松监管、主动收权的时候会有更大的发挥空间，以弥补政府措施过于刚性容易损害市场发展的缺陷，但是自律监管需要政府监管给予支持，要通过加强政府监管来保证其功能得以充分发挥。政府监管与自律监管相互促进，相辅相成，在较大程度上表现为一种互补关系，只有坚持政府的行政性监管与经营者行业协会等组织的自律性监管相结合，才能实施有效监管。

2. 完善监管手段，重视刚性手段与柔性方法的统一

我国对市场价格违法行为的矫正手段，偏重于事后进行的行政处罚，较多采用

警告、没收违法所得、罚款、吊销营业执照等比较强硬的方式。这种刚性较强的监管手段对市场主体而言,具有较强的矫正违法行为的作用,但是却无法挽回违法行为对市场秩序所造成的损害和不良影响。另外,为惩治违法行为,行政机关执法成本和社会成本的增加都是不言而喻的。

行政处罚仅仅是行政监督执法诸多手段中的一种。市场监管应刚柔相济、顺势利导,以更为多样的手段矫正背离市场机制的行为。当前,世界各国都在考虑如何运用诱导的方式,以柔性的方法取代刚性的监管手段,把监管的重心转移到事前防范、着眼规范上来,促使监管对象能够自发地在竞争发展过程中预防和化解违法风险,以达到事半功倍的效果。

20 世纪中后期以来,在行政实务中,行政指导因其特殊的功效性和适应性,日益受到市场经济发达国家的青睐。行政指导是一种灵活而有柔性的行政管理方式,它是行政主体在法定职权范围内,为实现特定的行政目的,遵循法律位阶原则,制定诱导性法律规则、政策,或者依据法律原则、法律规则与政策,针对特定的相对方,采用具体的示范、建议、劝告、鼓励、指示等非强制性方式,并施以利益诱导,促使相对方为或不为某种行为。行政指导以形式上的柔软温和为特征,它把平等、民主原则融入到行政管理过程中,把行政管理的双方当事人从以往单纯的命令—服从关系中解脱出来,给行政管理双方提供了商讨、妥协的余地。

2010 年下半年以来,针对市场价格不正常的剧烈波动,在处理涨价等事件的过程中,国家发展和改革委员会会同农业部、商务部、工业和信息化部等部门采取了约谈方式,约谈部分日化、方便面、酒类企业,召开部分行业协会会议,就稳定市场价格、规范价格秩序事项提出指导建议,劝导企业保证市场供应,不能人为制造短缺;共同维护良好的价格秩序,不搭车跟风涨价;不提前散布涨价信息,更不能串通涨价等。价格主管部门通过约谈企业,交流情况,沟通信息,重申价格法规和政策,提醒经营者遵守国家相关法律法规和政策,自觉规范价格行为,引导企业更好地、合理合法地行使定价自主权,从而抑制了可能发生的市场风险。政府部门以“约谈”方式提前介入,进行提醒、告诫,对有可能出现的不良后果进行提前干预,这种相对温和的措施,减少了可能出现的违法行为,降低了社会治理成本。

政府信用是行政指导的前提,因为这种没有强制力的行政指导实际上赋予了市场主体以选择权,只有较高的政府信用才能使市场主体接受指导。日本政府对行政指导的运用十分成熟,有学者认为市场经济加行政指导的发展模式是日本经济取得成功的一个重要因素。

3. 完善信息披露制度，培养构建市场诚信机制

信息披露制度作为市场监管的一项重要法律制度，自产生以来，在交流市场基础信息、实现信息平等利用、制约市场主体行为、保护市场主体合法权益、保证市场有效运营、促进经济健康发展等方面起到了巨大的推动作用。信息披露是市场监管的首要方式，对医治信息不对称的市场痼疾是一剂良药。对于提高市场效率、维护市场主体积极性和方便监管都十分有利。

我国市场中的信息披露制度存在很多不足，如信息披露面不广、透明度不够，信息披露不及时、不全面，造成谣言惑众，交易双方缺乏相互信任，给少数经营者掩盖不法经营、隐藏经营风险、逃避监管和社会监督提供了可乘之机。

我们的市场环境中并不缺少法律，而是缺少对法律的普遍尊崇和全民敬畏。从法治层面上究其原因，一是违法违规付出的成本太低，没有让违法违规者付出得不偿失的有形资产代价；二是未能使违法者因一次性的违法冒险而可能付出失信毁誉的长久代价。

定期公布典型案件，曝光违法行为，应该成为监管制度中的一项内容。① 曝光披露违法案件、公布违法案件处理结果的意义不仅仅针对案件当事人，不仅仅为了震慑违法经营者使之不敢再犯，也是为了警示其他经营者，使之不敢存在侥幸心理而冒险违法，更是为了促使社会各界进一步了解市场，发挥社会力量形成有效的社会监督机制，引导企业自觉守法，维护自身信誉，自主规范价格行为。只有如此，才能有利于优化市场运行环境，维护正常的市场秩序，形成讲信用、守法律的良好社会风尚。

（原载《中国流通经济》2011 年第 11 期）

把争取国际经贸中的正当权益作为国家战略

陈文玲

当今世界，国际贸易的长期发展趋势没有发生根本变化。国际贸易规模越来越大，贸易仍然是世界经济增长的发动机。随着国际贸易、经济资源和要素禀赋如

①项海容，张文．我国价格管制存在的问题症结及改革路径选择[J]．中州学刊，2010(1):58－61.

商品、资本、劳动力、信息、技术等,通过国际化大流通超越国界被重新配置的范围越来越广,阻碍生产要素在全球自由流通的各种壁垒不断被打破。现代流通成了经济全球化的内在动力,经济全球化则是现代流通发展到更高阶段出现的必然结果,加速了不同国家和地区市场相互依存程度日益提高的进程。因此,必须以崭新的视角重新研究和确立国际贸易基础理论,推动全球对重新思考国际贸易规律规则的统一认识,以公平评价全球化条件下各贸易国的贡献与获取。

一、必须重新认识国际贸易规律

如何重新认识国际贸易的规律,这是一个非常重大而紧迫的问题。现在国际上争论的很多国际贸易问题,应用的都是传统理论,对于国际贸易一些崭新的规律,缺乏全球化视野,对现代国际贸易缺乏从内生因素、深层次、根本上的认识。笔者认为,最起码应该从以下五个方面重新认识国际贸易的规律。

1. 国际贸易与世界制造业中心转移存在密切关系

世界制造业经历了四轮大的转移:第一轮世界制造业中心在欧洲,以英国、德国、法国为主,从反法战争结束后的维也纳会议开始,直至 19 世纪中叶前后,英国制造品出口量占世界制造品贸易量的 2/3;第二轮世界制造业中心转移到了美国,第二次世界大战结束的时候,美国的工业产值已经占到资本主义世界工业总产值的 2/3,之后很长一段时间占 1/2 以上,对外贸易额占世界总量的 1/3 以上;第三轮世界制造业中心转移到了日本和亚洲四小龙,日本成为世界上最大的汽车生产国、最大的钢铁生产国、最大的纤维生产国;第四轮世界制造业中心逐步转移到了中国、印度、巴西、俄罗斯等新兴市场国家,中国目前制造业产值占全球的 20% 左右,国际贸易占全球的 10% 左右。综上所述,一个国家的对外贸易与世界产业转移有着非常密切的关系,世界货物贸易生成量和流量的改变,一直伴随着国际制造业的转移与要素重组。

因此,我们研究一个国家的货物贸易,实际上是在研究世界制造业转移后产生的必然结果,研究世界制造业转移后产业布局、产业结构和产品流量发生的变化,研究由此发生的贸易流量和流向的变化。可以断言,随着产业转移、要素重组和全球供应链集成方式的改变,国际贸易的生成地、国际贸易的流量、国际贸易的方向、国际贸易的结构等,也将随之发生变化。

2. 国际贸易与全球化大流通快速发展存在密切关系

经济全球化是由有形商品和无形商品、有形货币和无形货币、有形资产和无形资产等要素禀赋在全球加速流通促成的。在经济全球化加速发展的情况下,全球资源配置已经从一个工厂、一个地区、一个国家扩展到了整个世界,国际分工以追求资源配置的优化为前提,利用现代信息技术、网络技术和现代物流技术,实现流通的网络化、系统化、智能化、信息化和虚拟化,从而极大地降低流通的成本,提高流通的效率和效益。过去,商流、物流、信息流、资本流是在一个国家行政边界内的流通,全球化使更多要素禀赋跨越了国界,在全球范围内流通和重组。全球化的商流、物流、信息流、资本流,特别是由于人力资本作用形成的要素集成或重组,使国际贸易的形态发生了重大变化。国际贸易既有货物贸易的形态,又有服务贸易的形态,服务贸易增幅大大快于货物贸易的增幅。连续二十多年来,国际服务贸易的增长速度都在两位数以上,服务贸易占国际贸易的比重已经超过了1/4。

德国古典空间经济学家奥古斯特·勒施形象地比喻:“国家像大沙漠中的绿洲分离存在着一样,被关税、法律、语言、社会意义、不安全感、命运和其他偶然事情分离着。”但在全球化条件下,国家的政治界限就像一条裁剪线,剪断了极其错综复杂的市场网络,而现代流通特别是现代流通在国际贸易中所形成的经济景观,则像错综复杂的市场网络组织中一条又一条接缝线,把政治界限剪断了的地方连接起来。当现代流通发展为国际化、社会化大流通时,如果不能使整个世界流通顺畅,一国或几国的流通发达,已经无法使自身更大程度地获益,人们宁愿以让渡部分国家主权来换取各种要素的便利流通,在自由化、便利化的流通中获得更大的利益。世界各种自由贸易协定、关税同盟和自由贸易区等,都是全球化大流通的必然产物。

3. 国际贸易与贸易生产国可支付的各种红利所形成的综合优势存在密切关系

贸易生产国所在地的各种红利优势,是一个国家或一个地区由于历史原因和现实因素,成为国际产业转移和要素重组的高地、平台或载体的基础条件。包括劳动力红利(也就是我们所说的人口红利),包括土地资源红利、矿产资源红利、水资源红利、空气质量等环境红利,也包括社会长期稳定的红利等。一个国家或地区的红利越多,其形成的平台或载体对世界产业转移、要素重组和国际贸易的作用就越强。这个平台和载体所支付的是这些红利,得到的又是什么呢?得到的是产业集聚、要素集聚和技术管理要素等的重新组合,得到的是新生成的制造业总量和贸易总量。这就意味着,传统国际贸易理论中所讲的比较优势,是指一个国家和另一个国家的比较优势,所谓比较收益,是这个国家通过国际贸易获得的独属于本国的好处;而现代国际贸易的比较优势则变成了一个国家由于各种红利集聚,变成了可以被世界产业和要素搭载的平台或载体,变成了这个平台或载体对全球投资者、全球产业和全球要素的吸引能力、组合能力和竞争能力,变成了全球投资者、制造商、经销商从贸易生成地所获得的好处,变成了使全球消费者都能享受到该国综合红利的贡献。从这个意义上说,现代国际贸易顺差已经不是一个国家从发生在本国的贸易中得到的纯粹的好处,而是本国搭建的平台或载体对全球的付出和贡献。也就是说,在这个平台上,人口红利是自己付出的,资源红利是自己付出的,环境红利是自己付出的,但却是全球的产业、全球的要素禀赋在这里重组和配置,在这里产出,在这里形成贸易量。

4. 国际贸易与贸易生产国货币在世界货币体系中的地位和作用存在密切关系

世界货币体系的变化和调整,是影响国际贸易最大的变量之一。货币既是凸显国际贸易规律的要素禀赋,又是国际贸易发展的产物,还是推动国际贸易加速度发展的内在冲动。贸易生产国的货币既是产出,又是投入;既是贸易的客体,又是决定本国参与国际贸易规模、流向、流速变动的内在经济原因。

19 世纪,当英国成为国际贸易大国的时候,英镑在国际贸易收支中占据了很大比重,是国际资产分配与交易过程中最主要的货币,也是少数可以和黄金自由兑换的货币。很多国家想摆脱英镑的束缚,阻止英镑在国际贸易中发挥作用,但都没有成功。当美国成为全球最大的经济体和贸易体时,以美元为核心的世界货币体系使美元成为强势货币,直到目前美元在全球外汇储备、贸易结算货币分布中的比重仍然在 60% 以上。在日本成为制造业和贸易大国的进程中,日元也跻身于世界主要货币的行列。随着中国成为制造业大国和贸易大国,人民币也将最终成为国际货币,这是贸易规律使然,也是世界市场的必然选择。可以断言,随着世界经济的复苏和增长以及国际贸易格局的调整和变革,国际货币体系必将随之调整,成为适应和推动跨国贸易的重要支撑。国际分工将由于世界货币体系的调整,呈现出更加错综复杂的格局,推动产品内和产业内贸易的不断扩大,并带动相关服务贸易和投资的进一步增长,从而创造出更多的国际贸易和跨国投资机会。

5. 国际贸易与贸易生成国的创新能力、创造能力、可持续发展能力存在密切关系

当第一轮制造业集中在欧洲的时候,欧洲的创新能力在世界上首屈一指。当第二轮制造业向美国转移的时候,其中一个重要原因就是美国发明了蒸汽机和电灯,这些科技发明转变成了产业发展的巨大能力。当制造业集中在日本和亚洲四小龙时,也正值这些国家和地区创新能力迅速提升的时期。当前,承接国际产业转移规模最大的是新兴经济体,其中我国是发展最快的新兴经济体,我国通过引进消化吸收再创新,初步形成了创新能力和创造能力。在贯彻落实科学发展观、转变经

济发展方式的过程中，我国的原始创新和集成创新能力又迅速提高，持续创新能力将进一步支撑世界制造业与服务业向我国转移。创新正在推动像中国这样的新兴经济体成为国际贸易新的生成地和聚集地。

二、必须重建国际贸易理论和贸易评价体系

应该看到，我国快速发展的国际贸易，使我们收获了全球化的巨大好处，但在获得利益的同时，也付出了巨大的成本。必须在重新认识国际贸易发展规律的基础上，摈弃已经不合时宜的传统国际贸易理论，建立考量主要贸易国付出和收获的新尺度。

1. 应抓紧研究建立国际贸易的基础理论

当前，国际贸易战越来越激烈，但应用的很多理论仍然是20世纪已经过时的贸易理论，必须突破在过去条件下形成的过去时理论，建立崭新的符合国际贸易规律的理论体系。

(1)应当研究建立国际贸易中的比较优势理论。全球化条件下，国际贸易的比较优势已经从一个国家与另外一个国家的比较，变成了一个在开放的、全球化的时代，一个平台或载体与另一个平台或载体的比较，成为一个国家和地区能够承接产业转移和要素重组的能力的比较。古典贸易理论的核心在于，假定市场竞争是完全的，比较优势取决于各个国家自己的比较优势，而且一国在某一产业的比较优势是贸易发生的根本原因，每个国家都因其各自的要素禀赋而参与国际分工。第二次世界大战特别是20世纪80年代以来，虽然出口国独自的比较优势对国际贸易仍然具有很大的作用，但相当一部分国际贸易不是出口国的自身优势，而是出口国可利用的劳动力资源优势、规模经济、技术创新、政策等优势，对全球产业转移和要素重组的聚合与支撑能力。只有从现代国际贸易的实际情况出发，在扬弃传统理论不足的基础上发展一套新的理论，才能重新解释国际贸易领域正在发生的巨大变迁，这是对全球经济学家的新挑战。

(2)应当研究建立国际贸易中的顺差理论。在制造业第三轮转移之前，一个国家所形成的贸易顺差主要是一个国家出口和进口的比较，如果一个国家的贸易量出钞超过入钞，净进口标志着这个国家获得了贸易比较利益。在全球化条件下，当代国际贸易的顺差完全是全球产业转移、全球要素禀赋加速流通集中在一个国家或地区的表现。比如，中国近年来的贸易顺差有很大一部分是随着东南亚产业链向中国转移而形成的，由过去日本的顺差、韩国的顺差、新加坡的顺差、中国台湾和中国香港的顺差，变成了中国内地对一些出口国家和地区的顺差。再比如，从制造业基地转移到美国开始,美国的外贸顺差曾经持续了88年,随着制造业向日本和亚洲四小龙转移,从1971年开始,美国才出现了外贸逆差。在制造业向日本转移的过程中,日本曾经多年出现贸易顺差,也和美国打了多年的贸易战。现在,中国再现当年日美贸易战的状况,也伴随着制造业产业链的重组和转移,贸易顺差只是制造业转移的必然结果。美国的贸易逆差到现在已经整整40年了,这40年正好是美国从以工业经济为主转向以服务经济为主的经济形态的历史过程。因此,贸易顺差不是具体针对哪一个国家的问题,其原因要从世界产业转移、产业链重组和全球要素流通去找,要从经济全球化和世界经贸关系调整的必然结果上去找,这是大规模、最广泛国际分工的必然结果。

(3)应当研究建立关于贸易要素构成的理论。传统的贸易要素构成理论,其要素禀赋主要是有形的要素禀赋,可贸易品主要是货物贸易。随着互联网、物联网等现代科技的发展,不仅有形的要素禀赋进入全球流通,而且更多无形的要素禀赋也进入了流通,无形要素禀赋所制造的无形商品的贸易,成为增长更快的部分,贸易要素的构成和要素的流通方式已经发生了重大变化。

因此,我们必须研究全球化、国际化、社会化、多维化和浑沌化的大流通,必须对传统的贸易理论进行重大突破。必须创新国际贸易理论,为我国参与全球贸易立论,这是一个非常重要的问题。现在,世界上特别是美国专家在衡量一个国家的顺差,衡量一个国家的贸易规模,衡量一个国家的贸易竞争力,衡量一个国家的贸易比较优势,衡量一个国家的贸易收益时,所应用的仍然是传统贸易理论,而这种理论早已过时。

2. 应抓紧建立崭新的国际贸易评价体系

(1)一是应该重新评价贸易国对世界的贡献和付出。我国改革开放初期,我们的国际贸易总额是206亿美元,位于世界第32位,2010年我国国际贸易总额突破3万亿美元,位居世界第二位,2009年我国超过德国成为第一大出口国。中国作为一个贸易大国,按照崭新的贸易理论,我们对全球是贡献,是付出,是值得尊敬和赞赏的,我国经济发展的成果已经为全世界所共享。这是因为,改革开放三十多年来,在我们作为全球产业转移和要素重组平台和载体承载国际贸易快速发展的同时,付出了巨大的劳动力成本,付出了巨大的环境成本,也付出了巨大的资源成本。当然在这个进程中,我国也发展了自己的经济,有两亿多的农村劳动力转移到了制造业,转移到了城市,参与了全球化的进程。但是,与我们所获得的好处相比,我们所付出的代价也是巨大的,应该得到全世界的认可,必须承认中国的巨大付出是对全球的贡献。比如,根据摩根士丹利集团的统计,1996～2003年中国对美国的贸易顺差是2292亿美元,但这个期间中国商品为美国消费者节省了6000多亿美元,使美国制造商降低了生产成本,帮助美国控制了通货膨胀,这难道不是非常典型的对出口国的贡献吗?

(2)应该建立崭新的国际贸易的评价体系和补偿机制。要合理、科学、正确地评价贸易国对全球的贡献,特别是要对发展中国家在国际贸易中所作出的贡献给予某些补偿。比如,世界制造业已经历了四轮转移,被转移的国家正处在工业化中后期,因此在建立低碳经济、发展低碳技术、节能减排等方面的任务更加艰巨。一方面,这些国家自身要作出努力;另一方面,世界前三轮曾经作为制造业基地的国家以及产业替代完成的国家,要认识世界产业转移的规律,要考虑全球各个国家的均衡利益,要对后承接国家和经济体有包容度,要给予必要的让步和补偿。

目前评估全球贸易的方法严重滞后,已经不能准确地反映全球化背景下生产与贸易的现状,正如世界贸易组织总干事拉米所指出的那样,全球化的垂直分工和生产链已经改变了全球贸易的性质和形态,生产的增值化流程分布在不同的国家,中间产品多次跨越国界,成为国际贸易的组成部分。原产地原则是基于传统生产分工与经济边界确定的原则,很多贸易评估方法也是如此。必须加快调整和修正过时的国际贸易评价体系,否则失真的贸易评估将导致国际上一些国家和地区错误的经济决策,从而给全球经济带来不必要的人为风险。例如,美国官方发布的贸易数据是延续19世纪的贸易理论和贸易评估方法得出的,这种传统的贸易观点虽然适用于农产品,但已经无法反映21世纪全球产业链的现状。根据世界贸易组织的数据,美国对中国的实际贸易逆差是美国官方数字的一半,仅为1150亿美元,而世界贸易组织的评价数据也有待改进。

(3)应当研究在全球化条件下如何建立开放、高效、公平、共赢的国际贸易体制。这种贸易体制,不是使一个国家获得贸易利益,而是使参与全球化的国家和地区,都获得相对的利益、均衡的利益。特别是对于那些正在被全球利用并付出各种红利的发展中国家来讲,发达国家不仅应给予承认,而且有责任给予某种支持和让步,至少不能像现在这样一片谴责。一个好的国际贸易体制,一定是对绝大多数国家有利的,尤其是要对发展中国家有利。这样的国际贸易体制才是一种可持续的制度安排,才是一种合理的国际贸易体制。

(4)应当打破和防止新的贸易保护主义。因为贸易保护主义的实质就是设置国际贸易壁垒,影响商流、物流、信息流、资本流的快速流通。而全球化的要义、全球化内在的动力,就是流通的全球化,就是各种要素禀赋在全球的无障碍流通。当前贸易保护主义打起的一杆大旗,就是强调一个国家的国际收支平衡,就是打汇率战。但贸易顺差或贸易逆差与这个国家的汇率关系并不大,这是全球化大流通中要素流动与重组的结果,是市场交易行为的组合,是各国制造商和贸易商的自主选择。一如当年的美国,后来的日本、德国,现在的中国,这些先后的贸易顺差国都没有因为汇率调整解决问题,反而加剧了国内问题。因此,依靠压制出口国迫使其货币升值来减少本国贸易逆差的做法,是以传统的、狭隘的国际贸易理论为支撑的,时代发展了,情况变化了,这种传统理论早就应该调整和更新了。

三、把争取我国在国际贸易中的更大权益作为国家战略

我国已经成为一个制造业大国和贸易大国,目前出口额位居世界第一位,进口额位居世界第二位。在22类工业制成品出口中,有17类处于世界前三位,有220多种工业品生产能力位居世界第一位,1000多种商品出口额位居世界第一位。能否在国际贸易中获得正当的、合理的、更大的权益,不仅直接关系到我们的短期利益,也关系到国家的长期战略安排和长期战略利益。

1. 把争取我国在国际经贸合作中获取更大权益提高到国家战略高度,从长计议做好战略安排

改革开放以来,我国对外贸易取得了举世瞩目的成就,在世界贸易中的比重从1950年的0.9%上升到了目前的10%以上,对外贸易成为拉动中国经济增长的"三驾马车"之一。我国对外开放战略和经济制度的整体变迁,长期稳定的经济社会发展环境,几十年、几百年甚至几千年积累的各种红利,形成了中国的综合比较优势,形成了新一轮世界产业转移与要素重组的平台和载体。2008年国际金融危机后,这个平台和载体不仅对世界投资者仍然具有相当大的吸引力,而且比较优势更加明显。笔者认为,这种优势至少会持续十年以上,如果我们的战略措施得当,甚至能保持二三十年。在世界经济格局、政治格局重新洗牌和调整时期,在世界经济治理结构和治理方式深刻变革时期,在新兴经济体国家整体上升时期,这是我国独特、难以复制、难以比拟的无形资产和国际竞争力,可以为我国获得持续发展的动力和外部环境。

但是,我们必须看到,中国还不是一个贸易强国,国际贸易快速增长所付出的资源成本、环境成本、劳动力福利成本仍然过大,制造业在当前全球分工中仍然处于产业链、服务链、价值链和供应链的中低端。很多我们应该得到的利益流失掉了,很多我们为世界投资者的付出不被认可,很多我们为世界经济平衡所付出的努力没有受到褒奖,很多时候我们还承受着一些国家并不正确的谴责。如果说我们过去在发展中因缺少经验吃了很多亏,是应当付出的学费和必要的成本,但随着中

国成为世界头号贸易国,世界等待我们的时间和给予的理解就越来越少,世界上看待我们的眼光就越来越苛刻,而对我们的期待和要求则越来越多。

战后世界贸易额长期以两倍于GDP的速度增长,新一轮周期更是接近三倍。随着世界经济从衰退逐步走向复苏,世界经济面临新一轮的重大调整,我国一些主要出口国的消费需求出现萎缩,我国境外消费需求将会下降。据国际货币基金组织(IMF)的预测,2010~2014年世界经济的年均增长率为4.2%,将比2003~2007年的年均增长率4.7%减少0.5个百分点左右。而2010~2014年,全球贸易年均增长率为5.6%,比2003~2007年年均增长率8.1%低大约2.5个百分点。

一些人认为,我国有13亿人的大市场,国际贸易可以逐步退出或忽略不计,甚至可以把市场需求完全转移到国内,这种看法是非常错误的,也是非常短视的。必须保住我国已经获得的、来之不易的国际市场份额,继续创造有利于我国经济社会稳定发展的世界贸易格局,巩固我国贸易大国的地位,这应当理所当然地上升为国家战略。扩大国内需求是我国一项长期的战略方针,扩大国际市场需求同样也应是一项长期的战略方针,二者对于支撑我国经济持续发展同样重要。只有加快提高我国参与国际贸易的核心竞争力,提高对外贸易发展的协调性,提高我国参与或主导国际贸易规则制定的能力,提高为我国在国际经贸关系中立论的能力,才能真正使我们在今后的国际贸易中获取更大的利益,促进我国从贸易大国迈向贸易强国。

2. 立即组织智库和专家队伍,集中力量研究当代国际贸易和投资的新理论、新规律和新特点,为我国在国际贸易和投资中获取更大权益抓紧立论

经济全球化是世界经济发展的客观要求,具有深厚的物质基础和制度基础,已经成为当前经济发展不以人的意志为转移的历史趋势。随着金融危机的平复和经济的逐步复苏,贸易投资壁垒将进一步降低,将更有利于产品、服务和要素的自由流通,将继续推动贸易投资自由化和便利化,扩大市场开放和推动经济全球化进程,将继续成为世界各国实现经济发展和繁荣的必然选择。美国提出出口五年翻番计划,欧盟、日本也采取措施扩大出口,这预示着争夺国际市场份额的竞争将更加激烈,也预示着围绕国际贸易和投资的争论将更加激烈。

2011年春节前夕,世界银行高级副行长、首席经济学家林毅夫在国家发展和改革委员会作了一场关于全球经济形势和对"十二五"规划建议的报告。林毅夫建议,必须加快进行基础理论研究和创新,提出真正能够解释当代经济现象的理论。不能再继续沿用西方理论和现有理论框架来分析和解决现有问题,人家给你提问题,人家给你答案,好像合乎逻辑,而我们则会永远处于被动地位。我国未来

十年、二十年还可以快速发展,至少可以和美国平分秋色,如果没有理论支撑,面对压力我们只能疲于应付。林毅夫认为,目前国外特别是美国对中国的批评有四种情况:一种是“瞎子摸象”,只见局部,不见全局;一种是“指鹿为马”,明知故说,明知故错;一种是“鹦鹉学舌”,人云亦云。当几种说法汇成一股力量,就成为“众口铄金”,连金子都会被熔化。林毅夫建议,我国在国际金融危机之后一枝独秀,鹤立鸡群,我国应该抓紧立论,世界上特别是发展中国家对这种理论的需求非常大。在国家与国家的关系上,只有立论才能争取更大的利益,只有立论才能在世界上站住脚。但这种理论创新在道理上要能够说得通,在实践上要能够被验证,在今后的发展中要能够被证实。

林毅夫的看法和建议非常重要,如果说我们过去可以“摸着石头过河”,可以通过“试错”来寻找正确的道路,今后则必须理论先行,必须能用新理论来解释和支撑我们的重大战略、重大决策和重大政策设计,必须有更为长远的安排和设计。在我国即将成为头号贸易大国、已经成为制造业大国、正在逐步成为对外投资大国的时候,立论成为最重大的国家利益,立论成为当前最迫切的问题。我们不能像进城的农民工一样,自己出苦力给城里人盖了房,给城里人提供了服务,还被排除在城里人队伍之外。中国需要理直气壮地、以理服人地把道理讲给全世界听,在国际舆论中逐步争取主动,在立论上要有作为,要主动作为。建议国家建立国际贸易和投资理论创新研究基金,由国家财政给予支持,委托高层智库和专家队伍抓紧研究国际贸易和投资的新理论,为我国在国际经贸关系中获取更大权益提供理论支持。

3. 组织有关政府部门,抓紧研究制定我国发展国际贸易和投资的新战略,争取在重大战略机遇期用足用好我国已经建立的贸易和投资比较优势

国际金融危机过后,经济全球化的总体趋势和世界贸易长期发展的趋势不会改变,我国不仅处在有利于对外开放的和平发展与合作的国际环境中,而且仍然处在有利于利用国际资本为我服务、承接国际产业转移和要素重组的重要战略机遇期。我国对外开放包括对外贸易所取得的成就举世瞩目,并被认为是世界经济增长的发动机,这与我国在改革开放时期抓住国际经济贸易发展战略机遇具有直接关系,它提升了我国的经济实力、综合国力和在世界上的话语权,也是我国经济持续快速增长的重要原因。我国经济已经快速增长了三十多年,如果我们再保持三十年的增长,中华民族的伟大复兴就将成为现实。

在组织智库和经济学专家研究理论、抓紧立论的同时,应组织政府有关部门抓紧研究我国国际贸易和投资的新战略。一是抓紧研究制定我国国际贸易和投资的战略规划,包括“十二五”期间的规划,也包括中长期规划;二是抓紧研究实施高价

竞争战略，对我国已经具有垄断优势的产业、产品和资源进行梳理，改变低价竞争的现状；三是抓紧研究并计算我国国际贸易支付的各种成本，提出我国贸易对世界各国的直接或间接贡献，为我国贸易谈判提供新数据；四是抓紧研究未来世界产业转移和贸易方向转变的趋势，为国家采取新的战略和决策提供前瞻性的政策设计；五是抓紧研究对外开放新举措、新布局、新战略、新政策，如自由贸易区战略、“走出去”战略、市场多元化战略、贸易补偿战略、人民币依托国际贸易实施国际化战略等。

参考文献

[1]陈文玲．现代流通基础理论原创研究[M]．经济科学出版社，2006.

[2]陈文玲等．现代流通与内外贸一体化[M]．中国经济出版社，2005.

[3]陈文玲．思维的“足迹”——中国经济社会前沿报告[M]．经济科学出版社，2006.

（原载《中国流通经济》2011 年第 12 期）

关于现代物流与市场营销的建议

〔日〕丹下博文著，姜旭译

一、问题的提出

最近，在日本，对现代物流的关心程度越来越高。另外，“物流改革”或者“现代物流的复兴”等用语在日本开始流行，这也是日本目前的一个现状。实际上，关于现代物流，主要包括效率化、合理化，另外再加上国际化、经济全球化的内容，这是今后研究物流和现代物流的主要方向。

举一个最简单的例子，货主企业把物流业务以合同方式委托给物流服务企业，提供一体化专业物流服务的第三方物流企业（3PL）出现了，物流公司的水平也提高了，这也是物流目前的一个现状。在这些新的物流服务中，1990 年美国首先在运输部门放宽了管制，使得运输部门的竞争越来越激烈。另外，随着物流业务外包服务市场的不断扩大，在 20 世纪 90 年代后期，日本的货主企业和物流企业之间也同样有了很明确的认识。

另外,随着经济全球化的推进,货主企业为了提高自身核心竞争力和效率,把海、陆、空运输模式进行了连接,形成了综合的交通运输网络体系,推动了物流界国际化、综合化、集团化、一体化的进程,加速了物流业在全世界范围内的发展。

此外,众所周知,在这一背景下,在美国诞生了联邦快递公司(FedEX)、联合包裹服务公司(UPS)、敦豪航空货运公司(DHL)等一系列具有国际集成特征的大型、综合性物流服务企业。

还有,随着普洛斯等世界大型物流配送设施与服务投资开发商的出现,扩大了物流市场。再加上以实现制造业的物流合理化为目标,以提供一体化、集成化服务的供应链管理(SCM)概念为大家所认识。供应链管理在日本也被称为"供给连锁",是由供应商、货主、批发零售企业,通过电子数据交换系统(EDI)对供应链中的信息实现共享,对成本进行分解与控制,实现了库存的削减,并缩短了整个作业的时间,使供应链中的成员获得了相应的利益,特别是实现了制造业、流通业物流的高效化。

本文的研究是在过去提出的"市场营销与现代物流"概念的基础上,进一步提出了"现代物流与市场营销"这一新的概念,并以构筑起这一概念的理论体系作为研究目的。

例如,2010 年美国学者菲利普·科特勒和加里·阿姆斯特朗出版了其最新的著作《市场营销的原理(第 13 版)》。在这本著作中,作者提出了"在当今经济全球化的市场环境中,产品的销售活动比销售后为顾客提供配送的现代物流活动更加简单"的观点,并提出"现代物流的有效利用可以发挥两大作用,它不但可以满足顾客的各种需求,而且可以降低企业的最终成本"。

因此 21 世纪的今天,在经济全球化不断推进的市场环境下,从更加重视现代物流的角度出发,重新认识市场营销的内容,并提出"现代物流与市场营销"这一新的概念具有非常重要的意义。

之前,在日语互联网的各大网站上,"现代物流与市场营销"的词语也曾经被使用过。但是,基本上是在运输业所提供的服务活动过程中被使用。在这些活动中虽然同样使用了"现代物流与市场营销"的概念,其实它融入了"市场营销与现代物流"的观念,与本研究所提出的"现代物流与市场营销"还存在一定的差异。

另外,通过对其他国家互联网的各大网站进行调查发现,"市场营销与现代物流"的词语已经被广泛使用。但是,把"市场营销与现代物流"这个词语的顺序反过来,也就是使用"现代物流与市场营销"这个词语,以"现代物流与市场营销物流公司"或"现代物流与市场营销物流咨询公司"作为企业名称的,则少之又少。也就是说，目前在全世界，还没有从这一角度来进行学术研究的先例。

因此，根据本文的研究，如果从“现代物流与市场营销”的角度出发，重新认识现代物流概念的话，在21世纪经济高速发展、信息化推进、运输工具现代化、生产能力不断扩大、市场经济全球化的背景下，在市场营销的体系中重新注入现代物流的观念，可以创造出具有跨时代意义的新的概念与理论体系。

二、克里斯托弗和佩克以及科特勒与阿姆斯特朗的研究

在国外的相关文献中，最初提出相关概念的是英国2003年出版的《市场营销与现代物流（第2版）》，作者是克里斯托弗和佩克。特别是在20世纪90年代提出第三方物流与供应链的概念并引入日本后，克里斯托弗和佩克的研究成为这一研究的背景。其时间的变化过程如下所述：

到20世纪末，虽然出现了需求大于供给的状况，但是之后供给又大于需求，并成为了一种常态。这使得市场营销原本界定的范围和原则都发生了很大的变化。其原因主要是卖方市场向买方市场的转移。同时，作为传统的综合市场营销，“4P”本身也发生了变化，即产品、价格、促销活动、流通渠道开始向“4C”转化。①

在科特勒与阿姆斯特朗的研究中，“市场营销与现代物流”这个词语代表的是“传统物流”的意思，并定义为：“在获取利润的同时，为满足客人的各种需求，从生产地向消费地，货物、资金、信息等进行物理的流动，并进行组织、计划、实施、调节等的活动。”

三、市场营销的综合变化

根据上述内容可以发现，“市场营销与现代物流”这个词语早在20世纪70年代就已经开始使用了，在很多地方都在使用“市场营销”这个词语，其实它的意思在本质上与“现代物流”非常接近，或者说几乎是一样的。

但是，以往“市场营销”被简单地称为“物流”，随着“物流”重要性及复杂性的不断提高，出现了“市场营销与现代物流”、供应链等概念，并提出了市场营销的综合变化的论述。

“市场营销与现代物流”的概念，自1970年起开始使用。虽然被界定为市场营

---

①这里的“4P”分别是产品（Product）、价格（Price）、地点（Place）、促销（Promotion）等几个词语英文首字母的缩写，“4C”分别是消费者解决方案（Customer Solution）、成本（Cost）、便利性（Convenience）、交流与沟通（Communication）等几个词语英文首字母的缩写。“4P”营销组合向“4C”营销组合的转变，具体表现为产品（Product）向消费者解决方案（Customer Solution）转变，价格（Price）向成本（Cost）转变，地点（Place）向方便性（Convenience）转变，促销（Promotion）向交流与沟通（Communication）转变。

销的范畴,但实际上由于市场营销和现代物流的意思非常接近,可以基本上理解为一个意思。一般提起"市场营销与现代物流"的时候,从词语构成来看,前面是市场营销,后面是现代物流,所以侧重点应该是强调后者,把"市场营销与现代物流"归属于现代物流的范畴,这是很好理解的。

另外,如果从市场营销和现代物流两者的功能来进行考虑的话,首先市场营销活动是进行商品的交易、商品的买卖,通过商品的交易和商品的买卖等活动,最终把商品送到客户的手中,从而发生现代物流活动。所以说,市场营销与现代物流相比,市场营销存在先行性,即首先进行市场营销的活动,然后再进行现代物流的活动。

但是,最近随着市场规模的不断扩大,出现了通过互联网、电视等媒介进行网上购物或邮购的活动。也就是说,网络购物可以理解为,当消费者在商店购买了家电产品和家具等大型商品,而自己却拿不回家时,销售者为了方便客户,把消费者购买的大型商品配送到消费者手中,必须要通过现代物流来实现。所以,现代物流对每次商品销售、市场营销都会产生很大的影响。如果转换一种思维方式,顾客对商品的品质、价格、售后服务的需求是同样的,货物配送的服务也非常重要。按照客户规定的时间和地点的要求,提供及时、合理的货物配送服务,已经成为现代物流必须考虑的一个问题。

通过上述分析可以看出,本研究在重视现代物流的基础上,从市场营销的角度提出了"现代物流与市场营销"的观点。过去,市场营销和现代物流的概念是从不同领域被分别界定的,而且这一观念非常强烈。随着市场营销和现代物流概念的相互融合,"市场营销与现代物流"的概念也开始被使用。如果把"市场营销"与"现代物流"概念的顺序反过来,就出现了"现代物流与市场营销"这一新的概念,这个概念在学术研究领域还没有被研究和使用。"现代物流与市场营销"概念内部结构的区别与界定,也是一个研究的难点。

四、流通渠道与现代物流

随着市场环境的变化,当今时代人们开始日益重视消费者的价值,重视与消费者的关系,即从买方的角度出发,形成了"综合市场营销"、"4C"等观点。以前的"4P"理论是从生产制造者的角度出发,以产品导向为基础而建立起来的。但是,随着对消费者重视程度的日益提高,逐渐向市场导向进行了转变。因此,"4P"本身也发生了变化。过去的"4P"指的是产品(Product)、价格(Price)、地点(Place)、促销(Promotion)等市场营销中市场营销、市场战略概念的核心。而在现代物流中,有关“4P”的意义发生了改变，因此要结合综合市场营销的观点，从整体上进行分析。与此相对照，“4C”以个性化的市场营销为基础，强调服务与经营的差异化和个性化。

“4P”以传统的市场营销部分为基础，属于市场营销范畴。与此相对照，“4C”以个性化的市场营销为基础，强调服务、经营的差别化、个性化。也就是说，“4C”由消费者解决方案（Customer Solution）、消费者的成本（Cost）、消费者的便利性（Convenience）、双向的交流与沟通（Communication）等四项内容构成。

其实，在科特勒和阿姆斯特朗的研究中，对“4C”提出了以下观点，即市场营销是在销售商品时，要解决消费者在购买过程中出现的问题。因此，消费者除了要考虑商品的价格以外，也开始对商品的配送、使用、废弃等一系列综合成本变得更加重视起来。进而，消费者要考虑商品及服务的便利性。最后，消费者还非常重视销售者与消费者的双向交流与沟通。

总之，“现代物流与市场营销”的核心内容是在市场战略的基础上，形成综合市场战略，并适用于“4C”的内容。但是，此时要基本上对应于“4P”的各个要素，解决如何实现购买一方的便利性问题。为此，如何通过现代物流，准确、快速、敏捷地把货物送到客户手中，提高物流服务水平，就成为了必不可少的条件。所以，现代物流被逐渐重视起来。

根据以上分析，本文在欧美最新研究成果的基础上，提出了“现代物流与市场营销”这一新的概念。这一提法在全世界范围内都具有跨时代、创新性的意义。当然，这一观点还需要进一步的研究和论证。

五、结论

21 世纪的今天，世界经济和市场都发生了巨大的变化。在这一背景下，与过去采用同样的观点和方法来对市场营销进行认知，已经不能适应现代社会的发展了。与此相比，本研究通过现代物流与市场营销概念的融合，在重视现代物流的基础上，提出了“现代物流与市场营销”的新概念。

对于现代物流来说，在 20 世纪末，日本提出了“控制物流的企业，可以控制社会”的说法；到了 21 世纪，提出了“从市场营销到现代物流的变迁”的提法。从这两个观点可以看出，随着时代的不同，观念也发生了很大的变化。

过去的观点是，市场营销仅仅作为辅助功能，进行货物的供给和货物的流通，从而出现了“现代物流”的概念。此后，随着经济全球化的发展，企业间的竞争变得更加激烈，为了满足消费者的需求（CS）、建立与客户之间的良好关系（CR），“现代物流”受到了不断的关注。而后,从客户、消费者的角度出发,出现了传递商品价值的网络和系统,因而推动了供应链管理的发展。

从上述分析可以看出,“现代物流与市场营销”这一新概念的提出具有非常重要的意义。这一提法在全世界范围内都具有跨时代、创新性的意义。当然,这一观点还需要从学术研究的角度予以进一步的论证。

另外,2011 年 3 月 11 日,日本发生了东日本大地震,日本的物流网络也遭受了极大的破坏,经济活动也不得不停滞下来。为此,在日本发生灾害时,对于如何促使现代物流、供应链发挥作用的研究变得非常重要。专家、学者、企业家都对此表示出了浓厚的兴趣。因此,在今后的研究中,自然灾害发生后,抗震救灾的应急物流、“现代物流与市场营销”如何发挥其有效的功能,应作为今后重要的研究课题,继续加以研究。

(原载《中国流通经济》2011 年第 12 期)

推动我国商业绿色采购的理性思考

沈小静

近年来,绿色经济已成为无国界的话题,受到世界各国的高度关注。2011 年 11 月 16 日,联合国环境规划署在北京发布全球绿色经济报告,呼吁世界各国大力发展绿色经济,实现经济发展模式转型,从而应对可持续发展面临的各种挑战。

2011 年发布的《中华人民共和国国民经济和社会发展第十二个五年规划纲要》对绿色发展提出了新的更高的要求,即五年内单位国内生产总值能源消耗降低 16%,单位国内生产总值二氧化碳排放降低 17%,单位工业增加值用水量降低 30%,并专门对未来五年的绿色发展进行了详细阐述。由此可见,绿色发展已成为我国经济社会发展的重要战略问题。商业企业处于流通领域,是社会再生产的重要环节,发挥着引导生产、促进消费的重要作用。通过鼓励商业企业绿色采购,对于引导企业开发新产品和节能降耗,建立以低碳排放为特征的产业体系和消费模式具有十分重要的意义。

一、商业绿色采购的概念

商业绿色采购,是指商业企业以对人和环境的负面影响最小化为前提,以适当的价格从外部获取适销对路商品的经营活动。

1. 主体是商业企业

商业企业是专门从事商品流通，以商品所有权转移活动为核心业务的独立的法人实体，主要包括零售和批发企业，也包括从事消费品经营的电子商务企业及其他类型的流通企业。商业企业的基本职能就是媒介商品交换，即通过商品买卖活动使商品从生产领域向消费领域运动，其追求的目标是取得利润和满足需求。

2. 客体是从外部获取的用于销售的绿色采购商品

绿色采购商品不等同于绿色食品和绿色产品，有机食品、绿色食品、无公害食品以及满足一个或多个公认的环境标准或品质的产品都在其范围之内。商业企业为创建"绿色超市"、"绿色商场"而采购的自用的设备及办公用品不在此列。

3. 采购是商业企业的一项经营活动

俗话说："采购好商品等于卖出一半"，"只有错买，没有错卖"，因此，应将采购部门作为"赚钱"部门而非"花钱"部门看待。相对于生产企业采购，商业采购更看重质量、品牌、物有所值、销售量、价格控制、包装、潜在劳动（经营过程中是否费力或其自助性）、非仿制品、市场份额等。

4. 绿色涵盖了循环、低碳、环保、生态、安全之意

近年来，绿色经济、循环经济、低碳经济、生态经济等在不同的层面和语境下被广泛使用，理论界对"绿色"的内涵仍有不同见解。中国科学院原副院长孙鸿烈院士对这些概念作了一个结构性定位：绿色经济是最大的概念，它包含了循环经济、低碳经济和生态经济。环境保护部环境与经济政策研究中心主任夏光认为，绿色经济应包含循环经济、低碳经济和生物经济。①《中华人民共和国国民经济和社会发展第十二个五年规划纲要》也将低碳、资源节约、循环经济、环境保护、生态保护等内容纳入绿色发展框架内。笔者认为，商业绿色采购应是一个发展性的概念，欧洲的"毒黄瓜"、台湾的"塑化剂"、联华的"染色馒头"、沃尔玛的"绿色猪肉"等事件提醒我们，安全健康是商业绿色采购中"绿色"的应有之义。

二、商业绿色采购实证分析

1. 商业绿色采购政策法规发展基本历程

随着全球经济的快速发展，越来越多的国家开始高度重视绿色采购。1992 年在巴西召开的联合国环境与发展大会上，183 个国家共同制订了一项关于可持续

①夏光．怎样理解绿色经济概念？[N]．中国环境报，2010-06-03(2)．

发展的全球行动计划,即《21 世纪议程》。该议程明确提出:“全球环境退化的主要原因是不可持续的生产和消费方式”,并号召所有国家“促进减少环境压力和符合人类基本需要的生产与消费方式,加强了解绿色消费的作用,形成更可持续的消费方式。”2002 年在约翰内斯堡召开的全球可持续发展峰会明确提出“相关团体在决策时应考虑可持续发展因素”,号召“通过促进采购政策来鼓励环境友好产品或服务的开发”。2004 年,第一次世界性国际绿色采购会议签署的《Sendai 绿色采购宣言》中也强调了采购低污染产品和供应商创建市场的重要性,鼓励各个国家或地区公共机构积极实施绿色采购计划。

同时,很多国家和地区都在不断完善绿色采购的相关法律、法规。德国在 1979 年开始推行环保标志,并规定了政府机构绿色采购相关原则;日本的滋贺县于 1994 年率先制定了绿色采购方针,开始有组织地开展绿色采购活动,并且于 2000 年通过了《绿色采购法》;美国在 1991 年就规定了政府采购绿色产品清单,并于 1998 年颁布了 13101 号行政命令《通过废弃物的防止、循环利用和联邦采购绿化政府》;欧盟也于 2004 年发布《政府绿色采购手册》,以指导各成员国如何在采购决策中考虑环境问题,并通过该手册统一了绿色采购纲领。

我国绿色采购政策法规主要集中在政府采购、促进企业节能减排、引导最终绿色消费等领域。2003 年 1 月 1 日正式实施的《中华人民共和国政府采购法》,将保护环境作为采购政策功能的重要内容。2005 年,国务院提出《关于落实科学发展观加强环境保护的决定》明确规定:在消费环节,要大力倡导环境友好的消费方式,实行环境标识、环境认证和绿色采购制度。2006 年 10 月 27 日,财政部、国家环境保护总局联合发布了《关于环境标志产品公共机构采购实施的意见》和《环境标志产品公共机构采购清单》,并于 2008 年 1 月 1 日起全面施行,开创了我国公共机构绿色采购的新局面。

1999 年,以“开辟绿色通道,培育绿色市场,提倡绿色消费”为主要内容的“三绿工程”,启动了我国商品流通领域的绿色行动。2003 年商务部出台了《绿色市场认证管理办法》和《农副产品绿色市场标准》,2004 年商务部等 11 部委联合下发《三绿工程五年发展纲要》,2007 年商务部出台《再生资源回收管理办法》,2008 年商务部下发《商务部关于在商务领域开展适度包装、节约资源专项工作的通知》,2009 年财政部、商务部和环境保护部研究制定了《家电以旧换新实施办法》,2010 年商务部、财政部、发展和改革委员会、工业和信息化部、环境保护部、工商总局、质检总局联合发布《家电以旧换新实施办法(修订稿)》,2010 年财政部和环境保护部联合下发《家电以旧换新拆解补贴办法》,2010 年财政部和商务部联合下发《关于允许汽车以旧换新补贴与车辆购置税减征政策同时享受的通知》,2010 年出台《商务部关于进一步推进再生资源回收行业发展的指导意见》和《商务部、财政部关于加快推进再生资源回收体系建设的通知》等文件,从市场建设、流通渠道、包装、节能、回收等方面促进我国绿色经济的发展。

2. 消费者绿色消费现状

为了解我国消费者的绿色产品认知度、绿色消费观念及绿色消费行为特征,2010 年在中国大陆除西藏以外的所有省份进行了绿色消费调查。此次调查共发出 10000 份调查问卷,收回有效问卷 8120 份,通过对这些问卷进行分析初步得到我国消费者绿色消费的现状。①对绿色商品特征的关注度。通过对食品药品、家居建材、家电电子、服装、日用杂货、文具纸张、妇幼/贴身用品 7 类主要生活消费品绿色关注度的考察发现,消费者“对人体无害”这一特征的关注远远高于其他选项,而对“易降解”、“易维修、维护”这一重要特征的理解和关注度较低。说明消费者对绿色商品的关注主要集中在“安全健康”方面。②“环境标志”接受度。从辨别绿色商品的途径看,“环境标志”排在最前面,然后依次为媒体广告、品牌、朋友推荐、商场宣传。60% 以上的消费者对印刷在产品表面或包装上的“环境标志”“非常了解”或“一般了解”,另外还有 34. 3% 的消费者虽然不了解“环境标志”,但表示对其感兴趣。③关注绿色的商品类别。从关注绿色程度进行排序,食品药品类最高,然后依次为家居建材类、妇幼用品/贴身衣物、家电/电子类、日用杂货、服装、文具纸张。④不购买绿色产品的原因。最主要的是“分不清绿色产品和非绿色产品”以及“与非绿色产品相比价格太高”,而且这两个选项的分值极为接近,说明受访者在进行绿色消费时存在“逆向选择”。⑤选购绿色商品的途径。受访者表示更便于选购到合适的绿色商品的方式依次为卖场设立绿色产品专柜、专营摊位、社区设点、厂家直销、卖场在节假日实行绿色产品特卖周,从实体店网上浏览选购也是一种可以考虑的方式。⑥使用简易包装意愿。85% 以上的受访者愿意使用简易包装,其主要原因是环保,其次是价格低;不愿意使用简易包装的原因依次是担心简易包装不结实、不便搬运、影响产品美观。⑦选购再循环利用商品的意愿。消费者对这个概念的理解还比较浅,对再循环利用商品的认同度明显低于对简易包装的认同度,有 28% 的受访者表明不愿意选购这类商品,其原因依次是不放心质量、价格偏高、觉得不卫生等。⑧废弃物的处理。不同年龄和不同教育程度的受访者对包装废弃物处理方式基本保持一致,依次选择重复利用、直接抛弃和重复利用并最终回收;而在处理家中废品方式的排序分别是社区定点回收、以旧换新、商家回收、捐助福利机构。

3. 商业企业绿色采购现状

自2010年以来,我们对跨国和本土的零售商及供应商进行商业绿色采购调查,回收有效问卷25份。采用SPSS17.0统计软件对数据进行分析,得出以下结论。①在商业企业经营过程中贯彻商业绿色采购理念非常重要。所有的受访企业一致认为在商业企业经营过程中贯彻安全健康、节约资源、降低污染、减少浪费的绿色采购理念是非常重要的,从高到低的排序依次是:安全健康(58.3%)、降低污染(36.4%)、节约资源(31.8%)、减少浪费(36.4%)。②绿色采购理念还未完全落实到具体的管理工作之中。尽管100%的受访企业战略中都有“绿色”的概念,但是只有56%的企业设置了专门负责绿色采购的岗位,有28%的企业已将绿色采购责任写入岗位职责但无专门岗位,有16%的企业没有负责绿色采购的岗位;在对采购人员进行绿色采购理念培训这一选项中,54.2%的企业选择了经常,37.5%的企业选择了偶尔,8.3%的企业选择了没有;56.5%的企业在实施绿色包装项目,26.1%的企业实施了绿色专柜项目,8.7%的企业选择了其他(主要形式有基地、种植、绿色供应链),4.3%的企业没有任何行动。③ 绿色采购过程管理可更加合理。通过调查发现,只有20%的企业采用公路和铁路联运方式,而80%的企业只采用公路运输;车辆的装载率平均为87.7%,有52.6%的企业在运输过程中使用了环保车辆,有21.1%的企业没有关注过环保车辆;68.4%的企业在采购过程中大力倡导网上采购/无纸化办公等绿色措施,10.5%的企业表示倡导过,21.1%的企业表示将要实施。企业在开展绿色消费引导方面的活动主要有:提供简易包装商品(68.4%)、提供低能耗商品(68.4%)、开展“以旧换新”活动(52.6%)、回收捐助活动(47.4%)。企业认为,便于消费者选购到合适的绿色采购商品的最好方式是专场设立绿色商品专柜(72.2%)、在社区设点厂家直销(37.5%)、网上商店(28.6%)、专营摊位(25%)。④供应商管理现状不容乐观。首先,绿色认证水平不一。在选择供应商过程中,企业会关注ISO9001(87%)、ISO14000(69.6%)、GMP(56.5%);有65%以上的企业关注有机产品标识、绿色食品标识和无公害农产品认证,有30%左右的企业关注中国节能认证和中国环保标识;有60%的企业关注产品节能环保设计、环保材料的选用、生产过程的环保和固体废弃物处理是否符合国家要求等指标。其次,包装、容器管理水平一般。66.7%的企业要求供应商提供散包装的产品,12.5%的企业没有关注过;45%的企业要求供应商使用可回收可再利用的容器,30%的企业没有关注过。再次,绿色采购商品品项比重有一定的提高空间。在企业实施绿色采购的品项占全部采购品项比重的调查中,有9.1%的企业是5%以下,18.2%的企业是5%~10%,31.8%的企业是10%~20%,

40.9%的企业是20%以上。⑤有待出台商业绿色采购政策。94.7%的企业认为商务部有必要制定商业绿色采购标准,同时有88.9%的企业认为应该对违规使用绿色、有机等标识的企业实施惩罚性条款且力度要大。受访企业认为,实施绿色采购的阻力主要有成本较高(52.6%)、国家没有统一标准(52.6%)、政策不支持(36.8%)、绿色产品公信力差(31.6%)、绿色产品销路不好(21.1%)、消费者态度(21.1%)。为了有利于推动绿色消费,政府补贴应该给予流通环节(42.1%)、生产企业(42.1%)和消费者(15.8%)。在关于"绿色采购政策最应该在哪些商品中落实"的调查中,受访企业认为应该在食品药材(80%)、家居建材(73.3%)、日用杂货(66.7%)、家用电子(60%)、服装(60%)、妇幼/贴身用品(53.3%)、文具纸张(46.7%)。

综上所述,中国在推进商业绿色采购方面进行了初步探索,取得了许多好的经验。政府通过庞大的采购力量,优先购买对环境负面影响较小的环境标志产品,对商业绿色采购起到示范、标杆和推动作用;商务部从流通领域的多个环节采取了相应的措施,在促进商业企业节能减排、低碳运营、循环发展方面取得了显著成效。但是,仍然存在"三强三弱"的特点。首先从实施采购的领域看,政府绿色采购强,商业绿色采购弱;其次从消费者角度看,绿色消费的意愿强,有效的绿色购买行动弱;最后从商业企业角度看,自身的绿化行动强,绿色采购商品的采购管理弱。总之,我国的商业绿色采购仍处于摸索和爬坡阶段。

三、商业绿色采购发展恰逢其时

目前,商业绿色采购正处于加快发展的战略机遇期。

1. 机遇一:转变经济发展方式

我国已进入加快转变经济发展方式的攻坚时期,在经济增长从投资推动到需求拉动的转变中,商业理应发挥越来越大的作用。为应对后金融危机时代的挑战,消费在我国国民经济"三驾马车"中的作用越来越大,商业在拉动内需中的作用毋庸置疑。绿色消费需求需要商业引导、聚集,集合成一个大的需求,进而成为拉动绿色生产的动力。从商业内部看,尽管"十二五"期间第三产业在GDP中的比重将逐年上升,但需要注意的是,一些城市特别是像北京这样的大城市,第三产业的比重已超过70%,再做大的空间有限。作为传统服务业的商业,更需要转变发展方式,而转变发展方式的本质在于提高商业发展的质量。商业绿色采购就是要提升商业企业经营品种的品质,进而带动人民群众生活品质的提升。

2. 机遇二:低碳经济

科学技术的不断进步使人类利用自然的能力迅速提高,在带动经济发展的同时也使环境遭到破坏，气候变暖已严重威胁到人类社会的可持续发展，低碳经济成为社会发展的必然选择。大力发展低碳经济已经成为我国加快转变经济发展方式和调整经济结构的重要途径。2009年，中国正式对外宣布控制温室气体排放的行动目标，决定到2020年单位国内生产总值二氧化碳排放比2005年下降40%～45%。国务院近日印发《"十二五"节能减排综合性工作方案的通知》，要求各地充分认识做好"十二五"节能减排工作的重要性、紧迫性和艰巨性，严格落实节能减排目标责任，同时要全面加强对节能减排工作的组织领导，狠抓监督检查，严格考核问责。流通是社会再生产的重要环节，发挥着引导生产、促进消费的重要作用。通过鼓励商业企业采购和销售绿色产品，对于引导绿色产业发展、促进绿色消费模式形成、优化资源配置意义重大。所以，商业绿色采购是实现低碳生活的起点，而消费者是低碳经济得以实现的最终推动力量。

3. 机遇三：扩大内需

转变流通发展方式的本质在于提高流通发展的质量，做大更要做强，提升生活质量。2010年，我国人均GDP超过4000美元，有15个城市人均GDP超过10000美元，实施商业绿色采购有了现实的物质基础。在以往出台的绿色商业政策中，主要体现在商业自身的绿化行动上，如商场运行中设施设备的节能降耗等，这固然重要，但还远远不够。商场不仅是一个物业，更重要的是在媒介商品交换过程中发挥其引导绿色生产、促进绿色消费的作用，这才是商业之根本。

四、推动商业绿色采购的建议

环境的约束、发展方式的转变、政府的推动，再加上消费者的期盼，本应出现绿色消费的高潮，但时至今日却并未出现。反思前几年绿色产品走过的道路，应先从以下三方面入手，推动商业绿色采购的发展。

1. 明确商业绿色采购的战略地位

在推动我国经济绿色发展的进程中，商业职能不能缺位。重视绿色生产、绿色消费，忽视商业绿色采购，导致绿色产品的质量控制少了一道关口，对绿色产品价格虚高起到推波助澜作用。商业绿色采购职责中，很重要的一点是将绿色采购向上延伸到对供应商的绿色管理。以沃尔玛对和路雪进行绿色管理为例，沃尔玛与和路雪一道在其工作流程中制订了25个绿色节能生产方案，其中22个为无投资方案，获得直接经济效益127万元/年，节水20.4万立方米/年，节电7.655万千瓦时/年，有效地提高了设备的生产效率，减少了能源浪费。比如，为了防止冰淇淋所用的蛋卷变软，用胶带封上箱子最上面一层的盖子，减少蛋卷报废数量。这个简单的动作几乎是零投资，但可产生年经济效益 1.19 万元。随后，规范一次性手套、棉手套及胶带的使用，减少固体废弃物产生量，同时改进牛奶巧克力配方，减少物料浪费，这些改进也几乎是零投资，但一年可以节省 21.2 万元。① 由此可见，必须重视商业绿色采购，给予商业企业必要的政策支持，同时也要明确相应的任务指标，真正在绿色产品的生产经营过程中起到监督、管理、引导、协调的作用。

2. 明确商业绿色采购的目标

商业绿色采购的目标，即安全健康、节约资源、降低污染、减少浪费。中国公众环保民生指数显示，82%的公众高度关注食品安全，而38%的公众在日常生活中遭遇过食品安全问题。民以食为天，食以安为先。基于现在食品安全事件发生的频率、概率和恶劣程度，安全健康应成为商业绿色采购追求的首要目标。

3. 明确商业绿色采购的标准

目前，绿色产品不易辨识。究竟什么样的产品是绿色产品？由谁说了算？这种缺乏公认的、统一的绿色产品评价标准体系的状况，导致绿色产品市场信息严重不对称，使商业企业和消费者在进行绿色采购时无所适从。所以，必须从解决标准化、标识制度方面入手，完善和推广现有体系，明确标准评价管理机构，加大宣传力度，并加强绿色采购监督制度和机构的建设。

（原载《中国流通经济》2011 年第 12 期）

区域性国际物流信息平台构建研究

翁心刚

一、引言

国际物流业历经几百年的发展，形成了较为完善的营运系统。然而，随着信息技术（IT）的迅猛发展以及经济全球化进程的不断深入，国际贸易的方式和物流运作的方式都发生了巨大的变化，逐渐由传统方式向电子化、信息化、全球协同化方向发展。在这种“全球贸易一体化”新趋势的影响下，国际物流业的发展也呈现出

①乐琰．沃尔玛供应链管理小供应商零投入每年获利数十万[N]．第一财经日报，2010－08－03(C2)．

反应快速化、功能集成化、作业规范化、系统信息化、手段现代化、活动全球化等一系列新的特点。然而,由于我国物流信息化水平较低、信息资源缺乏统一规划、服务范围受地域限制较多、无法有效整合上下游优势信息资源等问题的存在,导致信息离散、“孤岛”现象在我国普遍存在。因此,如何促使货代、货主、物流、工商、税务、海关、检验检疫等众多国际贸易参与方之间进行高效业务协作,充分利用先进的信息技术和服务手段,向进出口企业提供一站式、全流程、跨区域的综合物流服务,成为一个亟待解决的课题。

二、区域性国际物流平台需求分析

通过考察东南亚国家或地区的国际物流信息平台,可以对我国政府建立区域性国际物流综合信息平台起到一定的借鉴作用。例如,我国香港地区的贸易通(Tradelink)、数字贸易和运输网络平台(Digital Trade and Transportation Network,DTTN),我国台湾地区的电子商务平台(Tradevan),我国澳门地区的电贸股份有限公司,韩国贸易情报通信公司(KTENT)开发的亚太电子商务联盟网上贸易结算系统(E－Trade)、电子物流系统(E－Logistics)、电子海关系统(E－Customs),日本的货运及港口综合自动化系统(NACCS)、航港电子数据交换(EDI)系统,新加坡的贸易系统(TradeNet)等。这些系统提供进出口报关、应课税品许可证申请、电子付货通知单服务、贸易商文件服务、自动舱单服务、电子货物舱单服务、电子载货舱单录入服务、贸易通服务站等服务。

目前,我国境内的物流信息平台包括国家级、地方级、第三方国际物流信息服务供应商、企业级还有其他一些货代船公司各个级别的物流平台。这在一定程度上提高了我国物流运作的效率,但在国际化的大背景下,迫切需要有一个在中间起衔接作用的国际化公共物流信息平台,将不同部门、不同地区甚至不同国家的信息“孤岛”连接起来,解决国际贸易活动各方之间信息流通不畅的问题,使得由各级平台连接起来的综合平台能够将主要功能集中在电子单证交换、舱单传输、订舱协同、通关申报协同、物流状态跟踪等业务流程方面。

1. 跨区域全流程电子单证交换

逐步建立全流程的电子单证交换服务环境,是为企业国际供应链功效的提升营造良好的服务环境、实现贸易便利化重要的技术手段和基础。在这项系统工程中,电子数据交换技术(以下简称 EDI)发挥着非常重要的作用。EDI 所传输的是企业间格式化的数据,如订单、报价单、装箱单、报关单等,这些信息都有自己固定的格式和行业通用性。EDI 所传输的报文要符合国际标准和行业标准。

2. 跨区域舱单传输

在贸易物流领域,舱单是进出境船舶负责人或其代理人向海关、商检、边检、海事及码头等部门递交的反映运输工具所装载货物情况的载货清单。作为向有关方面宣示(报告)所载货物相关内容的重要文件,在进出口清关、退税核销等业务流程中具有非常重要的作用。任何舱单信息不符或缺失情况的发生,都会导致诸如收货人无法通关提货、出口人无法办理退税核销、货物无法及时中转等一系列问题的出现。因此,一个跨区域的舱单传输协同平台,不仅可以实现向海外不同国家和地区申报电子舱单,而且可以有效整合物流作业数据,提升货物在不同区域通关的效率,降低国际贸易的物流成本。

3. 跨区域国际贸易物流订舱协同

目前,在订舱环节,国外及国内主要沿海城市均有区域性的订舱系统,但其目标用户仅仅针对各自区域的企业,未能实现跨区域订舱业务之间的协同。因此,通过建立跨区域国际贸易物流订舱协同模式,不仅可以协助进出口贸易企业、货代企业简便高效地通过协同平台直接向不同的船公司同时办理订舱业务,而且可以省去电话、传真、确认等一系列繁重的人工往返操作,有效降低差错率,提高订舱业务效率。

4. 跨区域通关申报协同

通关是国际贸易物流流程中最为重要的环节之一,由于通关涉及海关、检验检疫等口岸单位以及企业、代理等多家单位,而各单位之间缺乏信息资源的整合与协调,通常会导致通关环节数据重复性工作较多、效率低下等问题的出现。同时,在目前的报关业务流程中,为完成货物流转的监控和管理、服务转移及相关物权转移等一系列流程,企业通常需要生成大量的纸质文件。据统计,海关通关手续平均需要涉及 29 ~30 个不同的部门,处理约 40 种文件,填写约 200 个数据(其中 30% 的数据至少需要重复填写 30 次),在所有的数据中,有 60% ~70% 至少需要重复填写一次。这些复杂的海关规程与要求导致了非常高的管理成本,大约占全球贸易总价值的 7% ~10%。

5. 跨区域国际物流状态跟踪

国际物流信息平台要及时反映物品在国际间流动的各种状况,支持客户、公司员工等用户的在线查询,这就要求系统用户内部数据与外部数据的通信要及时、顺畅。可以通过电话、传真及全球卫星定位系统(GPS)来实现国际物流作业过程中信息的传输,以确保系统内数据的动态性。国际物流信息平台支持远程的业务查询、输入、人机对话等一系列相关事务的处理。

三、区域性国际物流信息平台结构及实施模式

1. 面向服务的区域物流信息平台结构

平台建设①、②、③应该正视各行业、各部门及各企业现有物流平台的作用，在区域性国际物流综合中心平台的基础上，接入地方物流服务平台、境外物流服务平台，实现平台之间的互联互通。在相关政府部门及广大企业的支持下，以物流标准化技术为支撑，促进不同物流平台之间的共享与整合，营造出一个流畅、良好的物流信息基础环境，从而实现国际物流活动中的跨区域全流程电子单证交换、跨区域舱单传输、跨区域国际贸易物流订舱协同、跨区域通关协同及跨区域国际物流状态跟踪，以降低交易成本，提高物流活动的效率。区域性国际物流信息平台架构的构建应该遵循如下原则，即先进性、服务性、安全性、可靠性、高效经济性原则。图1是根据全国和区域性物流信息平台架构的构建原则构建的一个面向服务的区域物流信息平台架构。

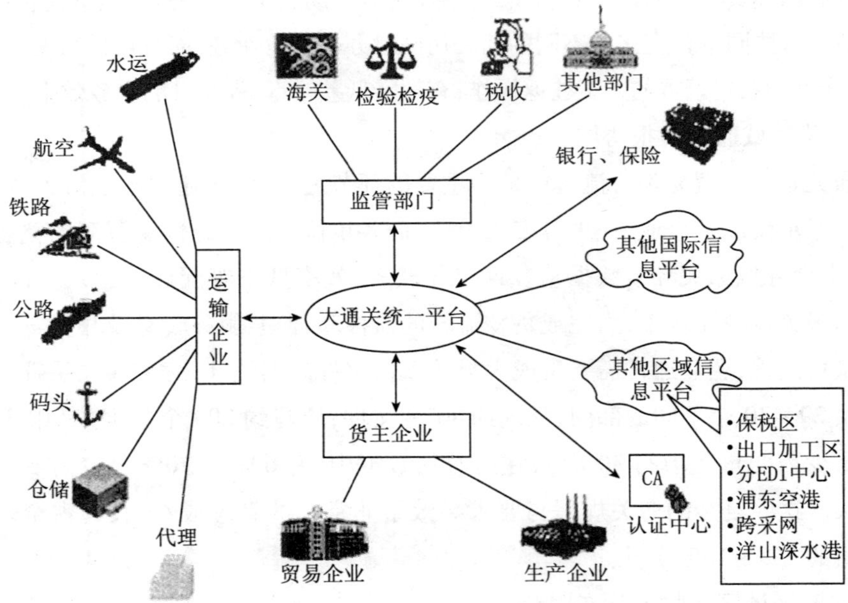

图1　区域物流信息平台体系结构

①刘兴景，戴禾，杨东援．物流公用信息平台系统分析［J］．交通与计算机，2001（19）：34－38.

②赵振峰，崔南方，陈荣秋．区域公共物流信息平台的功能定位及运行机制研究［J］．物流技术，2004（4）：63－66.

③苏志远，周晓光，廖放征．统一的物流信息平台的体系结构研究［J］．物流科技，2006（29）：56－57.

这是一个以政府监管为指导，以税务、交通、银行、海关等为支撑的三层二级体系架构。公共平台整体上相对独立，各层相互提供数据交换服务，平台与支撑平台之间通过统一规范的接口进行数据交换，支撑平台在各级政府的监管下为整个平台提供相应的服务。

2. 基于软件即服务模式(SaaS)的区域物流信息平台模式

区域物流信息平台是一个复杂的大系统，涉及多种高技术的集成，物流企业内部与外部的集成，物流服务全生命周期以及大量高层次人才、大量硬件和软件、技术与管理的集成。传统物流信息化系统的实施对物流企业特别是中小物流企业来讲，涉及大量设备的采购，企业需要保持一定数量的信息技术(IT)人员，以进行系统的开发、维护、升级和管理工作，项目实施周期较长且实施难度较大，实施的成功率也不是很高。软件即服务模式(Software - As - A - Service，SaaS)的出现及其发展，为区域物流信息新平台在物流企业的实施和应用提供了一种新的模式和思路。① 基于SaaS的区域物流信息平台的实施模式包含以下几个方面：

(1)区域地方政府及行业主管部门。区域地方政府及行业主管部门为区域物流平台的运作提供有关的政策和组织支持。

(2)高校、科研机构及行业专家。高校、科研机构及行业专家是区域物流信息平台运行的中介服务体系，负责区域物流信息平台的技术支持和服务，具体包括技术咨询、人才培养以及与物流系统运作和优化相关的技术支持与服务。

(3)SaaS运营商。SaaS运营商负责区域物流信息平台的运行与维护工作，为区域物流企业和客户提供SaaS平台应用支持。

(4)SaaS软硬件提供商。SaaS软硬件提供商为区域物流信息平台提供平台所需要的各类硬件设备(如网络设备、服务器、存储设备等)和软件平台(如操作系统、数据库管理系统、系统管理软件、应用软件等)。

(5)电信业务运营商。电信业务运营商为区域物流信息平台的运行提供网络基础设施支持。

(6)SaaS平台的使用者。SaaS平台的使用者包括物流企业和客户，物流企业通过区域物流信息平台展示并发布自己的物流服务能力，并通过平台为客户服务；而客户则可以通过区域物流信息平台查找和发布相关物流服务需求信息，对物流服务的执行过程进行查询，也可以通过平台对物流服务的结果和绩效进行评价。

---

①马立林，李红. 基于SaaS的中小企业信息化模式探讨[J]. 中国管理信息化，2009，12(2)：78 - 81.

3. 区域性国际物流信息平台关键技术的实现

(1)平台系统功能需求。

1)用户管理。用户注册、用户身份审核、用户信息修改、密码修改、用户登录、证书登录、权限管理。

2)应用管理。服务产品开通、服务产品禁用。

3)系统方面。建立电子数据传输子系统、数据交换子系统、公开密钥基础设施(PKI)数字证书交叉认证、区域性国家物流信息门户、系统后台管理功能、基础数据维护。

4)业务方面。建立跨境电子数据共享和交换、不同文本格式的转换、境外平台的业务协同、单据传输状态查询、单据传输流量统计查询、海外订单的接收、发票和箱单的生成与管理、发送至海外贸易伙伴、生成出口报关单、发送至货代、货代生成、货代报关、发送海外报关数据等。

5)数据准备。连接上海口岸集装箱状态数据、连接韩国口岸集装箱状态数据。

(2)平台系统技术需求。在搭建五个应用服务系统的过程中,需要的基础关键技术主要包括:

1)传输通道的搭建需要制定地方、境内、境外各平台共同的通信协议。

2)由于各地区相关规定的不同,各平台所采用的数据格式也不尽相同,因此需要制定一个标准化的转换格式,以实现各类数据格式的互认与转换,如商业与运输电子数据交换组织(Electronic Data Interchange for Administration Commerce and Transport,EDIFACT)、可扩展标记语言(eXtensible Markup Language,XML)等。

3)各地区、境内、境外平台用户之间的身份识别与认证。

4)由于平台的信息库里包含了各类业务的信息数据以及用户的信息,为保障信息安全,需要对相关重要业务数据按照统一的方式进行加密与解密,对用户的信息进行保密。

5)境内、境外平台之间数据进行的跨境交换,由于所涉及的各个国家的相关规定存在不同,所以需要建立报文传输通信协议,以支持各类单证信息的传输与交换。

(3)平台系统设计思路。区域性国际物流信息平台系统涉及地方平台与中心平台的连接以及境外平台与中心平台的连接,要通过数据交换来实现共享,这就需要建立数据交换和传输机制,确定一个各方共同承认的标准化体系。① 区域性

---

①郭川军.物流公共信息平台的研究与实现[J].物流科技,2008(4):120-121.

国际物流信息平台作为一个示范门户，不仅要提供各种应用，相关行业资讯信息的提供也是其必不可少的一部分。采用内容管理系统（Content Management System，CMS）是目前主流的方案，通过继承 CMS 内容发布系统，能将信息展示有机地整合到示范门户中，降低人工维护的成本。

平台系统要接入各种应用，对应用的管理以及对用户权限的管理是必不可少的。通过建立专门的应用管理功能，可使今后开发的应用能够纳入到一个专门的应用管理模块中，实现统一的业务系统授权管理。通过对平台搭建关键技术的实现，已经实现了平台综合门户。

整个系统采用分层架构，提供了清晰的结构，层与层之间通过制定技术规范进行调用，结合信息安全运行维护的要求对各层进行规范，系统具有极大的灵活性和相关方面的扩展性。

用户通过门户平台登录系统，可以对授权的应用进行访问，每一个应用都有一个进入点可对用户的身份进行识别，用户只有具备相关权限方可进入系统。应用通过基础支撑层提供的公共组件构建而成，基于模型—视图—控制（Model - View - Controller，MVC）基础开发框架，能够快速开发和部署应用系统。应用通过调用相关的服务来完成业务操作。

平台上的跨区域全流程电子单证交换系统、跨区域舱单传输系统、跨区域国际贸易物流订舱协同系统、跨区域通关申报系统及跨区域国际物流状态跟踪系统等，使用统一的用户登录口，各系统的用户也进行统一、标准化的用户信息管理与权限管理。

四、结论

从国际物流系统构成及其发展历程和趋势可以看出，随着时代的不断进步以及社会经济的不断发展，国际物流活动的功能和范围在不断地扩大，内涵在不断地丰富，信息和信息化技术的重要性在不断地加强。信息、信息系统和信息化技术既是国际物流信息化发展的基本要素，同时也赋予了国际物流以信息化的特征。区域性国际物流信息平台的研究和完善，必将对我国国际物流信息服务行业的健康、科学发展起到十分积极的推动作用。同时，通过开展区域性国际物流综合服务系统中物流信息协作网络的协同运作关键技术的研究与分析，可以为相关的智能化交互技术、协同标准技术、协同运作技术、物流服务跟踪可视化技术、信息安全技术等方面的发展提供科学指南。

（原载《中国流通经济》2011 年第 12 期）

以现代流通体系建设推动流通发展方式转变

第五届中国北京流通现代化论坛观点综述

陈静,石桥

由中国物流与采购联合会、中国市场学会、北京物资学院主办,中国流通经济杂志与北京物资学院商学院承办的第五届中国北京流通现代化论坛暨加快现代流通体系建设高层峰会于2011年10月15日在北京物资学院国际交流中心隆重举行。全国人大常委会副委员长陈昌智致信祝贺,国务院发展研究中心原主任、著名经济学家王梦奎,中共中央政策研究室原副主任、全国政协经济委员会副主任、著名经济学家郑新立,中国物流与采购联合会会长何黎明,原国家经贸委副主任、中国市场学会会长俞晓松,原国家粮食储备局局长、党组书记、中国市场学会理事长高铁生,中国商业联合会副会长、中华全国商业信息中心主任王耀,国务院研究室综合司司长陈文玲,中国商业经济学会副会长、著名商业经济学家黄国雄,原国家内贸局副局长、中国物流与采购联合会首席顾问丁俊发,北京工商大学副校长、中国工程院院士孙宝国,原北京市政协副主席、北京物资学院原副院长、著名物流专家王之泰,中国市场学会副会长郭冬乐,商务部流通业发展司副司长王选庆,国家发展和改革委员会运输研究所副所长汪鸣,国务院发展研究中心市场经济研究所副所长王微,中国社会科学院财贸所研究员宋则,中国物流学会副会长、南开大学教授刘秉镰,日本物流学会副会长、爱知学院大学教授丹下博文,日本流通经济大学教授、研究生院物流信息研究科长矢野裕儿,日本流通经济大学物流科学研究所教授小野秀昭,韩国中央大学东北亚流通研究所教授申仁光,首都经济贸易大学发展规划处处长祝合良,中国人民大学商学院教授王晓东,北京工商大学商业经济研究所所长洪涛,中国物流学会副会长、北京交通大学经济管理学院教授鞠颂东等中外流通、物流产业相关部门的负责人以及理论界、实业界的专家、学者、企业家300余人出席本次论坛。与会者围绕加快现代流通体系建设,促进流通发展方式转变等热点问题进行了积极探讨。

一、转变流通发展方式,推动流通业又好又快发展

与会者指出,改革开放以来,我国流通业取得了长足的发展,整体规模快速扩

大，流通质量与效益明显提升，流通体系初步形成，在推动经济结构战略性调整与经济发展方式转变、扩大内需、保障国民经济平稳较快发展等方面发挥了重要作用。但我国流通业在取得举世瞩目成就的同时，也面临着新的挑战，转变流通发展方式成为当前必须解决的课题。与会者认为，流通业发展方式转变是整个经济发展方式转变不可或缺的组成部分，是转变经济发展方式的前提和条件，关系到整个流通产业的效率和效益，关系到广大人民生活水平与生活质量的提高，关系到我国从生产大国向生产强国的转变，关系到我国从消费大国向消费强国的转变，关系到我国从贸易大国向贸易强国的转变。流通发展方式的转变，可以说是流通业的一次革命，必将对我国流通业的发展以及经济发展方式、消费方式的转变产生十分深远的影响。

当前，流通业发展方式转变主要涉及以下六个方面：第一个转变，要在发展理念上转变，从做大、求规模、重形式，向做强、求效益、重能力转变；从急功近利的短期行为，向眼光长远的长效机制转变；从偏重硬件设施建设、市场容量扩张，向兼顾服务提升、质量改进、环境和谐、低碳高效、集约有序转变。第二个转变，要在发展策略上转变，从只重视单方利益最大化博弈，向寻求生产、研发、流通、服务多方共赢的战略合作转变；从只重视流通企业的销售额、毛利率，向追求流通企业的盈利额、纯利率转变。第三个转变，要在发展方式和手段上转变，从粗放型的增长方式，向精细化、重视资源优化程度、重视资源运用效率的发展方式转变；从过去主要依靠物质资本，向注重依靠人力资本转变。第四个转变，要在流通模式和技术上转变，从传统的、落后的流通经营模式，向现代化的、先进的流通经营模式转变；从零散采购、分散配送、非连锁化经营，向集中采购、统一配送、连锁化经营转变；从重视引进国外流通技术，向追求我国自主技术创新转变。第五个转变，要在商品市场类型与定位上转变，从注重有形市场、潜在市场、传统市场、低附加值市场，向注重无形市场、潜在市场、新兴市场、高附加值市场转变。第六个转变，要在流通产业结构布局上转变，从流通网络疏密无序、地区之间发展不平衡，向流通网络体系完善、结构布局合理转变。我们应从以上六个方面的转变着手，推动流通业发展方式转变，构建保障工业、农业、国防现代化与人民日益增长的物质文化生活需要的现代商品流通服务体系；应利用现代技术改造传统流通业，推动流通业实现由传统到现代的历史性跨跃；应进一步健全完善流通业法律法规，依托流通产业，实现国民经济又好又快发展。

二、落实“国九条”，促进物流业与商贸物流业发展

与会者指出，物流业是流通业的重要支撑与基础保障，在降低流通成本、提升流通效率等方面起到了十分积极的作用。物流业的健康发展，需要一个良好的政策环境。近年来，我国物流政策环境进一步改善。2011 年 8 月，《国务院办公厅关于促进物流业健康发展政策措施的意见》（以下简称“国九条”）出台，为我们更好地细化落实《物流业调整和振兴规划》、降低流通成本、提升产业竞争力、推动物流业发展方式转变提供了政策支持，为我国物流业政策调整指明了方向。“国九条”提出的有关税收、土地、交通、体制改革、资源整合、技术创新、加大投入和农产品物流等九个方面的四十多条政策措施，都是业界反应强烈、长期制约物流业发展的突出问题，对于引导物流业科学发展具有非常重要的意义。

与会者指出，落实“国九条”的主体在政府。下一阶段，政府及社会各有关部门应积极配合，全面推动各项措施的细化落实，力争在企业最为关心的税收、交通等重点问题上率先取得突破。其一，从税收方面看，要根据物流业一体化运作、网络化经营的复合型产业特点，改革原有税收管理体制。一是完善税收试点办法，扩大税收试点，在一些条件相对成熟的地区或行业，先行全面推广试点，并将试点政策延伸到仓储、运输、配送等各物流业务环节；二是充分考虑物流业运行特点，研究解决仓储、配送、货运代理等环节与运输环节营业税税率不统一的问题，将物流各环节应税劳务全部纳入增值税征收范围，重新测算适用税率，切实减轻企业负担；三是完善大宗商品仓储设施用地的土地使用税政策，切实减轻物流企业税收负担。其二，从交通环境方面看，针对当前过路过桥费过高、罚款过多过乱、配送车辆进城难等一系列制约物流业发展的较为突出的问题，一要对道路收费站点进行全面排查，采取相应措施，比如针对个别路段采取降低收费标准、回购撤销一些收费站点等措施，清理并降低过路过桥费，努力使公路回归公益性质，降低企业运输成本；二要“变堵为疏”，尽快确定城市配送车辆标准环保车型，制定配送车辆技术规范，取消城市配送通行证管理，对城市配送车辆与普通货运车辆进行分类管理，允许城市配送车辆通行，全面取消城市配送通行证，放开符合条件的配送车辆进城限制，为配送车辆进城通行提供便利，解决城市配送问题；三要坚决治理“乱罚款”问题，通过设立交通和路政等部门的联合执法机制，统一执法标准，减少个人自由裁量权，规范执法程序，通过规范和压缩罚款项目，改革罚款方式，彻底切断地方财政和基层执法部门与罚款之间的利益纽带，杜绝“以罚代管”；四要修订车辆运输车标准，并在考虑修订标准复杂性和改装车辆资金与时间成本的基础上，实事求是解决车辆运输车难题，逐步过渡，长期坚持，切实改变“一边罚一边超”、“越罚越超”的现象；五是区别对待大件运输与一般的超限、超载运输问题，尽快制定出台大件运输管理办法，建立跨省超限运输综合协调与互联互认机制，规范申报与审批程序，制定全国统一的公路赔(补)偿费标准,减少各地自由裁量权。

此外,还要以商业与物流业的有机结合为切入点,以现代商贸物流服务体系建设为内容,构建区域性的商贸物流产业组织中心,使城市获得服务区域的集群化产业发展能力,创新商贸流通产业扩张发展模式,为城市通过商贸物流产业发展培育新的经济增长点奠定产业发展基础。通过系统建设布局商贸物流基础设施,改革创新商贸物流管理体制,扶持服务创新与技术进步,营造良好的金融服务体系,搭建公共信息平台,推进关键项目建设,完善发展政策与措施,整体推进城市商贸物流业发展,以更好地支持、提升、优化商贸活动,提升对用户的服务水平,扩大市场,降低商贸企业物流成本与流通费用,推动城市产业结构发展,提高城市规划的科学性,改变城市在地区、国家乃至全世界的战略地位,引导和扩大消费,促进生产,推动资源不足地区经济的发展,改善地区就业问题,提高地区财政收入。

三、重新认识现代流通,重新认识国际贸易规律,重建国际贸易理论与贸易评价体系,把争取我国在国际贸易中的更大权益作为国家战略

与会者认为,现代流通是社会化的大流通,这是它的需求基础;现代流通是国际化的大流通,这是它的流通范畴;现代流通是信息化的大流通,这是它的流通要素;现代流通的状态是混沌化的大流通,这是流通的一种存在状态。国际化的大流通主要表现为国际贸易,而国际贸易又表现为货物贸易和服务贸易。这就意味着更多的要素,包括有形要素、无形要素,都要进入全球化大流通。随着经济资源和要素禀赋(如商品、资本、劳动力、信息、技术等)通过国际化大流通超越国界被重新配置的范围越来越广,阻碍生产要素在全球自由流通的各种壁垒不断被打破,现代流通成为经济全球化的内在动力,经济全球化成为现代流通发展到更高阶段出现的必然结果,加速了不同国家和地区市场相互依存的进程。

在国际化大流通的大背景下,我国作为世界经济重要的组成部分,争取自身在国际贸易中更大的权益显得尤为重要。因此,必须重新认识国际化大流通,重新研究国际贸易规律,重建国际贸易理论和贸易评价体系,推动全球对国际贸易规律与规则的统一认识,公平评价全球化条件下各贸易国的贡献与获取;必须转变国际贸易策略,把争取我国在国际贸易中的更大权益作为国家战略,进一步提高我国在国际贸易中的地位。其一,从总体战略上看,要贯彻落实科学发展观,转变经济、贸易发展方式,从粗放型、数量型发展方式向集约型、效益型发展方式转变,从贸易大国向贸易强国转变。其二,从我国参与国际贸易竞争的优势看,要从出口导向型的贸易向竞争优势导向型的贸易转变,采取出口与进口相匹配的贸易竞争战略。其三,从贸易结构上看,要将更多的人力资本融入到出口商品中,成为出口商品新的形态,要从过去主要以货物贸易为主向以服务贸易为主转变,要从有形要素禀赋向无形要素禀赋转变。其四,从贸易方式上看,要调整原有贸易方式,在进一步发展一般贸易、加工贸易和边境贸易的基础上,发展采购式贸易、投资带动式贸易以及跨境合作贸易。其五,从商品出口结构上看,要进一步提高制造业水平,使商品出口结构从由低端要素构成的产品向由更多高端要素构成的高技术产品、高附加值产品、高技术含量产品、精深加工产品转型。其六,从出口的地理方向或流量方向来看,要根据整个全球经济格局的变化,实现出口增长从美、日、欧向新兴市场国家、新兴经济体转变。其七,从贸易政策来看,要根据全球化流通的需要,对货币政策、贸易政策进行新的调整,包括人民币、人民币浮动汇率、人民币国际化等。

四、以市场机制为基础,以企业为主体,以产业政策为导向,从宏观和微观层面共同努力,促进流通产业先导作用的发挥

与会者指出,市场经济条件下,消费通过流通决定生产,流通业既是国民经济的基础性产业,也是国民经济的先导性产业,对相关产业发展具有重要的带动和提升作用。改革开放以来,随着我国市场经济体制和目标的确立,流通产业在国民经济发展中的先导作用不断显现,社会各界对流通业作用与地位的认识也发生了深刻的变化。流通产业先导作用的发挥:其一,需要流通业界树立服务意识,从观念和政策层面、从硬件和软件层面、从技术和队伍层面入手,积极、主动、有目标、有意识地改进和完善流通业存在的缺陷,提高流通产业自身素质,充分发挥流通产业的反馈、传导和传统服务功能,更好地把消费一端所发生的变化传导给生产一端,促使需求正确引导供给。其二,需要高度重视并解决信息不对称问题,大力推动流通信息化建设,大力发展电子商务,把实体市场与虚拟市场有效结合起来,使流通在解决时空矛盾、提供时空便利的基础上,实现信息的充分交流,避免和减少信息误导所造成的大量流通效率的流失,更好地发挥流通的信息传导作用。其三,需要尽快形成并理顺价格传导与形成机制,依靠流通在形成合理价格水平以及传递政策、校正价格等方面的重要作用,充分发挥流通引导生产的作用。其四,需要大力倡导以流通企业为主导来构建供应链,通过提高流通企业的比较优势与核心竞争力,提升流通企业在供应链中的主导地位,从而更好地提高企业竞争力,促进产销衔接,更好地适应当前我国扩大内需、调整产能、优化结构形势的需要。其五,需要为产业转移提供先行服务,通过制定相应的政策,在进行产业结构调整、推动产业转移的过程中,让流通先行,为产业转移提供必要的商业服务环境。其六,需要校正商业企业特别是零售企业物业管理式的经营倾向,使之回归主业,引导商业企业由主要依靠“联营返点”的盈利模式向以自营为主的盈利模式转变,搞好自营,主动响应并传导消费需求的变化，如实地向厂商传达需求方的信息，引导生产者调整生产结构，适应需求。还要鼓励商业企业培育发展自有品牌，推行体验式营销，深化商品与服务间的融合，从微观层面更好地引导产品与服务结构的调整。

五、转变调整结构的方式，完善流通体系，推动经济发展方式转变

与会者指出，经济发展方式转变与结构调整之间存在十分紧密的关系。调整结构是转变发展方式的重中之重，转变调整结构的方式是转变发展方式的要害，转变发展方式必须率先转变调整结构的方式。如果调整结构的方式，特别是实体经济中制造业调整结构的方式不能率先进行改革，转变发展方式的诸多目标就很有可能再度落空。以往转变发展方式之所以收效不大，其根本原因就在于我们对调整结构的方式缺乏足够的重视，就在于我们调整结构的方式转变得比较迟缓。

当前，解决我国产业结构失调的关键并不在于增量的调整，而在于存量的优化特别是制造业存量结构的优化。因此，当前我国调整结构必须致力于消化存量结构，解决长期累积下来的经济存量中的各种矛盾和问题。以往宏观政策实施的效果表明，总量管理是政府的强项、市场的弱项，而结构调整是市场的强项、政府的弱项。如果不顾及市场软实力、软调节的长期效应，仅仅凭借政府部门层层开会、发布红头文件、下达紧急通知，仅仅以政府行政干预为主导，仅仅依靠行政手段、行政命令来调整产业结构中巨大的存量问题，必将越来越难以奏效。因此，“十二五”期间我国制造业产业结构调整的方式，必须实现从行政化到市场化的重大转变，必须从政府主导型向市场主导型转变；必须深化资源、能源类价格体系的市场化改革，强化金融、商贸等服务业对经济结构调整与产业升级的影响力和贡献率，创建有利于推进生产性服务业深度参与经济结构调整和产业升级的体制政策环境；必须深化服务业自身的改革，努力营造诚信至上、服务至上的商业环境，切实转变服务观念，树立服务意识，强化服务培训，规范服务行为，提高服务技能，讲求服务实效，充分发挥服务业在结构调整中的疏导和中介功能。其中，流通业作为服务业重要的组成部分，更要在结构调整中充分发挥作用。因此，必须进一步完善工业品流通体系，确立制造业所需要的现代批发体系，根据各类商品流通的特点和规律，完善多层次的分销渠道。作为产业链条上的紧密型关系主体，金融、批发、零售、物流、制造商之间必须完善以商业信用为基础的契约机制，依靠金融、商贸业信用制度创新，保证各环节之间的专业化分工与合作，促进信息与利益共享，强化制造商生产性服务外包的内在动力。

六、尽快建立多种渠道、多种业态、内外贯通、城乡一体的现代流通服务体系，确保市场平稳运行

与会者指出，为推动我国经济增长向依靠消费、投资、出口协调拉动转变，必须高度重视流通业在扩大消费、引导生产、保障建设、改善民生、吸纳就业、促进社会和谐等方面的重要作用，构建包括流通政策法规行政管理体系、国内流通体系、国际或地区流通体系以及流通支撑保障体系等在内的现代流通体系。从大流通的角度看，我们必须站在全球经济一体化的高度，综合考虑商流、物流、信息流、资金流以及外贸、内贸的关系，按照流通经济和市场经济的规律制定相关政策，在充分尊重市场主体意愿与价值规律的前提下，运用经济手段，在政府规划与指导下改革现有的以工业或制造业为核心的经济管理和公共服务体系，营造有利于流通业发展的政策和体制环境，推动大市场、大流通格局的形成；必须整合现有政策资源，支持包括流通业在内的服务业的综合发展以及业态和模式创新(如供应链等)；必须改革不利于服务业发展的税收制度，进一步推动企业职能外包；必须支持流通业与工业、金融业的融合发展，破解中小企业融资难题；必须鼓励流通业集聚发展，提高流通物流企业的国际影响力；必须改变流通业重外贸、轻内贸，重零售、轻批发的观念，构建现代批发体系；必须加快建设城乡对接的现代农产品流通体系，全面升级并加快建设以城市为中心的现代消费品流通体系，建设包括钢材、矿石、粮食等在内的大宗商品市场流通体系，建设内外贸一体化的国际流通体系，建立财政保障体系、税收保障体系、应急保障体系，确保市场平稳运行。

七、多管齐下，提高我国农产品流通效率

与会者认为，农产品流通体系主要包括农产品渠道体系、农产品市场体系、农产品规范与支撑体系三个部分。改革开放三十多年来，我国农产品流通体系建设取得了一定的成绩，但也出现了一系列比较突出的问题。从农产品渠道方面看，主要表现为农户组织化程度较低，农户利益得不到很好的保证，农民参与流通过程的程度较低；从农产品市场体系看，主要表现为农产品市场结构与布局不尽合理，市场主体规模偏小，市场秩序和交易行为不规范，交易效率较低；从农产品规范与支撑体系看，主要表现为农产品物流设施比较落后，农产品物流损耗大，成本高，农产品流通信息服务薄弱，农产品流通法律法规体系不健全。以上均在一定程度上制约着我国农产品流通效率的进一步提高。

针对当前我国农产品流通体系存在的一系列问题，必须多管齐下，依靠各方面的共同努力，提高农产品流通效率。首先，从渠道体系建设角度来看，可以进一步创新和完善农产品流通渠道的模式，大力发展“公司+合作组织+农户”或“合作组织+农户”的渠道模式，大力提升农产品生产、加工、流通的组织化程度，以物流为中心整合流通渠道，建立物流基地，积极推广农产品电子交易类平台，提高农民参与流通的程度。其次，从市场体系建设角度来看，应继续发挥集贸市场的便利功能，大力发挥批发市场在集散、配送、库存调整等方面的功能，充分发挥期货市场的价格导向、风险转移和资源配置功能，推动农产品流通的发展。最后，从农产品规范与支撑体系建设的角度来看，应大力加强农产品流通基础设施建设，继续推进农产品批发市场建设和升级改造，大力进行农产品物流基础设施特别是冷链系统建设，切实加大对农村道路交通建设的投资力度；大力加强农产品流通体系信息化建设，改变信息服务的对象，建立信息机构进行信息分析和信息发布，建立快速、准确、有效的农产品信息传播网络，建立有效的农村信息市场监控机制；加大对农民合作组织的财政和信贷支持；加快农产品流通立法，尽快出台相关法律；加强农产品市场管理力度，提高执法力度；强化参与者、监管者的品牌意识、安全意识，提高品牌保护意识。

（原载《中国流通经济》2011 年第 11 期）

媒体报道

把握转变流通发展方式的着力点

“第五届流通现代化论坛”述要

陈建中，林英泽

中国物流与采购联合会、中国市场学会、北京物资学院、中国流通经济杂志社主办的“第五届流通现代化论坛”近日在京举行，与会者围绕加快现代流通体系建设、转变流通发展方式等问题进行了研讨。

与会者提出了加快转变流通发展方式的几个着力点。一是转变发展理念，从做大——求规模、重形式向做强——求效益、重能力转变，从偏重硬件设施建设、市场容量扩张向兼顾服务提升、质量改进、集约发展转变；二是转变发展策略，从追求单方利益最大化向追求生产、研发、流通、服务多方共赢转变，从重视销售额、毛利率向重视盈利额、纯利率转变；三是转变发展手段，从粗放增长向集约增长转变，从主要依靠物质资本向注重依靠人力资本转变；四是转变流通模式和技术，从传统落后的流通经营模式向现代先进的流通经营模式转变，从零散采购、分散配送、非连锁化经营向集中采购、统一配送、连锁化经营转变，从偏重引进国外流通技术向加强自主创新转变；五是转变商品市场类型和定位，从注重有形市场、显性市场、传统市场、低附加值市场向注重无形市场、潜在市场、新兴市场、高附加值市场转变；六是转变流通产业结构布局，从流通网络疏密无序、地区发展不平衡向流通网络体系完善、结构布局合理转变。

与会者认为，“十二五”时期，应加快建立多条渠道、多种业态、内外贯通、城乡一体的现代流通体系。站在参与全球经济合作与竞争的高度，统筹考虑外贸和内贸、商流和物流以及信息流、资金流，大力推进流通业态和模式创新，支持流通业与工业、金融业融合发展，鼓励流通业集聚发展。加快建设城乡对接的现代农产品流通体系，以城市为中心的现代消费品流通体系，包括钢材、矿石、粮食等在内的大宗商品（生产资料）市场流通体系，内外贸一体化的国际化流通体系。同时，建立相应的财政、税收、土地保障体系和应急保障体系等。

（《人民网》，http://theory.people.com.cn/GB/40534/15965056.html）

（《人民日报》，2011 年 10 月 27 日 07 版）

第五届中国北京流通现代化论坛述要

林英泽,陈建中

流通产业的发展对于市场经济体系及价格机制的完善有着重要的作用。随着我国市场经济的不断发展,流通产业也呈现出加速的势头,但仍滞后于市场的需求,在资源性产品、农产品等的流通中暴露出一些急需解决的问题。在近日由中国物流与采购联合会、中国市场学会、北京物资学院、中国流通经济杂志社共同主办的第五届中国北京流通现代化论坛上,来自国内外流通、物流产业相关部门的负责人及理论界、实业界的专家、学者、企业家300余人,围绕加快现代流通体系建设、转变流通发展方式等热点问题进行了探讨。

与会专家强调,当前要以贯彻“国九条”为契机促进物流业及商贸物流业的健康发展。首先,要切实减轻物流企业税收负担,扩大税收试点,研究解决仓储、配送和货运代理等环节与运输环节营业税税率不统一问题,完善大宗商品仓储设施用地的土地使用税政策。清理并降低过路过桥费,为配送车辆进城通行提供便利,切实治理“乱罚款”,制定大件运输管理办法,解决车辆运输难题。其次,要以商业与物流业有机结合为切入点,以现代商贸物流服务体系建设为内容,构建区域性的商贸物流产业组织中心,发展“商贸物流城市”和“商贸物流节点城市”,使城市获得服务于区域的集群化产业发展能力。此外,发展商贸物流业应整体推进,系统建设商贸物流基础设施,改革创新商贸物流管理体制,加快基础设施布局建设,扶持服务创新与技术进步,营造良好的金融服务体系,搭建公共信息平台,推进关键项目建设,完善发展政策与措施。

针对我国农产品流通效率低的现状,专家们提出要采取多管齐下的举措,比如,进一步创新和完善农产品流通渠道模式,大力发展“公司+合作组织+农户”及“合作组织+农户”的渠道模式,提高农民参与度;大力提升农产品生产、加工、流通的组织化程度,以物流为中心整合流通渠道,建立物流基地,积极推广农产品电子交易类平台;要充分发挥不同市场的功能和作用,继续发挥集贸市场的便利功能,大力发挥批发市场的集散、配送、库存调整等功能,充分发挥期货市场的价格导向、风险转移和资源配置功能;加强农产品流通基础设施建设,继续推进农产品批发市场建设和升级改造，大力发展农产品物流基础设施尤其是冷链系统，切实加大对农村道路交通建设的投资力度；加强农产品流通体系的信息化建设；加大对农民合作组织的财政支持和信贷支持；加快农产品流通立法，尽快出台《农产品公平交易法》等相关法律；加强对农产品市场的监管。

（光明网，http://epaper.gmw.cn/gmrb/html/2011-12/02/nw.D110000gmrb_20111202_4-11.htm? div=-1）

（《光明日报》，2011年12月2日）

北京物资学院等举办第五届中国流通现代化论坛

荆　克

10月15日，由中国物流与采购联合会、中国市场学会、北京物资学院、中国流通经济杂志社共同举办的第五届中国北京流通现代化论坛加快现代流通体系建设高层峰会在北京物资学院国际交流中心隆重举行。

全国人大常委会副委员长陈昌智致信祝贺。贺信指出，2011年是“十二五”开局之年，为了实现我国经济增长向依靠消费、投资、出口协调拉动转变，必须尽快建立多种渠道、多种业态、内外贯通、城乡一体的现代流通服务体系。在市场经济条件下，消费通过流通决定生产，流通业是国民经济的血脉系统。由流通引导消费是实现经济发展方式转变、拉动国民经济发展的基本动力。加快流通产业发展，促进流通产业现代化，降低流通成本，是实现国家扩大内需长期发展战略的重要举措。

国务院发展研究中心原主任、中国改革发展基金会理事长、著名经济学家王梦奎，全国政协经济委员会副主任、中共中央政策研究室原副主任、著名经济学家郑新立，中国物流与采购联合会会长何黎明，中国市场学会会长俞晓松、理事长高铁生，中国商业联合会副会长、中华全国商业信息中心主任王耀，国务院研究室综合司司长陈文玲，中国商业经济学会副会长、著名商业经济学家黄国雄，中国物流与采购联合会首席顾问、著名物流专家丁俊发，中国工程院院士孙宝国，原北京市政协副主席、著名物流专家王之泰及中国社会科学院、国家发展和改革委员会、国务院发展研究中心、商务部等中外流通、物流产业相关部门负责人及理论界、实业界的专家、学者、企业家300余人出席。论坛主要围绕加快现代流通体系建设、转变流通发展方式、降低流通成本、提高流通效率、创新流通业态、发展电子商务、促进内外贸一体化等热点问题进行了积极探讨。

与会者提出,转变流通发展方式要转变发展理念,从过去的偏重硬件设施、规模建设、市场容量扩张,向同时兼顾质量改进、服务提升、环境和谐转变;要转变发展模式,从速度崇拜、代价高昂、效能低下的发展模式,向集约有序、低碳低耗、效能高效的发展模式转变;要转变发展策略,从只重视一方利益最大化的博弈,向流通企业和生产企业双方共赢的战略合作转变;要转变发展手段,从主要依靠物质资本向注重人力资本转变;要转变增长方式,从传统的粗放型增长方式,向提升资源优化程度、提高资源运用效率、内涵式增长方式转变;要转变流通功能,从偏重流通的经济功能,向经济功能和社会功能并重转变;要转变技术路线,从偏重于照搬照用、追求最尖端的流通技术,向先进适用、结构多元、自主创新转变;要转变地区结构,从流通网络疏密无序、地区结构失衡,向组织结构和网络体系完善、布局结构协调转变。

与会者认为,"十二五"时期我国流通业发展方式转变的目标,是构建保障工业、农业、国防现代化和人民日益增长的物质文化生活需要的现代商品流通服务体系;用现代技术改造传统流通业,实现流通业从传统到现代的历史性跨跃;完善与健全流通业法律法规,以此为依托,实现国民经济又好又快发展。其实现路径一是立足于中小企业,立足于内生竞争力,立足于主导业态,做实做足做细做强区域市场,做大做强连锁经营。二是培育大型流通企业集团,保障国家宏观调控有效实施。三是培养流通业人才,开展流通科技研发与推广。四是建立流通业征信体系。五是构建现代商品流通服务体系。为此,应制定国家与区域流通业发展规划与实施细则,实现调控常态化,健全并完善流通业法律法规,加强流通业理论研究。

与会者认为,要推进城市商业与物流业一体化发展,大力发展商贸物流业。要通过产业融合形成商贸物流产业体系,创新商贸流通产业的发展模式,以商业与物流业有机结合为切入点,以现代商贸物流服务体系建设为内容,构建区域性的商贸物流产业组织中心,发展"商贸物流城市"和"商贸物流节点城市",使城市获得服务于区域的集群化产业发展能力,创新商贸流通产业的扩张发展模式,培育新的经济增长点。发展商贸物流业应整体推进,系统建设商贸物流基础设施,改革创新商贸物流管理体制,加快基础设施布局建设,扶持服务创新与技术进步,营造良好的金融服务体系,搭建公共信息平台,推进关键项目建设,完善发展政策与措施。

与会者认为,"十二五"时期我国流通业发展方式转变的目标,是构建保障工业、农业、国防现代化和人民日益增长的物质文化生活需要的现代商品流通服务体系;用现代技术改造传统流通业,实现流通业从传统到现代的历史性跨跃;完善与健全流通业法律法规,以此为依托,实现国民经济又好又快发展。其实现路径一是立足于中小企业,立足于内生竞争力,立足于主导业态,做实做足做细做强区域市场,做大做强连锁经营。二是培育大型流通企业集团,保障国家宏观调控有效实施。三是培养流通业人才,开展流通科技研发与推广。四是建立流通业征信体系。五是构建现代商品流通服务体系。为此,应制定国家与区域流通业发展规划与实施细则,实现调控常态化,健全并完善流通业法律法规,加强流通业理论研究。

与会者认为,要推进城市商业与物流业一体化发展,大力发展商贸物流业。要通过产业融合形成商贸物流产业体系,创新商贸流通产业的发展模式,以商业与物流业有机结合为切入点,以现代商贸物流服务体系建设为内容,构建区域性的商贸物流产业组织中心,发展"商贸物流城市"和"商贸物流节点城市",使城市获得服务于区域的集群化产业发展能力,创新商贸流通产业的扩张发展模式,培育新的经济增长点。发展商贸物流业应整体推进,系统建设商贸物流基础设施,改革创新商贸物流管理体制,加快基础设施布局建设,扶持服务创新与技术进步,营造良好的金融服务体系,搭建公共信息平台,推进关键项目建设,完善发展政策与措施。

北京物资学院党委书记刘木春、校长王旭东在致辞中表示,中国北京流通现代化论坛已成为我国流通理论研究的高水平品牌论坛,成为为政府制定流通和物流产业政策、进行决策提供重要咨询的论坛。北京物资学院作为论坛的首倡者和主办者之一,面对中国流通业发展的新形势、新机遇、新问题,将进一步加强与国内外同行的交流与合作,加大流通领域高级专门人才的培养力度,集思广益、改革创新,为我国流通现代化建设提供更多更好的建设性意见和建议,为流通发展方式转变贡献力量。

(《新华网》,http://news.xinhuanet.com/edu/2011-10/17/c_122166135_2.htm)

第五届中国北京流通现代化论坛在京召开

秦 华

10月15日,由中国物流与采购联合会、中国市场学会、北京物资学院、中国流通经济杂志社共同举办的第五届中国北京流通现代化论坛加快现代流通体系建设高层峰会在北京物资学院国际交流中心隆重举行。

全国人大常委会副委员长陈昌智致信祝贺。贺信指出,2011年是"十二五"开局之年,为了实现我国经济增长向依靠消费、投资、出口协调拉动转变,必须尽快建立多种渠道、多种业态、内外贯通、城乡一体的现代流通服务体系。在市场经济条件下,消费通过流通决定生产,流通业是国民经济的血脉系统。由流通引导消费是实现经济发展方式转变、拉动国民经济发展的基本动力。加快流通产业发展,促进流通产业现代化,降低流通成本,是实现国家扩大内需长期发展战略的重要举措。

国务院发展研究中心原主任、中国改革发展基金会理事长、著名经济学家王梦奎,全国政协经济委员会副主任、中共中央政策研究室原副主任、著名经济学家郑新立,中国物流与采购联合会会长何黎明,中国市场学会会长俞晓松、理事长高铁生,中国商业联合会副会长、中华全国商业信息中心主任王耀,国务院研究室综合司司长陈文玲,中国商业经济学会副会长、著名商业经济学家黄国雄,中国物流与采购联合会首席顾问、著名物流专家丁俊发,中国工程院院士孙宝国,原北京市政协副主席、著名物流专家王之泰及中国社会科学院、国家发展和改革委员会、国务院发展研究中心、商务部等中外流通、物流产业相关部门负责人及理论界、实业界的专家、学者、企业家300余人出席。论坛主要围绕加快现代流通体系建设、转变流通发展方式、降低流通成本、提高流通效率、创新流通业态、发展电子商务、促进内外贸一体化等热点问题进行了积极探讨。

与会者提出,转变流通发展方式要转变发展理念,从过去的偏重硬件设施、规模建设、市场容量扩张,向同时兼顾质量改进、服务提升、环境和谐转变;要转变发展模式,从速度崇拜、代价高昂、效能低下的发展模式,向集约有序、低碳低耗、效能高效的发展模式转变;要转变发展策略,从只重视一方利益最大化的博弈,向流通企业和生产企业双方共赢的战略合作转变;要转变发展手段,从主要依靠物质资本向注重人力资本转变;要转变增长方式,从传统的粗放型增长方式,向提升资源优化程度、提高资源运用效率、内涵式增长方式转变;要转变流通功能,从偏重流通的经济功能,向经济功能和社会功能并重转变;要转变技术路线,从偏重于照搬照用、追求最尖端的流通技术,向先进适用、结构多元、自主创新转变;要转变地区结构,从流通网络疏密无序、地区结构失衡,向组织结构和网络体系完善、布局结构协调转变。

与会者认为,"十二五"时期我国流通业发展方式转变的目标,是构建保障工业、农业、国防现代化和人民日益增长的物质文化生活需要的现代商品流通服务体系;用现代技术改造传统流通业,实现流通业从传统到现代的历史性跨跃;完善与健全流通业法律法规,以此为依托,实现国民经济又好又快发展。其实现路径一是立足于中小企业,立足于内生竞争力,立足于主导业态,做实做足做细做强区域市场,做大做强连锁经营。二是培育大型流通企业集团,保障国家宏观调控有效实施。三是培养流通业人才,开展流通科技研发与推广。四是建立流通业征信体系。五是构建现代商品流通服务体系。为此,应制定国家与区域流通业发展规划与实施细则,实现调控常态化,健全并完善流通业法律法规,加强流通业理论研究。

与会者认为,要推进城市商业与物流业一体化发展,大力发展商贸物流业。要通过产业融合形成商贸物流产业体系,创新商贸流通产业的发展模式,以商业与物流业有机结合为切入点,以现代商贸物流服务体系建设为内容,构建区域性的商贸物流产业组织中心,发展"商贸物流城市"和"商贸物流节点城市",使城市获得服务于区域的集群化产业发展能力,创新商贸流通产业的扩张发展模式,培育新的经济增长点。发展商贸物流业应整体推进,系统建设商贸物流基础设施,改革创新商贸物流管理体制,加快基础设施布局建设,扶持服务创新与技术进步,营造良好的金融服务体系,搭建公共信息平台,推进关键项目建设,完善发展政策与措施。

北京物资学院党委书记刘木春、校长王旭东在致辞中表示,中国北京流通现代化论坛已成为我国流通理论研究的高水平品牌论坛,成为为政府制定流通和物流产业政策、进行决策提供重要咨询的论坛。北京物资学院作为论坛的首倡者和主办者之一,面对中国流通业发展的新形势、新机遇、新问题,将进一步加强与国内外同行的交流与合作,加大流通领域高级专门人才的培养力度,集思广益、改革创新,为我国流通现代化建设提供更多更好的建设性意见和建议,为流通发展方式转变贡献力量。

(http://theory. people. com. cn/GB/40534/15912167. html)

(《人民网》,2011 年 10 月 17 日)

加快现代流通体系建设促进流通发展方式转变

第五届中国北京流通现代化论坛述要

林英泽,陈建中

由中国物流与采购联合会、中国市场学会、北京物资学院、中国流通经济杂志社共同主办的第五届中国北京流通现代化论坛近日在京举行。来自中国社会科学院、国家发展和改革委员会、国务院发展研究中心、商务部、中国商业联合会、中国人民大学、南开大学、日本流通大学、韩国中央大学等中外流通、物流产业相关部门的负责人及理论界、实业界的专家、学者、企业家300余人出席，围绕加快现代流通体系建设、转变流通发展方式等热点问题进行了积极探讨，主要观点综述如下：

转变流通发展方式，促进流通业又好又快发展。转变流通发展方式，一要转变发展理念，从做大、求规模、重形式向做强、求效益、重能力转变，从急功近利的短期行为向眼光长远的长效机制转变，从偏重硬件设施建设、市场容量扩张向兼顾服务提升、质量改进、环境和谐、低碳高效、集约有序转变；二要转变发展策略，从只重视单方利益最大化博弈向寻求生产、研发、流通、服务多方共赢的战略合作商转变，从只重视流通企业的销售额、毛利率，向追求流通企业的盈利额、纯利率转变；三要转变发展方式和发展手段，从粗放式的增长方式向精细化的、重视资源优化程度、重视资源运用效率的发展方式转变，从主要依靠物质资本向注重依靠人力资本转变；四要转变流通模式和技术，从传统的落后的流通经营模式向现代的先进的流通经营模式转变，从零散采购、分散配送、非连锁化经营向集中采购、统一配送、连锁化经营转变，从重视引进国外流通技术向追求我国自主技术创新转变；五要转变商品市场类型与定位，从注重有形市场、显性市场、传统市场、低附加值市场向注重无形市场、潜在市场、新兴市场、高附加值市场转变；六要转变流通产业结构布局，从流通网络疏密无序、地区之间发展不平衡向流通网络体系完善、结构布局合理转变。“十二五”时期我国流通业发展方式转变的目标，是构建保障工业、农业、国防现代化和人民日益增长的物质文化生活需要的现代商品流通服务体系，用现代技术改造传统流通业，实现流通业从传统到现代的历史性跨跃，完善与健全流通业法律法规。为此，要做大做强连锁经营，培育大型流通企业集团，培养流通业人才，开展流通科技研发与推广，建立流通业征信体系，构建现代商品流通服务体系。

尽快建立多种渠道、多种业态、内外贯通、城乡一体的现代流通服务体系。为了实现我国经济增长向依靠消费、投资、出口协调拉动转变，必须建立包括政策法规行政管理体系、国内流通体系、国际或地区流通体系及其支撑保障体系的现代流通服务体系。“十二五”期间，要站在全球经济一体化的高度，把外贸和内贸，商流和物流、信息流、资金流、货币流都考虑进来，按照流通经济和市场经济的规律制定政策，改革现有的以工业或制造业为核心的经济管理和公共服务体系，整合现有政策资源，支持包括流通业在内的服务业综合发展和业态、模式创新，改革不利于服务业发展的税收制度，支持流通业与工业、金融业融合发展，鼓励流通业集聚发展；要加快建设城乡对接的现代农产品流通体系，以城市为中心的现代消费品流通体系，包括钢材、矿石、粮食等在内的大宗商品（生产资料）市场流通体系，内外贸一体化的国际化流通体系。同时，要建立相应的财政、税收、土地保障体系、应急保障体系等。

以贯彻“国九条”为契机，促进物流业及商贸物流业健康发展。加快发展物流业，是转变流通经济发展方式的战略重点。“国九条”是落实物流业振兴规划的重要举措，是提升产业竞争力的必要保证。要切实减轻物流企业税收负担，扩大税收试点，研究解决仓储、配送和货运代理等环节与运输环节营业税税率不统一问题，完善大宗商品仓储设施用地的土地使用税政策。清理并降低过路过桥费，为配送车辆进城通行提供便利，切实治理“乱罚款”，制定大件运输管理办法，实事求是解决车辆运输难题，促进物流车辆便利通行。与此同时，要以商业与物流业有机结合为切入点，以现代商贸物流服务体系建设为内容，构建区域性的商贸物流产业组织中心，发展“商贸物流城市”和“商贸物流节点城市”，使城市获得服务于区域的集群化产业发展能力，创新商贸流通产业的扩张发展模式，培育新的经济增长点。发展商贸物流业应整体推进，系统建设商贸物流基础设施，改革创新商贸物流管理体制，加快基础设施布局建设，扶持服务创新与技术进步，营造良好的金融服务体系，搭建公共信息平台，推进关键项目建设，完善发展政策与措施。

多管齐下提高我国农产品流通效率。第一，要进一步创新和完善农产品流通渠道模式，大力发展“公司＋合作组织＋农户”及“合作组织＋农户”的渠道模式，提高农民参与度；大力提升农产品生产、加工、流通的组织化程度，以物流为中心整合流通渠道，建立物流基地，积极推广农产品电子交易类平台。第二，要充分发挥不同市场的功能和作用。继续发挥集贸市场的便利功能，大力发挥批发市场的集散、配送、库存调整等功能，充分发挥期货市场的价格导向、风险转移和资源配置功能。第三，加强农产品流通基础设施建设。继续推进农产品批发市场建设和升级改造，大力发展农产品物流基础设施尤其是冷链系统，切实加大对农村道路交通建设的投资力度。第四，加强农产品流通体系的信息化建设。建立信息机构和快速、准确、有效的农产品信息传播网络，以及有效的农村信息市场监控机制。第五，加大对农民合作组织的财政支持和信贷支持。第六，加快农产品流通立法，尽快出台《农产品公平交易法》等相关法律。第七，加强对农产品市场的监管。第八，强化参与者、监管者的品牌意识和安全意识。

加强流通理论、流通制度、流通组织、流通模式、流通技术、流通人才培养模式创新。在流通理论创新方面，要解放思想，大胆进行商品理论创新、产业理论创新、流通产业结构理论创新、流通劳动理论创新、渠道和环境理论创新、流通产业体系理论创新、流通分析方法创新。在流通制度创新方面，要推进流通产业政策和制度创新，通过制度创新降低生产成本、交易成本，改进和提高生产要素使用效率，为实现流通业发展方式转变，提供良好的政策环境和制度保障。在流通组织创新方面，要构建现代化流通平台与高效率流通网络，谋求使流通产业做大做强的有效手段，同我国国民经济发展方式相适应，培养一批具有一定规模、拥有一定实力的流通实体。在流通模式创新方面，要鼓励大型电子商务运营商创新海外营销模式，扩大跨国交易平台的辐射范围，并在业态创新、物流革新、价值链拓展等领域不断取得新的突破。在流通技术创新方面，要发展科技支撑体系，以互联网、物联网等信息技术创新为重点，加快电子商务从网络销售平台向提供技术、支付、物流和营销支持的综合电子商务平台转变，努力建设符合现代化、市场化、国际化要求的，具有运行成本低、效率高的中国特色的现代流通体系。在流通人才培养模式创新方面，要坚持流通需求导向，制定流通人才培养政策，培养具有开拓创新精神、熟悉现代流通规则、精通现代流通管理和掌握现代流通技术的高素质、复合型专业人才。

(http://pub.cet.com.cn/dfpd/bwdqzg/344851.shtml)

(《人民网》,2011 年 10 月 20 日)

高校要加大力度培养流通领域高级专门人才

鲁君瑛

2011 年 10 月 15 日，第五届中国北京流通现代化论坛加快现代流通体系建设高层峰会在北京物资学院举行。与会专家学者建言，高校要加快加大流通领域高级专门人才培养力度，积极开展流通科技研发与推广。

经济学家王梦奎、郑新立，商业经济学家黄国雄，物流专家丁俊发、王之泰，工程院院士孙宝国参加会议。社科院、发改委、国务院发展研究中心、商务部、中外流通、物流产业相关部门负责人及理论界、实业界的专家、学者、企业家 300 余人围绕加快现代流通体系建设、转变流通发展方式、降低流通成本、提高流通效率、创新流通业态、发展电子商务、促进内外贸一体化等热点问题进行了深入探讨。

北京物资学院党委书记刘木春、校长王旭东表示，中国北京流通现代化论坛已成为我国流通理论研究的高水平品牌论坛，成为为政府制定流通和物流产业政策、进行决策提供重要咨询的论坛。北京物资学院作为论坛的首倡者和主办者之一，面对中国流通业发展的新形势、新机遇、新问题，将进一步加强与国内外同行的交流与合作，加大流通领域高级专门人才的培养力度，为我国流通现代化建设提供更多更好的建设性意见和建议，为流通发展方式转变贡献力量。

论坛由中国物流与采购联合会、中国市场学会、北京物资学院、中国流通经济杂志社共同举办。

（《中国科技网》http://www.stdaily.com/stdaily/content/2011-10/18/content_369683.htm）

（《科技日报》，2011年10月18日）

第五届中国北京流通现代化论坛促流通发展方式转变

张　焱

本报讯　2011年10月15日，由中国物流与采购联合会、中国市场学会、北京物资学院、中国流通经济杂志社共同举办的第五届中国北京流通现代化论坛加快现代流通体系建设高层峰会在北京物资学院国际交流中心隆重举行。

全国人大常委会副委员长陈昌智致信祝贺。陈昌智指出，2011年是“十二五”开局之年，为了实现我国经济增长向依靠消费、投资、出口协调拉动转变，必须尽快建立多种渠道、多种业态、内外贯通、城乡一体的现代流通服务体系。在市场经济条件下，消费通过流通决定生产，流通业是国民经济的血脉系统。由流通引导消费是实现经济发展方式转变、拉动国民经济发展的基本动力。加快流通产业发展，促进流通产业现代化，降低流通成本，是实现国家扩大内需长期发展战略的重要举措。

与会者认为，“十二五”时期我国流通业发展方式转变的目标，是构建保障工业、农业、国防现代化和人民日益增长的物质文化生活需要的现代商品流通服务体系；用现代技术改造传统流通业，实现流通业从传统到现代的历史性跨跃；完善与健全流通业法律法规，以此为依托，实现国民经济又好又快发展。

其实现路径在于：一是立足于中小企业，立足于内生竞争力，立足于主导业态，做实做足做细做强区域市场，做大做强连锁经营。二是培育大型流通企业集团，保障国家宏观调控有效实施。三是培养流通业人才，开展流通科技研发与推广。四是建立流通业征信体系。五是构建现代商品流通服务体系。为此，应制定国家与区域流通业发展规划与实施细则，实现调控常态化，健全并完善流通业法律法规，加强流通业理论研究。

据悉，论坛主要围绕加快现代流通体系建设、转变流通发展方式、降低流通成本、提高流通效率、创新流通业态、发展电子商务、促进内外贸一体化等热点问题进行了积极探讨。

国务院发展研究中心原主任、中国改革发展基金会理事长、著名经济学家王梦奎，全国政协经济委员会副主任、中共中央政策研究室原副主任、著名经济学家郑新立，中国物流与采购联合会会长何黎明，中国市场学会会长俞晓松、理事长高铁生，中国商业联合会副会长、中华全国商业信息中心主任王耀，国务院研究室综合司司长陈文玲，中国商业经济学会副会长、著名商业经济学家黄国雄，中国物流与采购联合会首席顾问、著名物流专家丁俊发，中国工程院院士孙宝国，原北京市政协副主席、著名物流专家王之泰及中国社会科学院、国家发展和改革委员会、国务院发展研究中心、商务部等中外流通、物流产业相关部门负责人及理论界、实业界的专家、学者、企业家300余人出席。

(《中国经济时报》、《中国经济新闻网》，2011年10月17日)

中国北京流通现代化论坛在北京物资学院举行

张琛辉

本报讯　由中国物流与采购联合会、中国市场学会、北京物资学院、中国流通经济杂志社共同举办的第五届中国北京流通现代化论坛，10月15日在北京物资学院举行。论坛围绕加快现代流通体系建设、转变流通发展方式、降低流通成本、提高流通效率、创新流通业态、发展电子商务、促进内外贸一体化等热点问题进行了积极探讨。

国务院发展研究中心原主任、中国改革发展基金会理事长、著名经济学家王梦奎，全国政协经济委员会副主任、中共中央政策研究室原副主任、著名经济学家郑新立，中国工程院院士孙宝国及中国社会科学院、国家发展和改革委员会、国务院发展研究中心、商务部等中外流通、物流产业相关部门负责人及理论界、实业界的专家、学者、企业家300余人出席。据介绍，中国北京流通现代化论坛已成为我国流通理论研究的高水平品牌论坛，成为为政府制定流通和物流产业政策、进行决策提供重要咨询的论坛。

(http://news.sciencenet.cn/htmlnews/2011/10/254013.shtm)

(《科学时报》,2011年10月18日B2版)

加快现代流通体系建设高层峰会在京召开

王烨，林英泽

由中国物流与采购联合会、中国市场学会、北京物资学院、中国流通经济杂志社共同举办的第五届中国北京流通现代化论坛加快现代流通体系建设高层峰会于2011年10月15日在北京物资学院国际交流中心隆重举行。

全国人大常委会副委员长陈昌智致信祝贺。贺信指出，2011年是“十二五”开局之年，为了实现我国经济增长向依靠消费、投资、出口协调拉动转变，必须尽快建立多种渠道、多种业态、内外贯通、城乡一体的现代流通服务体系。在市场经济条件下，消费通过流通决定生产，流通业是国民经济的血脉系统。由流通引导消费是实现经济发展方式转变、拉动国民经济发展的基本动力。加快流通产业发展，促进流通产业现代化，降低流通成本，是实现国家扩大内需长期发展战略的重要举措。希望论坛建言献策，紧密结合流通产业发展实际，努力为加强流通经济理论研究，发展社会化大流通，推动流通现代化，促进我国流通发展方式转变和流通产业跨越式发展作出新的更大的贡献。

国务院发展研究中心原主任、中国改革发展基金会理事长、著名经济学家王梦奎，全国政协经济委员会副主任、中共中央政策研究室原副主任、著名经济学家郑新立，中国物流与采购联合会会长何黎明，中国市场学会会长俞晓松、理事长高铁生，中国商业联合会副会长、中华全国商业信息中心主任王耀，国务院研究室综合司司长陈文玲，中国商业经济学会副会长、著名商业经济学家黄国雄，中国物流与采购联合会首席顾问、著名物流专家丁俊发，中国工程院院士孙宝国，原北京市政协副主席、著名物流专家王之泰及中国社会科学院、国家发展和改革委员会、国务院发展研究中心、商务部等中外流通、物流产业相关部门负责人及理论界、实业界的专家、学者、企业家300余人出席。论坛主要围绕加快现代流通体系建设、转变流通发展方式、降低流通成本、提高流通效率、创新流通业态、发展电子商务、促进内外贸一体化等热点问题进行了积极探讨。

与会者提出,转变流通发展方式,主要包括八个方面。一要转变发展理念,从过去的偏重硬件设施、规模建设、市场容量扩张,向同时兼顾质量改进、服务提升、环境和谐转变;二要转变发展模式,从速度崇拜、代价高昂、效能低下的发展模式,向集约有序、低碳低耗、效能高效的发展模式转变;三要转变发展策略,从只重视一方利益最大化的博弈,向流通企业和生产企业双方共赢的战略合作转变;四要转变发展手段,从主要依靠物质资本向注重人力资本转变;五要转变增长方式,从传统的粗放型增长方式,向提升资源优化程度、提高资源运用效率、内涵式增长方式转变;六要转变流通功能,从偏重流通的经济功能,向经济功能和社会功能并重转变;七要转变技术路线,从偏重于照搬照用、追求最尖端的流通技术,向先进适用、结构多元、自主创新转变;八要转变地区结构,从流通网络疏密无序、地区结构失衡,向组织结构和网络体系完善、布局结构协调转变。

与会者认为,“十二五”时期我国流通业发展方式转变的目标,是构建保障工业、农业、国防现代化和人民日益增长的物质文化生活需要的现代商品流通服务体系;用现代技术改造传统流通业,实现流通业从传统到现代的历史性跨跃;完善与健全流通业法律法规,以此为依托,实现国民经济又好又快发展。其实现路径一是立足于中小企业,立足于内生竞争力,立足于主导业态,做实做足做细做强区域市场,做大做强连锁经营。二是培育大型流通企业集团,保障国家宏观调控有效实施。三是培养流通业人才,开展流通科技研发与推广。四是建立流通业征信体系。五是构建现代商品流通服务体系。为此,应制定国家与区域流通业发展规划与实施细则,实现调控常态化,健全并完善流通业法律法规,加强流通业理论研究。

与会者认为,要推进城市商业与物流业一体化发展,大力发展商贸物流业。要通过产业融合形成商贸物流产业体系,创新商贸流通产业的发展模式,以商业与物流业有机结合为切入点,以现代商贸物流服务体系建设为内容,构建区域性的商贸物流产业组织中心,发展“商贸物流城市”和“商贸物流节点城市”,使城市获得服务于区域的集群化产业发展能力,创新商贸流通产业的扩张发展模式,培育新的经济增长点。发展商贸物流业应整体推进,系统建设商贸物流基础设施,改革创新商贸物流管理体制,加快基础设施布局建设,扶持服务创新与技术进步,营造良好的金融服务体系,搭建公共信息平台,推进关键项目建设,完善发展政策与措施。

与会者认为，要加快落实“国八条”，促进物流业健康发展。“国八条”是落实物流业振兴规划的重要举措，是提升产业竞争力的必要保证。要切实减轻物流企业税收负担，扩大税收试点，研究解决仓储、配送和货运代理等环节与运输环节营业税税率不统一问题，完善大宗商品仓储设施用地的土地使用税政策。清理并降低过路过桥费，为配送车辆进城通行提供便利，切实治理“乱罚款”，制定大件运输管理办法，实事求是解决车辆运输难题，促进物流车辆便利通行。

北京物资学院党委书记刘木春、校长王旭东在致辞中表示，中国北京流通现代化论坛已成为我国流通理论研究的高水平品牌论坛，成为为政府制定流通和物流产业政策、进行决策提供重要咨询的论坛。北京物资学院作为论坛的首倡者和主办者之一，面对中国流通业发展的新形势、新机遇、新问题，将进一步加强与国内外同行的交流与合作，加大流通领域高级专门人才的培养力度，集思广益、改革创新，为我国流通现代化建设提供更多更好的建设性意见和建议，为流通发展方式转变贡献力量。

全国人大常委会副委员长陈昌智致信祝贺，著名经济学家王梦奎、郑新立，著名商业经济学家黄国雄，著名物流专家丁俊发、王之泰，中国工程院院士孙宝国出席。

(http://www.btv.org/btvindex/xw/content/2011－10/17/content_3308927.htm)

（北京电视台，2011 年 10 月 17 日）

第五届中国北京流通现代化论坛在京召开

殷传胜，赵燕国

本报讯　由中国物流与采购联合会、中国市场学会、北京物资学院、中国流通经济杂志社共同举办的第五届中国北京流通现代化论坛加快现代流通体系建设高层峰会于 2011 年 10 月 15 日在北京物资学院国际交流中心隆重举行。

论坛主要围绕加快现代流通体系建设、转变流通发展方式、降低流通成本、提高流通效率、创新流通业态、发展电子商务、促进内外贸一体化等热点问题进行了积极探讨。与会者认为，“十二五”时期我国流通业发展方式转变的目标，是构建保障工业、农业、国防现代化和人民日益增长的物质文化生活需要的现代商品流通服务体系；用现代技术改造传统流通业，实现流通业从传统到现代的历史性跨越；

完善与健全流通业法律法规,以此为依托,实现国民经济又好又快发展。

北京物资学院有关领导表示,作为论坛的首倡者和主办者之一,面对中国流通业发展的新形势、新机遇、新问题,学校将进一步加强与国内外同行的交流与合作,加大流通领域高级专门人才的培养力度,集思广益、改革创新,为我国流通现代化建设提供更多更好的建设性意见和建议,为流通发展方式转变贡献力量。

(http://epaper.thefirst.cn/shtml/jb/20111020/55290.shtml)

(《竞报》,2011 年 10 月 20 日 N11 版)

第五届中国北京流通现代化论坛召开

慈洪君,陈临江

本报讯　10 月 15 日,第五届中国北京流通现代化论坛在北京物资学院召开。会议主题是加快现代流通体系建设,促进流通发展方式转变。主要内容涉及加快商业服务业发展、构建流通服务体系、促进内外贸一体化、促进物流服务创新等八个方面。《中国流通经济》杂志社总编辑陈建中宣读了全国人大常委会副委员长陈昌智的贺信,贺信祝贺本次大会成功召开。

中国物流与采购联合会会长何黎明参加论坛并发表了演讲。他指出,国务院《关于促进物流业健康发展政策措施的意见》是降低流通成本的必然要求,更是提升产业竞争力的必要保证。中国物流与采购联合会作为全国性物流行业社团组织,将积极配合政府有关部门工作,深入调查研究,了解和反映政策落实当中出现的问题,提出细化落实的政策建议,促进我国物流业健康发展。

原国家经贸委副主任、中国市场学会会长俞晓松,国务院发展研究中心原主任王梦奎,中共中央政策研究室原副主任、全国政协经济委员会副主任郑新立,原国家粮食储备局局长、党组书记、中国市场学会理事长高铁生,原国家内贸局副局长、中国物流与采购联合会顾问丁俊发,国务院研究室综合司司长陈文玲,商务部流通发展司司长王选庆,国务院发展研究中心市场经济研究所副所长王微等 20 余位专家学者参加了论坛,并发表了演讲。

(http://www.xplus.com)

(《现代物流报》,2011 年 10 月 21 日)

第五届中国北京流通现代化论坛在京召开

孟　飞

由中国物流与采购联合会、中国市场学会、北京物资学院、中国流通经济杂志社共同举办的第五届中国北京流通现代化论坛加快现代流通体系建设高层峰会于2011年10月15日在北京物资学院国际交流中心隆重举行。

全国人大常委会副委员长陈昌智致信祝贺。贺信指出,2011年是“十二五”开局之年,为了实现我国经济增长向依靠消费、投资、出口协调拉动转变,必须尽快建立多种渠道、多种业态、内外贯通、城乡一体的现代流通服务体系。在市场经济条件下,消费通过流通决定生产,流通业是国民经济的血脉系统。由流通引导消费是实现经济发展方式转变、拉动国民经济发展的基本动力。加快流通产业发展,促进流通产业现代化,降低流通成本,是实现国家扩大内需长期发展战略的重要举措。希望论坛建言献策,紧密结合流通产业发展实际,努力为加强流通经济理论研究,发展社会化大流通,推动流通现代化,促进我国流通发展方式转变和流通产业跨越式发展作出新的更大的贡献。

国务院发展研究中心原主任、中国改革发展基金会理事长、著名经济学家王梦奎,全国政协经济委员会副主任、中共中央政策研究室原副主任、著名经济学家郑新立,中国物流与采购联合会会长何黎明,中国市场学会会长俞晓松、理事长高铁生,中国商业联合会副会长、中华全国商业信息中心主任王耀,国务院研究室综合司司长陈文玲,中国商业经济学会副会长、著名商业经济学家黄国雄,中国物流与采购联合会首席顾问、著名物流专家丁俊发,中国工程院院士孙宝国,原北京市政协副主席、著名物流专家王之泰及中国社会科学院、国家发展和改革委员会、国务院发展研究中心、商务部等中外流通、物流产业相关部门负责人及理论界、实业界的专家、学者、企业家300余人出席。论坛主要围绕加快现代流通体系建设、转变流通发展方式、降低流通成本、提高流通效率、创新流通业态、发展电子商务、促进内外贸一体化等热点问题进行了积极探讨。

与会者提出,转变流通发展方式,主要包括八个方面。一要转变发展理念,从过去的偏重硬件设施、规模建设、市场容量扩张,向同时兼顾质量改进、服务提升、环境和谐转变;二要转变发展模式,从速度崇拜、代价高昂、效能低下的发展模式,向集约有序、低碳低耗、效能高效的发展模式转变;三要转变发展策略,从只重视一方利益最大化的博弈,向流通企业和生产企业双方共赢的战略合作转变;四要转变发展手段,从主要依靠物质资本向注重人力资本转变;五要转变增长方式,从传统的粗放型增长方式,向提升资源优化程度、提高资源运用效率、内涵式增长方式转变;六要转变流通功能,从偏重流通的经济功能,向经济功能和社会功能并重转变;七要转变技术路线,从偏重于照搬照用、追求最尖端的流通技术,向先进适用、结构多元、自主创新转变;八要转变地区结构,从流通网络疏密无序、地区结构失衡,向组织结构和网络体系完善、布局结构协调转变。

与会者认为,“十二五”时期我国流通业发展方式转变的目标,是构建保障工业、农业、国防现代化和人民日益增长的物质文化生活需要的现代商品流通服务体系;用现代技术改造传统流通业,实现流通业从传统到现代的历史性跨跃;完善与健全流通业法律法规,以此为依托,实现国民经济又好又快发展。其实现路径一是立足于中小企业,立足于内生竞争力,立足于主导业态,做实做足做细做强区域市场,做大做强连锁经营。二是培育大型流通企业集团,保障国家宏观调控有效实施。三是培养流通业人才,开展流通科技研发与推广。四是建立流通业征信体系。五是构建现代商品流通服务体系。为此,应制定国家与区域流通业发展规划与实施细则,实现调控常态化,健全并完善流通业法律法规,加强流通业理论研究。

与会者认为,要推进城市商业与物流业一体化发展,大力发展商贸物流业。要通过产业融合形成商贸物流产业体系,创新商贸流通产业的发展模式,以商业与物流业有机结合为切入点,以现代商贸物流服务体系建设为内容,构建区域性的商贸物流产业组织中心,发展“商贸物流城市”和“商贸物流节点城市”,使城市获得服务于区域的集群化产业发展能力,创新商贸流通产业的扩张发展模式,培育新的经济增长点。发展商贸物流业应整体推进,系统建设商贸物流基础设施,改革创新商贸物流管理体制,加快基础设施布局建设,扶持服务创新与技术进步,营造良好的金融服务体系,搭建公共信息平台,推进关键项目建设,完善发展政策与措施。

与会者认为,要加快落实“国八条”,促进物流业健康发展。“国八条”是落实物流业振兴规划的重要举措,是提升产业竞争力的必要保证。要切实减轻物流企业税收负担,扩大税收试点,研究解决仓储、配送和货运代理等环节与运输环节营业税税率不统一问题,完善大宗商品仓储设施用地的土地使用税政策。清理并降低过路过桥费,为配送车辆进城通行提供便利,切实治理“乱罚款”,制定大件运输管理办法,实事求是解决车辆运输难题,促进物流车辆便利通行。

北京物资学院党委书记刘木春、校长王旭东在致辞中表示,中国北京流通现代化论坛已成为我国流通理论研究的高水平品牌论坛,成为为政府制定流通和物流产业政策、进行决策提供重要咨询的论坛。北京物资学院作为论坛的首倡者和主办者之一,面对中国流通业发展的新形势、新机遇、新问题,将进一步加强与国内外同行的交流与合作,加大流通领域高级专门人才的培养力度,集思广益、改革创新,为我国流通现代化建设提供更多更好的建设性意见和建议,为流通发展方式转变贡献力量。

(http://www.chinawuliu.com.cn/zixun/201110/17/169652.shtml)

(《中国物流与采购网》,2011 年 10 月 17 日)

300 位专家建言流通业转型

任 洁

午报讯　第五届中国北京流通现代化论坛“加快现代流通体系建设高层峰会”昨天召开。围绕加快现代流通体系建设、转变流通发展方式、降低流通成本等热点问题,与会专家展开探讨,并建议切实减轻物流企业税负,清理并降低过路过桥费,为配送车辆进城通行提供便利。

本届论坛由中国物流与采购联合会、中国市场学会、北京物资学院、中国流通经济杂志社共同举办,300 余位理论界、实业界的学者、企业家出席。与会专家提出,应该改变速度崇拜、代价高昂、效能低下的流通发展模式,转变为集约有序、低碳低耗、高效能的发展模式;切实减轻物流企业税负,促进物流车辆便利通行。

北京物资学院校长王旭东说,北京市已将物流业定为本市支柱产业,“十二五”期间,本校计划建设成国内首屈一指的国际化实战型物流人才培养基地,围绕物流特色、立足北京发展,打造“物流理论研究中心、物流政策与决策咨询中心、物流新技术开发与应用中心”。

(http://www.ldwb.com.cn/template/23/file.jsp? cid=437&aid=106145)

(《劳动午报》,2011 年 10 月 17 日)

第六届中国北京流通现代化论坛暨降低流通成本、提高流通效率高层峰会

交流论文

陈昌智副委员长致信祝贺第六届中国北京流通现代化论坛召开

贺 信

中国北京流通现代化论坛组委会、中国流通经济杂志社：

在中国共产党第十八次全国代表大会胜利召开之际，欣闻你们举办第六届中国北京流通现代化论坛，谨表示祝贺。

流通是连接生产与消费的纽带，现代流通更是提高国民经济运行速度、质量和效益的重要因素，在扩大内需、活跃市场和提高人民生活质量等方面具有十分重要的作用。在当前国内外经济形势复杂严峻、国内经济下行压力加大的情况下，加快流通产业发展，引导生产、促进消费，使之成为带动经济的“新引擎”显得尤为重要。

2012 年 8 月，国务院出台了《关于深化流通体制改革　加快流通产业发展的意见》，明确了当前和今后一个时期流通领域改革发展的目标和主要任务，希望论坛紧密结合《意见》与流通产业发展实际，在建设现代流通体系、创新流通方式、提升流通信息化水平、培育流通企业核心竞争力等方面提出真正有价值的意见和建议，为建立统一开放、竞争有序、安全高效、城乡一体的现代流通体系，转变流通发展方式，实现流通现代化和流通产业跨越式发展作出新的贡献。

祝论坛圆满成功！

全国人大常委会副委员长

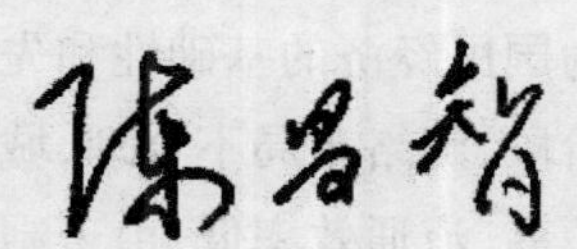

2012 年 11 月 16 日

（原载《中国流通经济》2012 年第 12 期）

降低流通成本　提高流通效率

王旭东

尊敬的各位领导、各位嘉宾、老师们、同学们、新闻界的朋友们：

大家上午好！

今天我们相聚在北京物资学院，参加由中国市场学会、中国物流与采购联合会、北京物资学院共同主办，中国流通经济杂志社和北京物资学院信息学院承办的“第六届中国北京流通现代化论坛”。在此，我谨代表北京物资学院全体师生对本届论坛的召开表示热烈祝贺，对来自中、美、日等国的专家学者、企业界精英表示最诚挚的感谢和最热烈的欢迎！

从2007年开始，中国北京流通现代化论坛已经成功举办了五届。六年来，我们共同见证了中国经济的高速发展，不断深入地探讨流通业的新动向、新趋势和新问题，共同致力于推进中国流通现代化的发展。本届论坛以“降低流通成本，提高流通效率”为主题，继续探讨如何发挥流通产业在促进生产、发展经济中的先导和基础作用，为我国流通业发展提供理论支持。

2012年8月3日，国务院出台的《关于深化流通体制改革　加快流通产业发展的意见》明确指出：改革开放以来，我国流通产业取得长足发展，交易规模持续扩大，基础设施显著改善，新型业态不断涌现，现代流通方式加快发展，流通产业已经成为国民经济的基础性和先导性产业。但总的看，我国流通产业仍处于粗放型发展阶段，网络布局不合理，城乡发展不均衡，集中度偏低，信息化、标准化、国际化程度不高，流通效率低，由于制度性成本、要素性成本、基础性成本、技术性成本、组织化成本等五方面成本叠加，目前我国流通成本在商品总成本中占比仍然较高。为此，提出了我国流通产业发展的总体目标：到2020年，基本建立起统一开放、竞争有序、安全高效、城乡一体的现代流通体系，流通产业现代化水平大幅提升，对国民经济社会发展的贡献进一步增强。流通领域提高效率降低成本效果显著，全社会物流总费用与国内生产总值的比率明显降低。

众所周知，随着经济全球化和区域经济一体化发展，垂直分工向水平分工演进加剧,竞争同质化趋势日益明显,流通产业要获得发展,企业要获得生存,降低流通成本、提高流通效率是必然的选择。流通成本是流通主体为了完成商品从生产领域向消费领域转移所花费的总费用,表现为在运输、仓储、包装、加工、配送等不同流通阶段或在商流、物流、资金流、信息流过程中费用支出总和。降低流通成本,需要大力发展现代物流业,鼓励和支持连锁经营、物流配送、电子商务等现代流通方式向农村延伸,提高流通组织化、标准化程度,消除相关政策、体制和机制性障碍。发展现代物流的核心是提高物流效率,降低物流成本。利用互联网技术,从流通环节中挖掘竞争优势和开发利润源泉,将成为流通发展的新特点。提高流通效率,从微观到宏观有四个层次:一是企业层次;二是流通渠道层次;三是流通产业层次;四是社会经济层次。根据我国目前流通产业发展状况,要提高流通效率,必须优化发展商贸服务业,加强城乡市场流通体系建设,支持发展具有国际竞争力的大型商贸流通企业。同时,要强化监督和服务,让广大群众放心消费,安全消费。只有这样,才能更好地发挥流通在保障和改善民生、服务生产、扩大消费中的重要作用,真正形成城乡一体的现代流通体系,实现流通现代化,促进我国流通产业跨越式发展。

今天,流通领域的专家学者、新朋老友再次相聚,共同探讨“降低流通成本,提高流通效率”新模式、新方法、新途径。我们期待着各位专家的精彩演讲,期待着与会嘉宾思想的交锋、理论的创新。希望本届论坛能够为我国流通业更好更快发展建言献策,为政府部门制定政策提供理论依据,为北京物资学院学科发展和科研水平的提高作出新的贡献!

祝本届论坛取得圆满成功!谢谢大家!

(原载《中国流通经济》2012 年第 12 期)

电子商务与流通模式创新

俞晓松

降低流通成本、提高流通效率,是流通产业发展的永恒主题,也是从事商品流通企业生存和发展的条件。随着商品买方市场的形成,降低流通成本的经济动力和压力逐渐增大,流通产业及具体从事商品流通活动的企业积极探索降低流通成本的方式方法。生产力发展带动流通效率提高,流通成本也会随之不断降低,之所以不断提出新的要求,是因为在已有的流通模式下强调降低流通成本,不但潜力有限,而且可能会降低物流服务质量,因此,要真正实现流通成本的降低,必须进行流通模式的创新。近年来发展势头迅猛的电子商务,为商品流通模式创新提供了契机。

刚刚过去的“双十一”,就是一个打折卖货的营销日。今年“双十一”当天,淘宝天猫的销售额达到了191亿元,相当于全国人均消费13.94元,相当于2012年“十一黄金周”上海395家主要零售企业23天的销售总额,也相当于“购物天堂”香港20.5天的零售总额。一方面对传统商业模式产生了巨大冲击;另一方面也看到了在电子商务条件下流通模式创新的力量。

电子商务流通模式下商品销售额的迅猛扩张,其决定因素是商品价格的降低,而价格的降低源于流通成本的节约。电子商务是利用计算机技术、网络技术和远程通信技术,实现商品交易过程的电子化、数字化和网络化。电子商务下流通模式发生了变化,传统的流通企业要经过商品的购入、储运、销售等流通环节,电子商务则为生产者与消费者直接交易提供了平台,一些商品建立了新型直销渠道,避免或减少了对中间商的依赖。与传统流通企业相比,节省了营业场所的租金、营业人员的工资等费用,从而降低了流通成本,为降低商品最终销售价格提供了经济依据。电子商务的发展正在推动着产业结构调整与资源优化配置,正在改变着企业的生产方式、组织形态和商品的流通模式。正如《电子商务“十二五”发展规划》指出的那样:加快发展电子商务,是企业降低成本、提高效率、拓展市场和创新经营模式的有效手段。

电子商务作为一种新型的流通模式,必然对传统的商业模式产生冲击。电子商务在商业领域的应用,产生了大批的“虚拟企业”。虚拟企业通过网络形成了一个跨越空间的经营主体,生产者、中间商或零售商、物流企业、消费者围绕电子商务企业开展商品流通活动。交易过程虚拟化,提高了流通效率,同时也带来了传统商业模式中实体企业交易中不易出现的一些问题,如以低价销售为诱饵,进行价格欺诈,货物虚实不符,损害消费者利益等。电子商务流通模式主要解决了信息流的问题,流通成本的降低,主要源于信息流通速度的提高及费用的降低,与此相适应的物流、商流等要协调跟进。所有这些都说明,一种新的流通模式的产生和应用,与社会经济发展水平密切相关,具有一定的历史必然性,同时,也要因势利导,趋利避害。根据《电子商务“十二五”发展规划》提出的目标,到2015年,电子商务进一步普及深化,对国民经济和社会发展的贡献显著提高;电子商务在现代服务业中的比重明显上升;电子商务制度体系基本健全,初步形成安全可信、规范有序的网络商务环境。具体目标是:电子商务交易额翻两番,突破18万亿元。其中,网络零售交易额突破3万亿元,占社会消费品零售总额的比例超过9%。要实现《电子商务“十二五”发展规划》的目标,需要做好以下工作。

1. 虚实结合

虚实结合有几个含义:一要将电子商务与传统实体店结合起来,形成优势互补、共同发展,实体店以消费者体验为主,交易以网上商店为主。二要将商品与品牌结合起来。在这二者结合中,商品为实,品牌为虚。消费者无论通过何种渠道交易,最终目的都是为了获得商品的使用价值,因此,电子商务流通模式应与传统流通模式一样,严把商品质量关,不能“萝卜快了不洗泥”。与商品相比,品牌则是一种无形资产,是以商品质量及服务为基础的,不能本末倒置。

2. 加快建设适应电子商务发展需要的社会化物流体系

近年来我国快递业飞速发展,一个是因为我国经济的快速发展,另一个是因为电子商务的推动。2000年全国一天的快递业务量是100万件,到2010年增加到1000万件,而2012年已经突破2000万件。据统计,2008年中国电子商务带动的包裹量为5亿件,2011年为22亿件,2012年可能会突破38亿件。快递业目前每年以23%的速度增长,已经3倍于GDP的增长速度。电子商务的发展需要物流业的支持,需要优化物流公共配送中心、中转分拨场站、社区集散网点等物流设施的规划布局,积极探索区域性、行业性物流信息平台的发展模式。目前需要注意的是,一些电子商务企业自建物流设施,以解燃眉之急。电子商务企业自建物流进行纵向边界延伸,在获得竞争优势的同时,由于自建物流设施的长周期、高投入形成了较大的风险,同时也说明社会物流发展还不够成熟。正确的做法应该是电子商务企业与第三方物流企业建立战略合作关系,以商流促物流,共同协调发展。

3. 建立健全电子商务诚信体系

诚实信用是市场经济的客观要求,电子商务诚信体系建设尤为迫切。电子商务诚信将严重影响电子商务的发展环境,进而严重影响企业和民众对电子商务的策略、积极性、态度、投入的力度及其相关行为,影响电子商务流通模式的发展。我国政府对电子商务诚信体系建设非常重视,国务院《关于加快电子商务发展的若干意见》中,有大量的篇幅是指导和要求建立电子商务诚信体系、诚信环境、诚信评价及其服务机制。因此,要积极营造诚信为本、守信激励和失信惩戒的社会信用环境;推动开展部门指导、行业组织、企业和消费者参与的电子商务自律规范制定工作,大力推进企业和行业自律;鼓励符合条件的第三方信用服务机构、电子商务平台企业按照独立、公正、客观的原则,开发利用合同履约等信用信息资源,对电子商务经营主体开展商务信用评估,为交易当事人提供信用服务。

(原载《中国流通经济》2012 年第 12 期)

降低物流成本是降低流通成本的核心

蔡　进

(一)

降低流通成本、提高流通效率是一个当前亟待解决的重点课题。我们说它有意义,主要包括两个方面。

1. 这个主题非常具有现实意义

2012 年以来,在我国经济发展放缓的过程中,经济运行中有些新的问题和新的矛盾凸显出来。前一阶段,我们在国务院参加经济形势会议时,国务院秘书长马凯说,这叫"水落石出",经济放缓了,经济运行中存在的一些问题就"水落石出"了,其主要表现就是成本太高,利润或效益偏低,这两个问题是比较明显的。所以,我们现在面临着一个非常现实的问题,企业面临着一个非常严峻的挑战,或者说企业获取效益的盈利模式面临着挑战。过去,企业主要依靠规模,依靠规模扩张来获取利润,而从未来的发展看,这条路将越走越窄,空间将越来越小。应该怎么办?企业一直在思考这个问题。北京物资学院连续召开了六届流通现代化论坛,特别是本届论坛的主题,就是在帮助企业考虑怎么去解决存在的现实问题。这个问题的解决,只有一个途径,那就是通过降低成本来提高企业的盈利空间。因此,从这个方面来讲,本届论坛的主题——降低流通成本、提高流通效率非常具有现实意义。

2. 这个主题非常具有战略意义

它的战略性比较强,比较明显。党的第十八次全国代表大会刚刚开完,大家正在一起学习第十八次全国代表大会的会议精神。在十八大报告里,大家可能更加关注 2020 年将要实现的目标,即全面建成小康社会,而在全面建成小康社会方面,有一个目标就是 GDP 和人均收入要比 2010 年翻一番,这个很好理解。在建成小康社会的过程中,目标有两个,一个是人均收入要翻一番,一个是要完善我们的社会主义市场经济体系,这个不久前李克强同志在十八大会议中也提到过。之所以要完善社会主义市场经济体系,其原因在于,人均收入翻一番的目标只要保持 7% 的经济增长速度就可以实现,但我们的经济增长速度从过去的 10% 放缓到 7%,其间社会经济运行中产生的一些新的矛盾,还有过去高速增长过程中掩盖的矛盾怎么解决,包括就业问题、财政收入问题、居民收入问题、企业效益问题等这些矛盾,应该通过什么途径去解决,必须完善社会主义市场经济体系,要通过完善社会主义市场经济体系来解决前面提到的高速度掩盖下的新的矛盾和新的问题。在完善社会主义市场经济体系的过程中,有一个非常重要的内容,就是流通现代化,就是建设和完善现代流通体系。商务部流通业发展司副司长王选庆在这方面作过深入的研究,他也认为这是一个非常重要的问题。而建立和完善现代流通体系非常重要的一项内容就是降低流通成本,提高流通效率,这对于我们实现社会主义经济发展的目标,具有非常重要的战略意义。

(二)

笔者认为,在降低流通成本方面,核心问题是降低物流成本。当然,有人说交易成本比较高,物流成本也比较高。我们要正面看待物流,本人认为,在降低流通成本方面,降低物流成本的空间非常大。中国物流与采购联合会也作过统计,从统计数据看,2011 年我国物流成本是 84000 亿元,占整个 GDP 的 17.8%。2012 年我国物流成本很有可能超过 9 万亿元,这是没有什么悬念的,因为物流成本的增长速度高达百分之十一点几,这是非常庞大的一个成本.或者从另外一个侧面来讲,其降低成本的空间非常大。从 2012 年物流成本占 GDP 的比重看,仍然会回升到占 18% 的年代,而西方发达国家物流成本占 GDP 的比重也就是 8% ~10%,我国比它们高了大约一倍。那么这就意味着,与西方发达国家相比,我国的物流成本要高了 4 万亿 ~5 万亿元,如果我们能够通过某种方式去降低物流成本,降低到与西方发达国家差不多的水平,降低一倍,我们就能降低 4 万亿 ~5 万亿元的物流成本。降低成本就是提高经济效益,有了这么大一个效益的提高,我想在 7% 的经济增长水平下,解决劳动力就业问题,解决财政收入问题,解决企业效益问题,就有了基础。降低流通成本的核心就是降低物流成本。在降低流通成本方面,应当重点关注物流成本问题,要提出降低物流成本的解决方案,或者解决路径。

降低物流成本有很多解决方案,有很多方法,这需要我们进一步讨论。本人认为，尽管物流成本产生在流通领域，但降低物流成本的解决方案，或者说解决路径，一定要举全社会之力。关于这一点，本人要澄清一个误区，即流通问题就应该通过流通领域来解决。但事实不是这样的，我们全社会都需要考虑如何降低物流成本或者说流通成本的问题。

1. 从宏观层面来讲

要调整经济结构，要少用点油，少用点铁矿石，少用点煤炭，只有这样，我们的物流成本才能降下来。

2. 从生产领域来讲

要转变生产方式，要从不计成本、不计污染、不计能耗的批量式的生产方式，向精细化生产方式转变。在这个方面，不但我们的流通企业要有所作为，更主要的是我们的制造业、我们的采掘业要有所作为。所以说，降低物流成本不仅是流通领域的事情，也是全社会的事情。

3. 从流通领域来讲

降低物流成本，一定要提升流通方式，一定要向着供应链方向发展。

所以说，降低物流成本是全社会的事情，要举全社会之力寻求中国流通现代化的路径。

（原载《中国流通经济》2012 年第 12 期）

从仓储走向供应链

姜超峰

一、中国物流进入供应链时代

本人有一个观点，即我国物流已经进入了供应链时代。我国物流进入供应链时代的主要原因是倒逼机制，这个倒逼机制就是我国经济已经进入中速增长阶段，中速增长阶段有很多矛盾暴露出来，进而倒逼我们的成本，使之进一步降低，如果不降低成本，企业就无法生存。这是本人的一个观点。

1. 供应链时代到来了吗

2012 年 9 月，胡锦涛同志在参加亚太经济合作组织（APEC）会议时说："要加大对基础设施建设的投入，加强区域互联互通和网络化建设；要提高通关便利化水平，降低商品流通时间和成本；要加强经验交流和能力建设，提高本地区供应链的抗风险能力和灾后恢复能力；要营造良好政策环境，鼓励工商界积极参与供应链建设。"其中两次提到供应链的问题。当前，企业之间的竞争实际上就是供应链的竞争，国家之间的竞争实际上也是供应链的竞争。这是过去 10 年中喊得比较响亮的口号，本人觉得现在供应链时代已经到来了。

2. 经济全球化、国际分工使各种货物在世界范围内流动

我国经济的上游供应链有许多在境外，如我们的铁矿石、石油、煤炭、木材、铜、粮食、饲料、汽车、飞机等上游供应链都在境外；我国经济的下游供应链也有许多在境外，如家电、服装、玩具、机械、发电设备等。因此，我们的经济能否持续发展，有一个重要条件就是看供应链能否被我们控制，我们的资源和产品能否实现无障碍流动。

3. 许多部门和行业都在关注供应链

现在我国很多部门和行业都在关注供应链。银行在关注供应链，如供应链金融、1 + N 模式、核心客户、融资规模、融资产品、资金安全、资金流动、快速结算等，这一点大家已经看得很清楚了。10 年前，深圳发展银行创建了 1 + N 的贸易融资模式，即找到供应链上的核心企业，对核心企业及其上下游企业进行统筹金融服务，物流企业参与了其中的动产抵质押融资监管业务。跨国公司在关注供应链，它们主要关注全球化布局、流程优化、一体化采购、完美交付、缩短账期、存货最小、快速周转等。生产与贸易企业在关注供应链，它们主要关注减少资金占用、通畅采购和销售渠道。物流企业在关注供应链，它们主要关注增加服务环节，提高企业效益。政府也在关注供应链，因为国家经济的安危系于供应链。大家可以看到，我们的周围、周边被人家包围了，贸易摩擦不断，领土争端不断，这导致我国供应链通道建设的重要性日渐突出。

4. 经济中低速增长，凸显了供应链建设的重要性

欧洲债务危机，我国出口受阻，供应链断裂，钢铁业供大于求，全行业亏损，2012 年 1 ~ 10 月钢铁业全行业亏损 55 亿元，供应链内部不能协同。煤炭供应忽热忽冷，供应链缺乏控制能力。目前，我们还没有找到高速增长的动力，产品普遍过剩，引领性技术还没有出现。在这样的情况下，倒逼机制逼迫我们必须优化供应链，掌控供应链，只有如此才能降低成本，增强竞争力。在经济中低速增长阶段，更需要优化供应链，改革计划、组织、流程和管理，创新业务，打造核心能力，粘住上下游客户，成为供应链上的核心企业。

当经济中低速增长成为常态时,我国物流业会出现什么情况呢? 事实上这种情况已经出现了。一是物流量增速放缓,运力过剩,港口货物量不足,仓储空置率高,费率上调受阻,就业压力增大。二是竞争度不断提高,迫使我们在原有价格下提供超值服务,以通过更多的服务赢得顾客,结果导致超值服务增加,利润空间被压缩。同时,精细化管理程度提高,机械取代人力的速度加快,利润率更低,物流投资回收期延长。当前,物流业的收入利润率一般在3%左右,过去我们对这个利润率很不满意,觉得需要提高,而现在能够保持这样的利润率就已经不错了,很有可能还会下降。三是资本要寻找回报更多的地方,部分企业、部分地方资产闲置,风险由上游流通业传递给制造业,再由制造业传递给批发零售业。四是资源消耗增速放缓,这是我们希望见到的经济结构调整的效果,但必须考虑国家财政能否支撑一系列庞大的开支。在高速增长的体制下,我们的政府不断扩张,公务员队伍不断扩张,公务员开支、行政开支、养老开支、事业单位开支以及转移支付、军事开支等都在扩大,钱从哪里来? 我们能否还像过去那样,依靠卖土地来取得财政收入呢,似乎不大可能了。

二、供应链管理的实践

当前,也有一些企业在进行供应链管理的实践,简单列举如下。

1. 全球战略

有些企业,比如联想集团,已经开始实行全球战略。它在全球布局工厂和物流,使物流与工厂布局紧密结合在一起,物流与生产实际结合在一起。它在全球确定服务标准,设立了全球化的组织机构,建立了国际化的员工队伍,把供应链作为核心竞争力,开展完美订单交付,优化网络布局,优化部门协同,优化供应商和客户,进行供应链的细分和集成,承诺三天送达,实现了端到端管理。

联想集团现在还搞了供应链融资业务,即基于交易、应收应付的融资,将100家分销商的应收账款打包向保险公司投保,然后向银行申请贷款,限定资金使用方向,这种模式非常好。

由此看来,我们不仅要考虑流通问题,还要考虑产业布局问题。比如,我们的煤炭在西部,而使用煤炭的企业在东南部,每天都有大量的煤炭向东转移,仅内蒙古自治区一年就要转移6亿吨的煤炭,而这种煤炭的运输一年要消耗高等级柴油3600万吨。这还只是单向的运输,不是包括回程的双向运输,因为空车返回也要耗油,每天都有几万辆运煤重载汽车在路上跑。本人认为,这是一种浪费。但导致这种浪费的主要原因不是我们的资源,而是我们的产业结构,是产业布局不合理。

2. 采购管理

还有一些企业，像宝钢集团和国家电网公司实现了集中采购与分散采购结合、供应商认证与物品认证结合、管理与操作结合、开放双赢，同一物品不同部门、同一时段不同时点、同一供应商不同物品的采购，全程计算机管理，信息合同采购全覆盖，极大地提高了它们的流通效率。

3. 智慧供应链

国家医药物流公司的智慧供应链，使供应链覆盖产业链，把物流能力转变为企业核心能力，对标国际同类先进企业，建立评价标准体系，整合有效资源，使内部物流部门变为社会物流企业。

4. 物流企业"走出去"

我国中远、中外运集团与我国建筑业、制造业一起"走出去"，进行项目物流总承包，提供全程综合服务，拥有 250 万吨的货物量，能够培训当地的员工和船长，进行国际化队伍建设，完善业务平台，在 100 个国家从事 400 多种项目的操作，这也是打通流通渠道的一种方式。

5. 商贸物流一体化

现在商贸和物流越来越难以区分，我们在评选 5A 级物流企业的时候，发现很多 5A 级企业是物流也在做，商贸也在做，它们卖出去的产品是一口价，其中既包含产品采购的成品价格，又包含物流的价格，一口价卖出去。商贸物流的一体化包括两个方面：一是商贸和物流统筹运作；二是两类企业相互融合。商贸物流一体化运作的原因在于：只有完成货物交付，交易才最终完成；客户要求一票结算，总价最低；客户要求代理采购，解决资金不足问题；缩短物流时间，才能加快资金周转；一个资本发挥一个以上资本的作用；由单纯销售产品转为销售服务，其中主要是物流服务。

由图 1 可见，物流企业把上下游的三个企业，即供应链上的三个企业——钢铁制造企业、钢铁贸易企业、钢铁使用企业，整合在一起做共同的业务，积极参与供应链活动，从质押融资监管开始，进行铁路运输、公路运输以及国际货运代理、代客采购等一系列业务，使企业收入成倍提高。

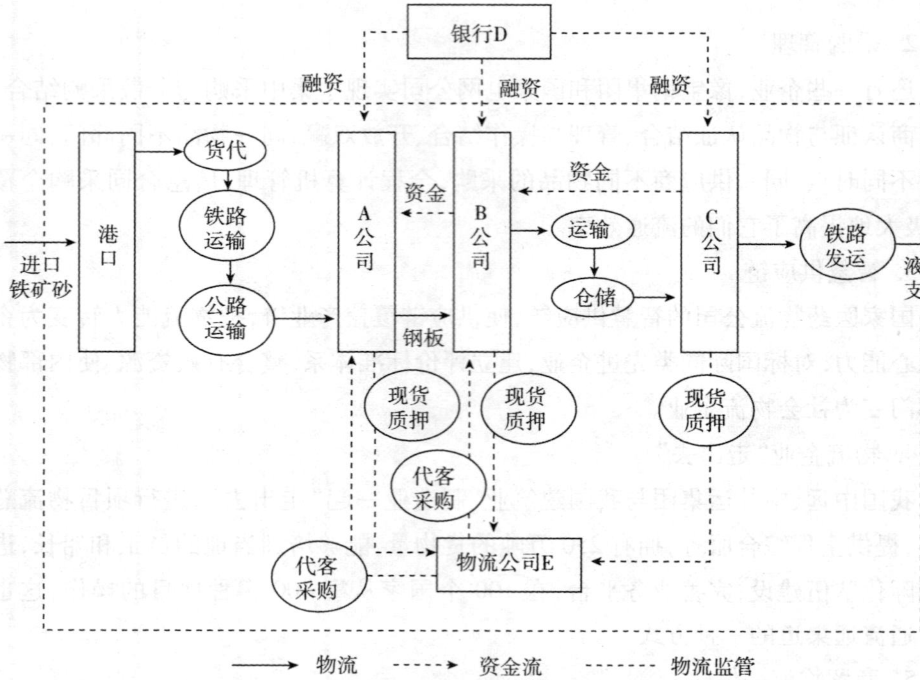

图 1

三、仓储业融入供应链

1. 重新认识仓储业

我国的财政制度里有两个相互矛盾的原则,一个是款到付货,一个是货到付款,这两个相互矛盾的原则如果出现在同一个企业中,我们就无法做生意了。在这样一对相互矛盾的规定之下,有两个行业在做交易的中介,一个是银行业,一个是仓储业。银行业中介要求买者先把钱放到银行,之后再告诉卖者钱已经在银行账户上了,请卖者把货发给买者,这是银行业的中介作用。仓储业也是如此,要求卖者先把货放到仓库,再通知买者可以放心地把钱付过去。可见,这时仓储业和银行业都是商品交易的中介,是诚信的担保。我们说线路、节点、信息是供应链的三个基本要素,任何供应链的规划都离不开仓储节点。我们在作物流规划的时候,百分之百要作物流节点规划,如果不作物流节点规划,供应链或网络就不会成功。仓储业不是附属物,而是独立的行业。

2. 仓库要迅速转变为物流中心,物流中心要联网

这是因为,供应链是互相交织在一起的,我们面临的不是一条一条的供应链,而是一

个供应链的网络。从管理空间看,要在有限的土地上增加仓容,用好仓容;从管理时间看,要提高作业效率、响应速度、周转速度;从综合服务看,要提供基础服务、增值服务。

3. 与供应链上各种资源协同

仓储企业不是孤立存在的,物流企业、商贸企业、制造企业、信息企业都是仓储企业的合作伙伴,它们需要与各种企业协同运作,寻找核心企业,突破上下游关系(可开展延伸一级活动),服务产业链。

4. 强身健体,苦练内功

面对当前经济中低速增长的现状,仓储企业要强身健体,苦练内功,自己要有能力。仓储企业可做的业务有 40 ~ 50 种,而我们的仓储企业只能做 3 ~ 8 种,最多不超过 10 种。目前,我国仓储企业会做的业务不多,其主要问题在于能力建设不足,业务研发不够,领导者急功近利,骨干们追逐奖金。为什么这样讲呢? 这是因为,上级领导要求我们每年的利润增长率达到 30% 以上,由于任务在身,导致领导们急功近利,没有人静下心来研究长期发展问题。表 1 开列了仓储业可做的四十多种物流业务,其中我国仓储企业现在能做的只有 8 种左右。一种业务模式,没有 3 ~ 5 年不会成熟,可以据此计算一下发展这么多种业务所需要的时间。制造商选择物流商的标准主要包括:物流企业的配送范围、地点、分布、配送要求、服务水准、车辆情况、物流设施、信息系统的独立性和兼容性,是否满足企业在种类、批次、包装、订单、时间、集货、送货、收益、成本等方面的要求,安全性、时效性、准确性等是否符合厂家的标准。要抓紧推动仓储业转型,依托仓库,而不是依赖仓库,实现思想转变、业务转型、增加库房、减少货场、服务消费、盯住电商、商贸一体、精细发展。如果仓储企业都发展起来的话,我们的供应链就真正形成了。

表 1　典型仓储企业主营业务

基础业务	收货、理货、保管、保养、装卸、搬运运输、配送
延伸业务	分拣、包装、加工、加固、组装、检验、信息、办公、餐饮、住宿、停车、追踪、修理、质押、交割、租赁、拼箱、拆箱、保税、联运、市场、展示、货代、方案、商务、配货、收款、结算、回单、资询、保险、班列、专线、代销、越库、装备、逆向、集散、技术保障
电子交易	中介与担保

5. 加快信息化建设

物流业是最需要信息化的行业,但由于大家诉求不一致,各种因素没有组合到一起,现在我们做得比较成功的公共服务物流信息平台很少,我们实现计算机管理的比例只有 60% 左右,且技术落后,条码和射频识别技术(RFID)使用得很少。本人认为,下一步我国流通业现代化最重要的工作就是信息现代化。要建立支持各业务模块集成、支持全程管理、支持与客户 IT 对接、支持各类物流资源使用、支持可视化管理的理想信息系统,实现一次录入,全程使用;方便客户,查询追踪;要消灭信息孤岛,实现联网互通。

6. 跳出政策崇拜

政策并不眷顾物流业,雷声大雨点小。营业税改增值税问题、公路运输乱象问题、土地取得与使用成本高问题、土地比较收益低问题等,使得各级政府不愿意把土地交给物流企业去运作,反而是谁搞商业商贸设施,谁愿意引进一个大型的工厂,取得土地比较容易一些。

7. 物流业要向银行业学习

30 年来,银行业变化最大,增值服务最多。银行最原本的业务只有存款和贷款,而现在发展到了几十项业务,包括缴费、汇款、买保险、买基金、银行卡、自助银行、手机银行、网上银行、pos 机、跨行转账、结算、代理、投资理财、融资担保、资产托收、企业年金、保函、信用证、托管等,尽管我们已经习以为常,但很多都属于银行业的"非主营"业务,物流业应该向银行业学习。

8. 成本控制

本文开列了降低物流成本的九个方面(见表 2),其中每一项又包含一些具体的内容。我们在这些细节问题上还缺乏细致的研究,缺乏一项一项落实的措施。

表 2　降低物流成本的九个方面

项目	具体内容
库存控制	需求预测、安全库存、仓库分布
网络改进	节点优化、配送优化、方式优化
商品包装	商品设计、简单包装、集装作业
仓储管理	空间时间、调度分拣、回收利用
运输管理	司机管理、线路优化、外包优化
人力资源	组织优化、人员培养、减少流失
绿色物流	能源节约、修旧利废、绿色驾驶
信息改革	电脑管理、自动采集、辅助决策
科学评价	指标体系、台账科目、统计财务

9. 风险防范

当前最大的风险是经济形势不明,看不清增长的通道,投资、出口、消费不容乐观，引领经济的因素和动力短缺，通货膨胀，贫富差距扩大，人口向城市转移过快，管理权威削弱，调控慢半拍。企业的经营环境也在变差，面对整个社会，我们的防范成本增多。这是因为，犯罪分子比较多，高智商诈骗案件增多；贪腐风气使我们的灰色支出增多；推诿懈怠、不主动作为增多；集团利益结盟，弱势群体增多，物流企业实际上面临着很多的困难。

前一段时间爆发了一系列钢贸诚信事件，引起了高层的关注，金融管理部门连发几个通知，使得所有钢贸企业拿不到资金。典型的案例是：少量不法企业打着建钢材市场的幌子圈地，建了一个物流园，放了一些钢材，用这些钢材重复向银行质押，得到融资后，拿去放高利贷谋利。一旦高利贷链条断裂，还不了银行钱了，就出现了一系列大案。这些大案反映了什么？反映了六个问题：一是投机者多，不顾一切套现；二是管理者反应迟钝，有些部门已经看到了这个问题，但没有意识到其背后存在的风险；三是利益关联，个人收入与信贷规模挂钩；四是内外勾结，串通作弊；五是无知胆大，把犯罪当作创新；六是无执法动力，没有上级的命令谁也不主动找事做。

实际上，不法分子行骗的手法并不高明，不过是重复质押、虚假仓单、量价不足、无效联保，只是没有被及时发现和制止。历史经验值得借鉴。其实，钢铁物流园本是一种很好的形式，只不过被少数贪婪的人利用，成为了套取现金或实施诈骗的平台和道具，既毁了市场，也毁了自己。当初创造这个业务的时候，本来是想播下龙种，但现在收获的却是跳蚤。

（原载《中国流通经济》2012 年第 12 期）

优化匹配机制　提高流通效率

高铁生

在当前经济社会中，存在着大量的买难和卖难的问题，它们表现在流通中，但又不能都归结为流通自身的问题。如果是因为产能严重过剩而导致的问题，单纯依靠流通是很难解决的，再降低流通成本、提高流通效率也不能完全解决产能过剩问题。买难卖难的原因还包括分配不公、收入差距悬殊、普通老百姓购买能力偏低等，这些都不是流通领域能解决的问题。但是有一些问题确实是流通领域的问题，表现在流通，根子也在流通。这类问题在总量上不存在过剩的问题，是因为流通不畅而导致买难卖难问题时有发生,这很可能与市场匹配能力不足有关。

过去对发达市场经济和欠发达市场经济差距方面的认识,过多地从价格机制和竞争机制方面去比较,这是远远不够的。发达国家的流通有高效率的匹配能力,这是它的市场能力强、流通效率高、较少出现买难卖难的一个原因。在前几年英国发生恐怖事件期间也很少听说伦敦出现了买难卖难问题。那么,为什么在欠发达国家出现了比较多的买难卖难问题呢？当然有市场体系不健全的原因,也有价格形成机制不合理的原因,但是肯定有市场匹配的问题。2012 年诺贝尔经济学奖授予了两位美国经济学家,他们研究的就是价格机制无法有效解决的市场匹配问题。在现实中经常存在这样的误解,即市场匹配和价格机制无关,也和流通领域无关,只有那种极端的领域,如升学、选择学校、人体器官、血型领域才存在匹配问题。其实,匹配问题就存在于市场中,尤其在转型市场中。越是市场体系尚不健全的国家,市场匹配能力就越存在较大的差距。

理解市场的匹配能力需要一个比较严格的定义,但其本质是为了实现市场出清而采取的价格机制以外的方式、方法。主流经济学研究市场时,是不讲流通的,因为它假设在市场上生产者和消费者直接见面,只要价格自由波动就能够实现市场出清。但是,这只是一种理想的状态,与现实有较大差距。面对我国的流通现状,流通渠道、市场信息不对称、生产性服务业等问题都可以作为研究的切入点,但是,这还不够,而从市场匹配能力的视角研究问题可能更有利于认识和解决问题。

完善优化市场匹配能力至少可以从以下十个方面去考虑。

(1)首先解决认识的问题。即避免抽象地讨论流通中是多环节好,还是少环节好,而把能否有效实现市场匹配当做选择环节的重要标准。

(2)既要注重有形市场建设,为购销搭建低成本的交易平台,也要重视构建长期稳定的购销关系以及稳定的合作机制

(3)高度重视培育市场中介组织,不把减少中介环节等同于排斥中介组织。要充分肯定合法中介组织。在购销中的地位和作用,大力推动经纪、信息、仲裁等市场中介组织的发展。市场匹配能力比较低,屡屡出现买难和卖难问题与市场中介组织发育程度不足有很大关系。

(4)尽快培育能充当做市商的大型流通集团,它们既可以成为市场中的买家,也可以成为市场中的卖家。国家应从政策、资金等方面支持它们建立必要的储备设施,发挥“淡储旺销”作用,充当国内市场和国际市场之间的“防火墙”和“缓冲器”。

(5)建立全国性和区域性大宗商品特别是农副产品的“拍卖网”和滞销商品的“尾货网”,补充现行市场体系欠缺的匹配撮合功能。

(6)提高生产者和消费者组织化程度。鼓励建立各种生产和消费组织,建立、健全农民生产合作社,增强其利用市场信息和参与谈判的能力,帮助消费者通过相互结合减少消费风险,降低采购成本。

(7)创新交易方式,扩大供求对接空间。转型经济中的交易双方不应该固守传统方式,也不能完全照搬发达市场经济成熟的模式,应允许各种过渡形态的存在。不必要也不应当推崇哪一种或哪几种交易方式。在这个领域里选优汰劣的过程应是适者生存的过程,市场匹配能力强弱和流通效益高低是这个过程内在的依据。

(8)充分利用现代信息技术,改进传统交易方式,克服交易中的时空限制和信息不对称,不断提高市场的搜索和撮合能力,降低交易成本,增强交易效率。

(9)大力推进产销一体化组织的发展,特别是流通领域中的贸工农一体化组织和产销一体化经济组织的发展。

(10)推广供应链管理模式,鼓励支持生产企业、经营企业、物流企业通过各种方式加强合作,乃至兼并重组,实现供应链的整合。

最后,匹配问题中也有政府和市场关系问题,总的来看单纯依靠价格机制实现市场出清和完全依靠匹配实现供求结合是两个极端。计划经济是以购销调存的匹配机制(也可称为分配机制)为主、以价格机制为辅,发达市场经济则是以价格机制配置资源为主、以匹配机制为辅。在转型经济中,对增强市场匹配能力,政府有必要也有可能发挥重要的作用。除了创造好的市场环境,维护正常的市场制度之外,政府应当提供完善的公共服务,增强和优化市场的匹配能力。但是政府不应长期充任市场匹配的直接组织者,以避免形成市场对政府直接匹配“路径依赖”,扭曲市场机制。政府应逐渐退出对产销的直接匹配,逐步使其“内在化”为市场的自组织和自协调能力。

转型中的匹配机制应包括哪些内容,如何界定政府地位和作用以及市场自身的匹配功能等都有必要深入探讨。过去把供求关系看做是价格机制和竞争机制的一种自然结果,其实供求机制不只是价格机制和竞争机制的作用结果,它有丰富的内容,可以说没有匹配机制的优化和完善,供求平衡是很难实现的,提高流通效率也就成为空话。

(原载《中国流通经济》2012 年第 12 期)

流通成本高、效率低问题的冷思考

丁俊发

流通环节多、速度慢、成本高、效率低,已经成为我国流通业的顽症。如何解决,如何破冰,瓶颈在哪里,是吃药调理还是要动大手术,是看中医还是看西医?理论界写了成千上万的文章,政府出了一个又一个的文件,一直没有彻底解决问题。所以,本人认为这是一个深层次的问题,要进行冷思考。

(一)

这个问题不仅是生产力问题,还涉及生产关系问题,只有找准病根,才能对症下药。本人认为,这个流通顽症的病根主要来自以下五个方面。

1. 我国经济发展仍处于转型期

2012 年 8 月 3 日,《国务院关于深化流通体制改革　加快流通产业发展的意见》指出:"我国流通产业仍处于粗放型发展阶段,网络布局不合理,城乡发展不均衡,集中度偏低,信息化、标准化、国际化程度不高,效率低、成本高问题日益突出。"这段话实际上解释了流通效率低、成本高的因果关系,即生产力发展阶段与宏观经济环境。自 1978 年我国实施改革开放以来,要实现三大转变:一是从计划经济体制向市场经济体制转变;二是从粗放型经营向集约型经营转变;三是从单纯追求速度、数量向科学发展、提高经济质量转变。这三大转变到目前为止都还没有完成。我国流通产业仍处于粗放型发展阶段,本人认为,这一评价十分正确,说明问题仍然十分严重,粗放型既有流通生产力的问题,也有流通生产关系的问题,也就是说,既有现代化水平的制约,更有体制性的约束,其导致的结果必然是效率低,成本高。

2. 落后的生产方式与商业运作模式

讲流通不去研究生产是本末倒置。按照马克思的观点,在一般情况下,生产是流通赖以存在的基础和归宿,生产决定着流通的内容、规模和方式;流通是生产得以存在和发展的必要前提。两者互相制约,互相决定,互为媒介,是矛盾的统一体。

回顾制造业发展的历史,在 17 世纪至 19 世纪 30 年代,是少品种、单件、小批量生产模式;进入 20 世纪以来,出现了少品种、大批量的生产模式;到了 20 世纪 50

年代，出现了日本的精益生产模式，即将企业生产流程与市场需求有效整合，大大节约了物资、人力和时间成本；到了20世纪90年代，出现了美国的敏捷制造模式，即在不断变化、不可预测的环境中，高效、低耗、迅速地完成任务，利用现代通信网络技术，通过快速配置各种资源（信息、物资、资金、管理、人员、技术），以有效和协调的方式响应客户需求，实现制造过程的敏捷性。随着制造业生产方式与商业运作模式的变革，物流业也从传统物流，经过实物配送物流与一体化物流，发展到了供应链管理阶段。新中国成立以来，我国工业生产曾是一种小农经济的“大而全、小而全”商业运作模式，改革开放以来有了很大的改变，但落后的生产方式与商业运作模式仍然没有从根本上得到改变，结果导致物流实物配送阶段还没有完成，批发体系不完善，不规范，流通环节多，成本高，这是由生产决定的，所以首要的任务是改变工业生产方式与商业运作模式。

讲到农产品流通，与农业生产方式有关，我国是一家一户的小农经济生产模式，这种小生产方式要与大市场接轨，减少流通环节是相当困难的，其带来的必然是高成本与低效率。

3. 现代物流起步晚，水平低

物流费用高、效率低是流通成本高、效率低的主要原因。美国物流咨询公司的研究发现，一个企业如果只是简单地以第三方物流代替自营物流，借助第三方物流的规模效应和营运特点，可节约成本5%；如果利用第三方物流的网络优势进行资源整合，部分改进原有的物流流程，可节约成本5% ~10%；如果通过第三方物流，根据需要对物流流程进行重组，使第三方物流服务延伸至企业整个供应链，可实现10% ~20%的成本节约。这一点之所以在中国难以实现，一是物流企业并没有完全融合到制造企业中去，物流企业功能单一，物流成本降不下来；二是没有形成综合运输体系，多式联运水平低；三是物流装备落后，货物损耗大，特别是农产品物流损耗更大；四是物流企业集中度低，散、小、差现象十分严重。

进入21世纪以来，我国物流总成本与GDP的比率一直徘徊在18%左右。是政府不重视吗？不是，中国物流业的政府推动是全世界出名的，已经超过日本；是公路运输的乱收费乱罚款吗？不是，那不是导致物流成本高的主要原因；是油价上涨推动的吗？不是，油价上涨是全球性的；是人力成本上升过快导致的吗？不是，发达国家的人力成本比我国高出好几倍。那到底是什么原因呢？本人认为，根本原因有两条：一是中国经济发展的粗放型经营模式没有根本改变，仍然依靠拼物力、人力、财力，而不是依靠科技力发展经济；二是中国经济结构极不合理，服务业欠发达，比例过低。

我们常讲,中国创造了全世界9%的GDP,却消耗了全世界40%的煤,46%的钢材,50%的水泥,10%的石油天然气,物流成本能不高吗！我们常讲,中国的运输方式各自为政,空载率高,库存商品不仅数量大且周转速度慢,物流成本能不高吗!

美国1980～1999年的20年间,物流总费用与GDP的比率从16.5%下降到了9.9%。其原因主要是美国的服务经济在这20年中得到了快速发展,经济结构发生了重大变化,服务经济在国民经济中已占主要地位。我国如果不调整经济结构,如果不加快服务业的发展,物流总成本与GDP的比率很难有较大幅度的下降。

4. 传统的消费方式

流通是生产与消费的中介,连接着生产与消费这两头,生产方式影响着流通的方式、效率与成本,生产性与生活性消费方式直接影响着流通的速度、方式与成本。

拿生产性消费来讲,我国不论是建设项目还是生产单位,由于库存量过大,周转慢,必然会抬高流通费用,增加流通成本。戴尔电脑没有订单不采购,采购后生产资料与零部件的在库时间最多不超过三天;再拿生活性消费来讲,随着城市居民消费多元化、个性化趋势的日益增强,导致了进货的小批量、多批次,而我们在商流、物流、信息流中并未形成社会化、专业化流程,影响了流通的效率,推高了流通的成本。

5. 生产要素市场发育不完善

商品市场推动着其他要素市场的发展。同样,要素市场的发展也影响着商品市场的发展,特别是人力资源市场、金融市场、信息市场、技术市场等。劳动力成本的波动会直接影响流通成本的波动,劳动者素质的高低同样会影响流通效率的高低。商品交易中的支付方式、货币流通量的增减,也会影响流通的效率与成本。信息化会直接影响流通信息化程度的高低,而流通信息化程度的高低会直接影响流通效率与成本。技术市场也是一样,既然流通是生产力,就不可能离开科技,流通科技含量的高低、现代化水平的高低,直接影响着流通的效率与成本。

(二)

前述五个方面合在一起成为影响流通效率与流通成本的主要因素,怎么办呢?《国务院关于深化流通体制改革,加快流通产业发展的意见》从指导思想、基本原则、主要目标、主要任务、支持政策、保障措施等方面提出了二十条意见,是一个打组合拳、综合治理的方案,对流通业进行了新的定性、定位、定标,在理论与实践两个方面都有新的突破,不仅对当前流通业的发展,而且对今后流通业的发展都将起到十分重要的作用。但本人认为,最根本的还是要解决好以下五个方面的认识问题。

1. 坚决克服"重生产、轻流通"的意识

要在国民经济中扎扎实实地确立流通产业的基础性与先导性地位。

2. 确立流通也是生产力的观点

生产创造价值,流通同样创造价值,在市场经济条件下,生产处于产业链的末端,流通处于产业链的高端,从某种意义上说,流通过程创造的价值更高。这一问题从理论到实践还没有研究透,导致国民经济中出现一些问题时,经常拿流通来说事,这是一种误解。

3. 流通产业要狠下决心,革自己的命

改变粗放型的经营模式,创新流通方式,苦练内功,提升科技含量,提高职工素质,要像工业淘汰落后产能一样,淘汰落后的流通业态与流通模式。

4. 要把流通放到国民经济生产、分配、流通、消费的一盘棋中去运作,形成良性循环

生产、分配、流通、消费这四个方面是互相依赖、互为促进的关系,只要一个环节跟不上,其他三个环节都会受到影响。我国改革开放以来,缺少对运筹学、数量经济学、博弈论的研究与实践,经常是头痛医头,脚痛医脚,教训是十分深刻的。

5. 我国应对社会主义市场经济进行顶层设计

社会主义市场经济与资本主义市场经济的相同点是什么,不同点是什么;它由哪几个部分构成,每个部分之间的相互关系是什么;发展社会主义市场经济要分几个阶段,每个阶段的目标是什么,如何来实现这一目标。对于这些问题,一定要明明白白地告诉全党、全国人民。没有一个顶层设计,流通产业的发展,或者说改变流通成本高、效率低的问题,就可能是一句空话,或者说是治了标,治不了本。

(原载《中国流通经济》2012 年第 12 期)

现代流通体系的革命性变革

陈文玲

本文要谈的主题是现代流通体系的革命性变革。为什么说是革命性变革呢,我想我国经过改革开放三十多年的发展,已经从一个量的累积,实现了质的飞跃。流通的形态、流通的方式、流通的结构、流通的流向、流通未来的组织状态

等都发生了根本性的变化。经过三十多年的积累,我们的流通体系将会发生哪些革命性的变化呢?本文初步梳理了一下,可能会发生六个方面的重大变革。本人认为,这些重大变革不是指流通交易方式自身,是跳出流通来看流通,是站在经济全球化的角度,站在我们整个国家未来经济发展大的战略背景下,来看待现代流通的变革。

1. 现代流通将更加体现开放性的本质特征

开放性在国家三十多年的进程中是一个渐进的过程,但现在到了一种突变阶段,我们的整个流通体系将成为一个开放性的现代流通体系,其最主要的特点就是国际化,就是中国市场与国际市场的全面对接。过去我们是"引进来",现在我们是"走出去";过去我们是被动、局部的开放,现在我们是主动"走出去",是全方位的开放。中国的市场已经成为引领世界市场的一个先导性力量,开放性将成为现代流通体系革命性变革一个非常重要的表现。大家知道,浙江义乌已经被批准为国际贸易综合改革试点城市。当时,义乌改革前期的研究与方案设计是本人带领国务院研究室的同志去做的。为什么要做这样的研究呢,义乌的市场本来是一个浙江块状经济的产物,是带动一个区域产品走向市场的平台或者说载体;后来它是一个"买全国,卖全国"的全国性市场;现在随着我国开放程度的不断加深,这样的市场已经成为国际化的大市场,也就是一个"买世界,卖世界"的市场。现在义乌市场70%的销售额是采购式贸易,每年有几十万采购商云集在这个市场,每年有将近二万多采购人员常住在这里。像这样一个市场的存在目前还在国内,但它的流通、它的流向已经发生了根本性的变化,它流向了国际市场。特别是国际金融危机以来,义乌市场和我们的整个走势正好是反向的,它是逆势上扬的。这是因为,金融危机导致了消费结构的变化,因此我们的一般贸易、采购式的贸易迅速增长。本人认为这是开放性的体现,今后将越来越突出。

2. 革命性的变革将是集聚性的

本人认为,这种集聚性的商业集聚、市场集聚,它是由于我国具体的战略调整,形成了新一轮的区域战略布局,导致了新的商业集聚、市场集聚。比如,我们现在整个沿海已经形成了完整的沿海经济带、产业带,过去东南沿海率先开放,逐步从四个特区扩展到十四个开放城市,再扩展到内地的开放。我们这种开放是全岸线的开放,从海南岛一直到最北端,图们江是整个国家的战略布局,一直延续到2020年。因此,这样一个区域布局将导致整个流通体系的再造,这种流通体系带有非常明显的集聚特点。目前,我国已经形成了一些经济圈,如长江三角洲经济圈、珠江三角洲经济圈、环渤海经济圈,我们还有一些经济圈即将形成,这些都是区域经济结构调整带来的。比如,武汉城市圈是一个大的经济圈,城市群也是大的经济圈,此外还有天水到关中的经济带。这种区域结构调整将导致从东部沿海向内地进行产业转移,制造业转移带来了流通的改变、物流生成地的改变,因此它将导致整个流通体系的重新再造,形成新的商业集聚。这种市场集聚将伴随着我们新的区域结构、新的战略布局的形成,形成新的流通组织。

3. 流通更多体现出共享性

现代流通本质上通过合理设计、合理规划流通的方式、流通的里程、流通的现代技术来重新整合资源,形成一个新的高效率的现代流通体系。除了区域结构调整之外,城市的存在方式也发生了根本性的变化,过去的城市是单体的城市,现在的城市是群体的城市,是城市群、城市圈、城市带、城市群落,这样一种城市组成形态,要求流通更多体现它的共享性,如信息的共享、物流体系的共享、运输工具的共享等,比如现在流通的传输更多体现共享性。城市之间同城化的进程已经开始,同城化到什么程度呢?广州和佛山实现了信息传输的一体化,连电话号码区拨号都统一了;实现了交通运输的一体化,其物流设计是一体的,连公共汽车的编排都是两个城市同时编的,一路汽车一直开到佛山,每个车次的设计都是同城化的。深圳、东莞、惠州同城化的进程也在加速。目前,为适应这种同城化的要求,同城化中非常重要的一项内容就是流通体系的再造。我国的深圳和香港一国两制,但同城化进程也已经开始。我国香港规划局作了未来30年的规划,深圳规划局和我国香港对应,也作了未来30年的规划,这两个规划是双方通过研究讨论作出的,其中很多内容都涉及了流通体系的再造,即如何加快商流、物流、信息流、资本流,包括人的流动。这样一个同城化进程、城市与城市之间的关系,也包括新型城乡之间的关系、城乡一体化、流通在城乡之间的双向流通,这种新的城市存在方式、城乡存在方式,将使我们的整个流通体系体现出它的共享性。共享就是资源利用的最大化,共享就是通过流通体系再造,提高效率,降低消耗,节约成本,减少碳排放。

4. 现代流通将更加具有融合性特点

过去生产与交换、生产与流通是分离的,现代生产和流通与我们原来意义上的流通交换、交易的过程是相互融合的,这种融合的过程使生产与交换的边界越来越模糊,而且已经使整个现代流通延伸到了生产的每个环节,生产的过程就是流通的过程。我们很多生产企业,包括制药企业,包括烟草企业,也包括汽车企业,整个生产的过程就是流通的过程。如何使物理意义上的移动实现最高的效率、最快的时间、最合理的设计呢?我们去日本考察的时候,参观了丰田汽车公司汽车总装厂的车间。据他们讲,他们采用的是世界上最先进的技术,其先进之处在于,用现代物流改造整个生产流程,其生产流程即汽车和配件、看板、信息传输是完全一体的,是快速的,在一条生产线上可以进行所有品种规格汽车的装配,它已经超越了柔性生产线,是一种即时的、现代物流信息引导的即时流通过程。这是它与我们国内企业最大的区别。

5. 现代流通将更加具有生态性特点

绿色流通包括整个供应链的形态都在发生变化,将不再是传统意义上的那种运输、装卸、保管。本人认为,在五位一体进行建设的时代,生态文明建设将导致整个流通形态发生根本性的变化,流通更多考虑到的是减少流通过程中的碳排放,减少流通过程中的污染,减少流通过程中的消耗,提高流通的速度、效率和质量,因此绿色流通将成为我们流通的主要方式。

6. 整个流通体系将发生实物经济与虚拟经济的分离与对接

一方面,商流、物流、信息流、资本流,包括人的流通,是各自的流通,这是现代流通的本质特点。这些流通过去是一体化的,它是随着商品交易,随着商流的过程,每一步都是同步的,现代流通发展到当代,商流、物流、信息流、资本流和人的流通完全是分离的,各有各的流通规律,因此才有可能提高流通效率,因此才叫现代流通。当实物经济和虚拟经济有了各自的存在形态、各自的运行规律之后,本人认为现在我们的流通正在出现一种革命性的变化,以适应这两种经济形态的存在方式,以最快的速度达到二者在一个节点上的统一,即商品价值与使用价值的统一。因此本人认为,网络销售、电子商务过去曾经失败,现在又重新崛起,其中一个非常重要的原因就在于,过去的电子商务只是商流的过程,而现在的电子商务把商流、物流、信息流、资本流高度统一起来,利用互联网快速地进行交易,利用现代物流进行快速的配送、门到门的配送,又形成了很强的竞争力。本人认为,在现代零售业态中,我们看到日益突起的电子商务、网络交易,这个确实是不能忽视的。我们看到,淘宝网在短短几年之内就实现了近万亿元的销售额,京东网杀出一匹黑马来,开始时人们都不知道它是何许人也,没过几年其销售额就超过了很多商店,其中包括非常大型的商店。因此本人认为,流通本身是动态的,是一个流的过程,流的过程要求通,所以现代流通的本质就是要打破一切束缚流通、限制流通的障碍,实现顺畅流通、便利流通。因此,从关税及贸易总协定一直到后来的世界贸易组织(WTO),差不多几十年的历程,其核心内容就是四个字:一个是流通的自由,一个是流通的便利。

(原载《中国流通经济》2012 年第 12 期)

流通领域公共产品的界定及供给方式

宋则，王水平

近年来，中共中央作出了构建社会主义和谐社会的历史性决定，同时也对政府的执政能力建设提出了新的要求，政府主要职能已开始向提供基本公共服务转变。然而，我国现阶段基本公共服务总体水平偏低，而且区域之间和城乡之间差距很大，各地公共服务提供效率呈低水平趋同，公共服务仍处于"投入型"阶段。① 可以说，当前公共产品供给是我国改革和发展面临挑战最多、最为艰难而又绕不过去的问题。以往公共产品支持政策设计不周全、不完整，与对公共产品，特别是准公共产品的分类研究较为薄弱有直接关系。在商贸流通服务领域，同样存在公共产品及准公共产品供给不足的问题。这主要是因为对公共产品特别是准公共产品的界定不清，从而导致其供给长期欠账，得不到足额合理的补偿，使公共产品的供给能力弱化或服务质量下降，甚至投机取巧，阻碍了消费增长和民生改善。因此，在大力发展服务业来扩大内需、促进消费的关键时期，明确界定流通领域纯公共产品和准公共产品，并积极采取切实有效的财政支持措施非常必要，也十分迫切。我们认为界定公共产品和准公共产品不能局限于经济学中公共产品的概念，仅仅考虑产品的排他性和竞争性而进行一刀切式的笼统划分，还要与产品的其他性质相结合，综合考虑产品外部性、信息不对称、自然垄断性以及社会公平正义、伦理道德等多种实际因素，具体问题具体分析。

一、公共产品供给的一般模式

根据政府参与程度和方式不同，可以将公共产品供给方式分为威权式供给、市场式供给、自觉式供给和混合式供给四种类型，共包括12种运作方式，各种类型的生产者、①运作方式和适用领域如表1所示。

---

①陈昌盛，蔡跃洲．中国政府公共服务：体制变迁与地区综合评估［M］．北京：中国社会科学出版社，2007：1.

表1　公共产品供给的一般模式

供给模式	公共产品生产者	动作方式	适用领域
威权式供给	政府机构	1. 政府机构直接生产并提供给消费者,资金筹集主要来自于税收。	纯公共产品(如国防、基础教育、基础科研等)和一般性公共服务(如法律、产权保护、政策制定、维护经济稳定和社会公平等)。
		2. 用者付费:消费者直接向政府部门交纳费用;付费多少取决于实际消费的产品量,不消费不付费,多消费多付费。	医陪卫生服务、社会物业服务、有线电视服务等。
	公共企事业	3. 由政府开办的公共企事业单位生产,按照政府意志提供给消费者。	公用事业,如电信设施、电力、天然气、水上运输、城市公共运输等;金融服务,如银行和保险公司等;农产品市场等。
市场式供给	私人企业	4. 合同外包:政府通过招投标的方式将公共产品承包给私人企业生产,并负责监督。	环保、医疗、社会保障、道路交通、通信、军事装备等领域都有广泛应用。
		5. 特许经营:政府授予企业特许经营权,并准许其向用户收费或出售产品,政府通过合同协议明确政府与企业之间的权利和义务,私人企业通常向政府付费。	电信服务、港口、飞机场、道路、桥梁以及公共汽车等。
		6. 政府补贴:企业生产,政府用资金、免税、低息贷款、贷款担保等方式对其进行补贴。	使用领域较广,如农产品补贴、农村环境变化补贴、农村公共事业补贴、住房补贴、医疗设施补贴等。
		7. 政府购买:企业生产,政府向企业购买后提供给消费者。	公共交通、公共医疗、公共教育等。
		8. 凭单制:政府对接受公共服务的消费者进行补助,间接激励公共产品生产。	食品、住房、医疗服务、运输、幼儿保健、教育、老年项目、家庭护理、救护车服务、娱乐和文化服务、药品和酒精管制等。

续表

<table>
<tr><th>供给模式</th><th>公共产品生产者</th><th>动作方式</th><th>适用领域</th></tr>
<tr><td rowspan="3">自觉式供给</td><td rowspan="3">私人企业自然人非营利组织</td><td>9. 无偿捐助:企业、个人或非盈利组织向消费者无偿提供。</td><td>教育、治安、街道清理、娱乐、社区医院、住房、垃圾收集、交通运输等。</td></tr>
<tr><td>10. 志愿服务:志愿者无偿向消费者提供。</td><td>扶贫开发、社区建设、环境保护、大型赛会、抢险救灾、海外服务等。</td></tr>
<tr><td>11. 非营利性收费:民间非营利性组织通过实行没有营利目的的收费服务方式向社会提供。</td><td>教育、卫生及福利事业等。</td></tr>
<tr><td>混合式供给</td><td>政府、个人私人企业非营利组织</td><td>12. 可能涉及以上多种运行方式的灵活组合。</td><td>生活垃圾处理、幼托服务、监狱管理、公共交通、医院、学校,污水处理厂、机场、桥梁等。</td></tr>
</table>

二、流通领域公共产品界定及供给方式

1. 流通产业安全防务:纯公共产品

自中国流通业对外开放以来,一方面,外资流通企业来势凶猛,在华迅猛扩张,抢滩中国;另一方面,由于竞争力提升缓慢、制度环境建设滞后,中国本土流通企业无力与外资企业抗衡,市场份额快速减缩。尤其在全面开放之后,流通业安全问题一直是社会各界密切关注和讨论的问题。如国防是国家的纯公共产品一样,产业安全防务是产业领域的纯公共产品。首先,产业安全防务具有非排他性,一个产业只要建立了安全防务体系,就不可能或者很难排除产业内企业享受该体系的保护,即使是对从事非法经营活动的企业也是如此;其次,产业安全防务具有非竞争性,产业内增加一个企业并不增加防务成本,即边际成本为零,而且企业的增加也不妨碍其他企业享受该体系保护的质量和数量,即边际拥挤成本为零;再次,根据产业经济理论可知,产业之间存在着产业关联效应和波及效应,一个产业的安全防务对于其他产业乃至整个经济社会具有正的外部性。对此,政府提供良好的、公平竞争的政策环境,维护产业安全就是提供最有效的纯公共产品。

2. 流通基础设施:准公共产品

流通基础设施主要包括流通载体(如公路、水路、管道等)和转运集散站(如批发市场、集贸市场、物流中心、港口等)。流通载体和转运集散站都是具有排他性和有限非竞争性特征的准公共产品。首先,流通基础设施具有排他性。如公路和批发市场很容易将不付费的使用者排除在外,只需要在入口收费就可以达到此目的;

其次,在不拥挤的情况下,流通基础设施具有非竞争性,即增加一个使用者不会增加额外的生产成本,也不减少其他使用者享用该设施的数量和质量。如在摊位宽裕的批发市场内,增加一个租赁摊位不影响其他商户对该市场的使用,批发市场提供方也不增加或很少增加额外成本。长期以来,由于受“重生产,轻流通”思想的影响,对流通基础设施公共性质的认识不足,导致流通基础设施供给不能满足社会需求,尤其是产地批发市场、农村集贸市场、农村公路建设比较落后。这是制约农民增收、推高农产品物流成本的重要因素,也是扩大农村消费、提升农村居民生活水平的最大障碍。与此相类似,流通领域的农产品冷链(冷藏车、冷库)基础设施、节水节能节电设施、环保设施、信息技术设施等的资源投入,也大多属于准公共产品。

3. 产品安全防务:纯公共产品

产品安全主要是指产品质量安全,是关系到居民健康、促进消费、市场秩序建设等方面的重大问题。产品安全防务具有非排他性和非竞争性特征,属于纯公共产品。第一,产品安全防务具有非排他性,产品安全防务体系一旦建立和实施,不能或很难排除消费者享受该体系的保护,任何人只要进行消费,都会从产品安全防务中受益。第二,产品安全防务具有非竞争性,增加一个消费者享用该体系的保护,不会影响其他消费者分享该体系保护的数量和质量,也不会增加该体系的生产成本,即产品安全防务体系的边际成本和边际拥挤成本均为零。另外,关于产品质量问题,也存在信息不对称现象,需要政府的参与和支持。当前,在国内,最受关注的是食品、药品安全,毒牛奶、毒大米、毒猪肉、地沟油、红心鸭蛋、假药等不胜枚举的产品质量安全问题给人民群众身心健康带来极大威胁,同时也严重扰乱了市场秩序,不仅严重损害了相关产业的健康发展,而且也打击了消费者信心。与此相关,强制性的食品检测、可追溯、防污染活动及其设备设施等资源投入,都应属于纯公共产品,但是在具体的提供方式上,可因地制宜地借鉴前面介绍的准公共产品的办法,即政府投入、政府监管、市场化运作。

4. 废旧物品回收:纯公共产品

废旧物品回收属于环境保护的重要内容之一,而环境保护显著具有纯公共产品性质。首先,环境是个体人赖以生存的物质基础,单个个体对其所处环境的依赖并不能排斥其他个体对其依赖,具有明显的非排他性。如我们呼吸空气以维持生命的新陈代谢,并不能阻止其他人的呼吸,而且这种非排他性不以个体的年龄、性别、身份、地位而发生变化。其次,在达到某个临界点之前,新增个体对特定环境的依赖并不妨碍原有个体的正常生活,具有明显的非竞争性。另外,环境污染具有明显的负外部性,相反,环境保护具有显著的正外部性。由经济学理论可知,环境保护的正外部性决定了环保提供者收益小于成本,如果任由市场提供环保服务,必然供给不足,应该有政府的参与。

流通领域废旧物品回收应当重点关注耐用消费品,因为第一,耐用消费品一般都具有回收再利用价值;第二,耐用消费品具有整装特点,易于计量,有利于回收企业运输、储存;第三,耐用消费品单个处理非常困难,而且成本极高,需要规模化集中处理。在国外耐用消费品回收方面,流通业发挥了很大的作用。如耐用消费品购物押金制度、以旧换新制度等都有流通企业深度参与,政府部门给予各种资金、管理等方面的大力支持。目前,我国在家电、汽车等耐用消费品的以旧换新政策还需要继续深入实施,扩大范围,提高补贴标准。废旧物品回收可以参照前面的十余种办法,灵活运用,大多数可因地制宜地借鉴准公共产品的供给模式。

另外,除了提供具体的公共产品外,政府还应该提供法律产权保护、政策制定、维护经济稳定与社会公平等一般性公共产品。流通领域的一般性公共产品主要表现为商业法律、法规、政策的制定和执行。一般性公共产品属于纯公共产品,完全由政府提供,这一点毫无争议,本文不具体分析。

三、发达国家流通领域公共产品的供给方式借鉴

在发达国家进入以服务业为主导的现代社会之后,作为服务业的重要支撑之一,流通业得到迅速发展,并成为经济增长的重要推动力。流通业的繁荣与流通领域公共产品的良好供给紧密相关。总结欧盟、美国、日本等国经验,政府为流通领域提供的公共产品及方式主要有以下方面的内容。

1. 农产品流通的各种投资和补贴

农产品是国家粮食安全和食品安全的物质保证,具有一定的公益性特征。正因为如此,尽管农产品完全可以界定为私人产品,但其生产和流通仍然受到公共财政的保护与扶持,即使在市场经济比较发达的西方国家亦如此。

(1)政府补贴或直接投资农产品批发市场。美国农产品批发市场多由农业合作组织出资建设并负责经营管理,政府给予相应的财政补贴。在日本,中央批发市场直接由都道府县政府出资建设和管理,地方批发市场可以由地方政府开办,也可以采取株式会社、农协等组织开办,政府补贴的方式,仅 1981 年度,日本政府对 31 个城市的 56 个批发市场提供的补贴资金就达到 130.7 亿日元。德国的乡镇市场中心(或称“市场广场”)也是由政府负责修建和管理的。①

①张其泮.国外商业研究[M].北京:中国商业出版社 1990:71,217.

(2)农产品出口补贴。美国农业出口收入中的21%是由政府补贴支持的,其中谷物、油籽、牛奶产品、牛肉、猪肉等都受到不同程度的政府补贴;加拿大、欧盟等国家也对农产品出口给予大量财政补贴。①

(3)农产品国内流通的价格、税收、融资优惠。发达国家对农产品国内流通也提供了多方面的补贴和优惠,如制定农产品收购最低价格制度、对农产品流通企业的税收减免、提供低息贷款和信贷担保、实施农业保险补贴等。

(4)发达国家政府还为农产品流通主体免费提供必要的市场信息、储运技术咨询和培训、法律援助、产权保护等一般性公共产品。

2. 对中小型商业企业的保护和资助

流通业发展不仅需要大型企业的支撑,更需要大量蓬勃发展的中小企业来参与,而且中小企业与就业、物价稳定等公益问题息息相关。因此,资助和扶持中小型商业企业,成为近年来各国政府发展流通业的通行做法。

1953 年美国国会授权成立小企业管理局,属于独立的联邦政府机构,其主要职责是:反映小企业要求,维护小企业利益;利用直接贷款、协调贷款和担保贷款方式向小企业提供资金援助;向小企业提供咨询服务、管理训练等援助;帮助小企业参与联邦政府采购。其中,中小型商业企业同样受到保护和资助。

法国为了限制大型零售商店的扩张从而保护中小型商业企业的发展,也采取了一系列措施。1973 年颁布的《鲁瓦耶法》规定开设销售面积在 1000 平方米以上的商店必须经过授权,1996 年的《拉法兰法》更加严格,要求建造或扩建任何面积超过 300 平方米的商店都需要得到许可。② 另外,英国、德国等都分别制定了相关法律,限制大型商店、保护中小型商业企业的发展。

日本对中小商业企业的保护和扶持力度更大。日本通产省中小企业厅是制定和实施中小企业法规,并管理和指导中小企业发展的政府管理机构。在中小商业企业保护方面,日本可谓是无微不至。1974 年日本取消《百货店法》并颁布《大店法》,对大型零售商店的营业规模、开店时间、关店时间、开店日期、休假天数等进行了严格限制。1998 年《大店法》废止,同时颁布了"城建三法",为中小企业发展提供全方位的保姆式保护。同时,日本政府对中小型商业企业提供管理和技术援助。如为中小企业提供情报和进修机会;指导中小企业事业转向,并通过金融、信用担保、税收优惠等方式给予支援等。

---

①王福明,汪东虹. 世界主要国家经贸政策与措施(上)[M]. 北京:法律出版社,1997:64.

②斯图沃特·豪. 欧盟零售业:结构、竞争和表现[M]. 上海:科学技术文献出版社,2007:45-46.

3. 流通环节的食品安全治理

(1)进口食品质量安全监管。美国、日本、欧盟等国家对进口食品质量都有非常详细的规定,并严格执行,可谓"高标准,严要求",而且这些标准随着新技术、新情况、新问题的出现不断更新和完善。2011 年 1 月美国总统签署了《FDA 食品安全现代化法》,对进口食品安全的监管更加严格。

(2)商业职能部门参与食品安全监管机构组建。发达国家食品安全监管大多采用职能整合、统一管理的思路,将食品安全监管集中到一个或几个部门,并加大部门间的协调力度,以提高监管效率。美国政府于 1998 年成立总统食品安全管理委员会,负责协调食品安全工作,商务部重要负责人为该委员会的核心成员之一。

(3)商业职能部门参与制定食品安全监管的规章和标准。如在美国,食品安全法规体系,除了国会制定的法令之外,还包括政府职能部门颁布的规章和标准。商业职能部门主要参与市场准入、市场督查等方面的标准或办法。而且,在出现新技术、新产品的时候,行政部门在没有新的立法的情况下就可以对规章进行修订或修改。

另外,发达国家政府经常借助社会媒体、法律部门等对食品生产和流通领域相关主体进行食品安全法制宣传,同时,加强对消费者食品安全常识教育,并提供基本的咨询和培训服务。

当然,发达国家政府在流通领域公共产品方面的作为还有很多,非常细致。对于流通业仍处于初级阶段的发展中国家而言,需要进一步去发现、学习和借鉴。

四、扩大我国流通领域公共产品供给的政策措施

1. 研究并建立流通业安全评价预警体系

①为流通主管单位拨付流通产业安全专项资金,由产业安全负责部门领导组建流通产业安全专家小组,设立公共产品性质的专项任务,即对中国批发业、零售业和物流业的产业竞争力、产业国内发展环境和产业控制力进行深入研究,以准确把握中国流通业安全的现状。目前由于目的和角度不同,国内关于中国流通业安全的研究,结论大相径庭,急迫需要政府部门出于公共服务目的为中国流通业安全作出公正的、客观的评断。②建立流通业安全评价预警体系,并纳入国家产业安全预警系统之中。③在对外开放的动态进程中关注流通业安全,财政应该设置专项资金支持流通业安全政策重心的战略调整。涉及流通业安全的公共产品供给,应该按照纯公共产品对待,由财政专项资金全额支持,政府设定专门机构负责。

2. 保护和扶植中小型商业企业发展

①借鉴日本《大店法》、法国《拉法兰法》以及英国、德国等国家的商业土地使

用政策,尽快出台引导和限制大型零售商业发展的法律法规,对其店铺选址、营业时间、店铺面积等进行规制和管理;切实执行《中小企业促进法》,将中小流通企业发展纳入地方经济发展规划,尽快出台《城市商业网点规划法》,促进大、中、小企业协调发展。②加大对中小流通企业的信贷支持,完善对中小流通企业的金融服务,扩大授信额度,开发新的信贷服务项目;鼓励各类信用担保机构积极开展中小企业担保业务;有条件的地区争取设立支持中小企业的发展基金,重点扶持中小流通企业发展。③降低农村地区、中小城市、大城市社区的商业企业准入门槛,改变工商和金融部门对营业面积小、注资规模较少的小企业的限制和歧视,并协调工商、卫生和税务主管部门对中小型商业企业给予税费优惠或减免。④鼓励中小型商业企业实行灵活多样的连锁经营方式,为企业联合采购创造条件或提供信息服务,以减少单个企业采购和配送成本,巧妙地增强自身优势,获取更大的生存空间。

3. 提高农产品批发市场建设、升级改造的政府补贴

①对农产品仓储、冷链、检测、标准、交通、通信、信息化、物流基础设施给予进一步的财政支持。②对农产品产地批发市场建设与改造升级给予定额补助和长期贴息优惠贷款,具体项目包括冷库建设补助、信息平台建设补助、交易厅建设补助等。可以在5年内陆续扶持1000家产地批发市场,每个市场平均补贴100万元,共需要资金10亿元人民币,从现有国债资金中切出一定比例专门支持农产品产地批发市场建设。③考虑到农产品批发市场内大部分经营者属于个体摊位制商贩,相关租金税费已成为沉重负担,处于保本经营或微利经营状态,对此,应按照国务院近年来陆续出台的相关政策进一步清理减免。

4. 重点支持农产品安全可追溯体系建设,维护食品安全

①在产地和销地农产品批发市场建立产品质量安全检测中心,并保证切实运转,建议采用企业提供场所、政府直接投资的方式,对于企业自主组建的检测中心,政府部门要给予足额的财政补贴,并加强监控企业实际行为,防止财政补贴落空。②完善绿色食品、有机食品认证体系,鼓励大型有实力的农产品生产企业、农业专业合作社走标准化、现代化之路,并在税费方面给予减免或专项补贴。③继续推广"农超对接"和"农餐对接",建议对参与"农超对接"或"农餐对接"的零售企业和餐饮企业实行税收优惠。④加大无包装农产品追溯体系,研发新技术,创新模式,降低运行成本,同时对于积极推行农产品质量追溯体系的企业或商户给予奖励或补贴。如前所述,强制性的食品检测、可追溯、防污染等活动和设备设施等资源投入,都应属于纯公共产品,但是在提供方式上可因地制宜地借鉴前面介绍的准公共产品的办法。

5. 加大财政补贴,扩大废旧消费品以旧换新范围,提高折价标准

①扶持并规范二手家具市场,并适当给予补贴。对于合理回收、科学翻新、诚信经营的企业或商户给予补贴,鼓励二手家具市场走向规范化、正常化。②提高废旧家电折价标准,加大补贴力度。出台全国性旧家电回收折价标准,适当提高补贴额度,并严格监督商家行为,杜绝商家"两头啃",即压低旧家电折价,提升新家电销售价格,从中渔利。③结合农产品批发市场建设和升级改造工程,选择若干家交易量大、辐射面广的批发市场,从环境保护角度出发,重点支持废弃物处理中心建设,减少农产品废弃物污染。

6. 城市基层社区商业服务业支持项目

目前,社区商业、服务业功能配套多年欠账,是服务业的最薄弱环节,已经引起社区居民的强烈不满,主要表现为网点少、功能不全、租金高,使中小服务商无力经营;即使在运营的中小服务企业也是微利经营,积极性不高,如菜市场、大众餐饮、修理、家政服务等甚至是保本经营,而社会资本宁愿投资大卖场、大百货,也不愿投资社区商业;缺少配送体系支撑,服务水平、商品质量和食品安全难以保证。特别是近年来,由于地价、房价、商业地产价格疯涨,租金税费也大幅上涨,社区民生项目更难以为继。建议专项支持城乡居民基层社区配套商贸服务设施工程、项目建设,对中小商铺等服务网点租金、税费大幅度减免。①

(原载《中国流通经济》2012 年第 12 期)

降低流通成本、提高流通效率的路径选择

洪 涛

一、流通效率概念及其内涵

1. 概念

(1)效率。效率就是有效程度的比率,是成果与消耗的比率、产出与投入的比

①供给者是指通过集体选择机制对公共产品供给方式、数量、质量、价格等方面作出总体决策和管理的一方;生产者是指投入各种生产要素产出公共产品的具体执行单位。根据不同的供给方式,供给者和生产者可能为同一主体,也可能为不同的主体。

率。这一名词最早在拉丁文中出现,是指有效的因素。19 世纪末,效率的特定含义应用于机械工程方面,表示输出能量与输入能量的比值。后来效率这一概念的应用范围日益广泛。

在经济学中,效率一般指投入与产出的比率,即经济活动中各种要素的投入与产出物的比率。

(2)流通及其流通产业。流通是指一系列商品交换,由商流、物流、信息流以及与之相适应的资金流、消费流构成。

流通产业是商品(含服务)流通运行的组织载体,包括批发与零售、住宿与餐饮、租赁与商务服务、居民服务与其他服务、电子商务、物流配送、流通业咨询与培训机构等。

(3)流通效率(Circulation Efficiency & Marketing Efficiency)的内涵。流通效率有多种内涵。

1)是指在组织商品流通中的投入与产出的比例关系。投入包括组织商品流通中活劳动和物化劳动的消耗;产出包括流通组织的经济效率、社会效率、生态效率。①

2)是指在流通领域单位时间内所实现的商品价值量与流通费用之比例。

3)是指在既定流通成本条件下,追求最大的流通产出,或者在既定流通产出的条件下,追求流通成本最小化。

2. 流通效率的多层次性、多元性

流通效率具有多层次性、多元性,具体可以从以下几种情况分析。

从功能而言,包括流通经济效率、流通社会效率、流通生态效率;

从层次而言,包括流通宏观效率、流通中观效率、流通微观效率;

从层次而言,包括单个组织流通效率、渠道效率或供应链效率、流通行业效率、宏观流通经济效率;

从技术而言,包括流通技术效率、②流通经济效率、流通生态效率;

从行业而言,包括流通领域内批发与零售业、住宿与餐饮业、租赁与商务服务业、居民服务与其他服务、电子商务、物流配送效率;

从时间而言,包括流通长期效率、流通中期效率、流通短期效率。

---

①洪涛. 流通产业经济学[M]. 北京:经济管理出版社,2007:327.

②寇荣,谭向勇. 蔬菜批发主体技术效率分析——基于北京市场调查[J]. 中国农村观察,2008(2):2－12.

总之，当前我国进入新的历史时期，现代流通业应注重流通的经济效率、社会效率、生态效率，特别是生态效率是过去我们忽视的内容，应该成为提高流通效率的重要内容之一，以推动我国整个社会的综合转型。

二、流通效率评价指标体系

由上可见，流通效率可以从多维角度进行划分和考察，因此，在确定流通效率评价指标体系时，应从不同的维度进行，避免从单一角度来考察。为了便于综合考察流通效率，笔者认为，从以下 4 个方面进行评价具有一定的客观性，也是我们对流通效率考察的标准，具体包括流通者效率、生产者效率、消费者效率、社会公共效率（参见表 1）。

表 1　公共产品供给的一般模式

立场指标	类型指标	具体指标	指标说明
流通者效率指标	综合效率	技术效率	包括不同流通环节不同流通主体的技术效率
		配置效率	包括不同流通环节不同流通主体的配置效率
		损耗率	包括分区域分品种分环节的质量和重量的损耗率
	时间效率	流通速度	一定时期内的销售收入/该时期内的流动资产金额
		库存率	一定时期内的库存总额/该时期内的销售总额
	成本效率	流通费用率	流通费用/销售额，包括总体和分环节的流通费用率
		流通毛利率	流通毛利/销售额，包括总体和分环节的流通毛利率
		平均单位流通主体销售额	总销售额/总流通主体数，不同环节的流通主体分别计算
		人均销售额	总销售额/总从业人数
		平均单位流通主体毛利额	总毛利额/总流通主体数，不同环节的流通主体分别计算
		人均毛利额	总毛利额/总从业人数
生产者效率指标	综合效率	产销比率	一定区域内分品的产品销量与产量的比值
		损耗率	包括分区域分品种、从生产到流通环节的重量和质量损耗率
	成本效率	流通费用率	流通费用/销售额，包括从生产到流通环节的流通费用率

续表

立场指标	类型指标	具体指标	指标说明
消费者效率指标	综合效率	消费者满意度	反映包括个人和团体在内的终端消费者对流通效率的综合满意程度
	质量安全效率	质量合格率	主要指零售环节的质量合格率
社会公共效率指标	综合效率	市场整合度	包括不同空间和不同环节的市场整合度
		市场集中度	包括分品种、分环节的市场集中度
		损耗率	分品种分环节的重量和质量损耗率
		产销比率	指一定区域内分品种的产品销量与产量的比值
	时间效率	流通速度	一定时期内的库存总额/该时期内的销售总额
		库存率	一定时期内的返适销率 = 1 - 适销率(销售总量/进货量)
	成本效率	流通费用率	流通费用/销售额,包括总体和分环节的流通费用率
		流通毛利率	流通毛利/销售额,包括总体和分环节的流通毛利率
	质量安全效率	质量抽检率	包括生产、批发和零售等各环节的质量抽检率
		质量合格率	包括生产、批发和零售等各环节的质量合格率
	社会化效率	社会公益活动率	具有正面影响活动数/组织活动数

三、我国流通效率存在的问题

1. 理论问题

(1)单一流通经济效率论,认为应以单一的经济效率指标来衡量流通效率。显然,这不符合中国共产党十八大的“四个文明”(物质、精神、政治、生态文明)、“五位一体化”(经济、政治、文化、社会、生态文明建设)精神,也不符合我国社会发展趋势。

(2)短流通论,认为只有“短流通”才能降低成本、提高流通效率。这里主要是从一体化和纵向约束讲的,①但有些实际部门的同志将其扩大化,简单地认为是流通距离的长短。显然,这不符合区域化、专业化、规模化的发展趋势,如海南的蔬

①张富春,沈宇丹. 短流通:商业产业组织的新理念[J]. 商业研究,2011(11):8 - 13.

菜、新疆的水果等运送到北京的距离就短不了。减少流通环节应从实际出发，以提高流通效率为目标，宜短则短，宜长则长，而不就“短”而“短”，甚至有人提出国外农产品流通环节只有3个，国内农产品流通环节因超过了5个而提出要减少环节。

(3)零环节论，认为流通成本高、效率低是因为环节过多造成的，如果将流通环节减少为“零”，这个问题就解决了。显然，这不符合社会发展的基本规律——专业化分工越来越细、相互联系越来越紧密。因此，我们说“农超对接”仅仅是农产品进入流通的一种渠道形式，而不能代替其他渠道形式。除了“农超对接”外，我国还有农餐对接、农校对接、农社对接、农场对接、农网对接、农批对接等多种形式。

(4)流通不创造价值论。长期以来，传统经典理论不承认流通劳动是生产性劳动，只是转移“生产品”(农产品和制成品)的劳动，只承认运输与仓储是生产领域在流通领域的延续。我认为，流通劳动虽然可以具体分为不同的具体劳动，但它是体力和脑力劳动抽象凝结是无异议的，同时在实现商品价值的过程中，流通劳动者也在创造价值，这具体体现在流通劳动的成果是服务，而不是实物。在服务劳动及其服务品牌创造上，如果否认这些，就否认了其劳动性，因为流通劳动者给社会提供的是服务产品。

(5)大宗商品“准期货”交易论。有人在期货交易与现货交易中间划出一个“准期货”交易概念，混淆大宗商品电子交易与期货的区别，又将其与现货交易分离开来。实际上，远期交易属于现货交易，而不是“回归现货”。

2. 实践问题

(1)将流通的制度成本、迂迴成本与正常成本混淆。正常的流通成本随着人们生活水平的提高、食品安全水平的提高、消费结构和消费质量提高、科技成本提高必然具有增大趋势，只有通过科技手段现代化提高其发展水平，才能降低其成本。

(2)重前店轻后台、重经营轻管理、重价格竞争轻服务竞争、重低价竞争轻其他多种竞争方式、重与国际接轨轻中国特色的实际情况。但是，我国经济、社会、文化发展不平衡的特点决定了我国流通多种方式、多种渠道、多种经济成分、多种商业模式的客观存在。

(3)我国流通效率普遍不高。目前我国农产品流通过程中因为物流条件差，导致农产品的损耗严重。据统计，我国农产品产后损失严重，每年流通腐损达到上千亿元，果蔬、肉类、水产品流通腐损率分别达到20%～30%、12%、15%。而发达国家的果蔬腐损率则控制在5%以内，美国只有2%。我国人均占有耕地较少，每年损失相当于1亿亩耕地产出。

(4)“零供关系”所表现出来的本质就是相互之间的合作关系,合理的进场费有利保护零售商的合法利益,规范进场费有利于保护供应商利益,如果将规范性的收费和不规范性的收费混淆起来,不可能形成零供关系长期的合约关系——供应链。

(5)“准期货”交易将大宗商品电子交易引向歧途。近两年集中出现了近500个“交易所型”电子交易市场,这些市场既不反映市场供求,也不反映商品价值,采取“T+0”的交易方式,但是产出的“价格”完全扭曲于市场,造成巨大的投资浪费。而电子交易模式的现货挂牌交易、现货远期货交易、竞价招投标交易、竞价拍卖交易、在线协商交易、专场交易、RAT交易多种模式,并非“准期货”模式。

四、降低流通成本、提高流通效率的路径选择

1. 明确“降成本,提效率”的途径(参见图1)

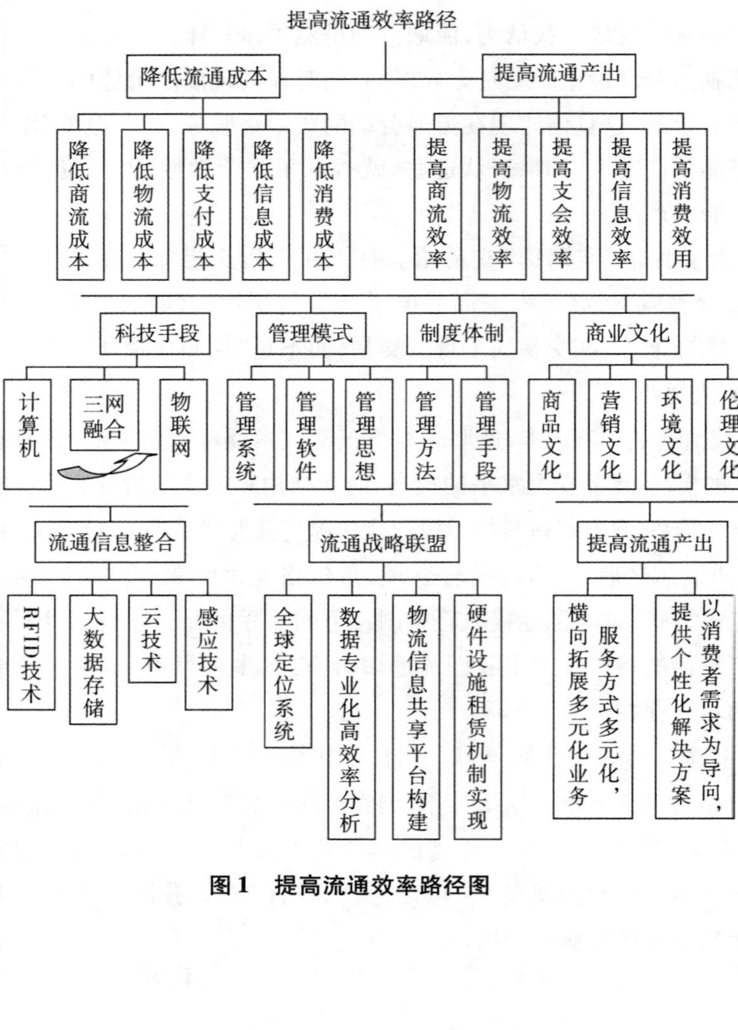

图1　提高流通效率路径图

(1)降低流通成本的途径。针对不规范的路桥费、罚款、税费、产业政策,要改革流通管理体制,减少行政成本,为降低流通成本创造良好的制度环境。

降低迂迴成本,即迂迴路线的决策导致的成本,对策是科学决策运营,科学运筹路线,避免迂迴运输导致的流通成本浪费。

降低正常成本,针对正常流通成本呈现上升的趋势,对策是科技运用与管理,提高科技水平,以减少正常成本(商流、物流、支付结算、信息采集等),充分发挥流通科技的作用,这是最终解决正常成本偏高的唯一、根本的出路。

(2)提高流通产出途径。向前端要利润,即给予消费者更多的商品实现的文化附加值,通过批零差价、进销差价获得相应的利润;向中间过程要利润,如与售前相联系、与售后相联系的售中服务获得相应的利润;向后端要利润,给予供应商、制造商提供更多的服务,获得相应的服务费用,给予产前、产中、产后等产业链服务相应的平均利润。在各过程中,既要提高服务产品数量,又要提高服务产品质量,以获得相应的合法收入。

2. 改革管理体制,降低制度成本

(1)规划与布局。流通业是一个高度竞争的领域,也是全球竞争最激烈的领域,因此,政府不能够撒手不管,但也不能管得太多,流通网点规划与布局、科学的试点与引导是十分必要的。

(2)产业政策。制定流通业发展的产业政策,对于流通业可持续发展十分重要,但是流通业产业政策是诱导性的,而非强制性的,对于引导和指导流通产业发展具有重要意义。

(3)合理税费。流通业是低利润行业,也是劳动密集型行业,中小微型企业及其经济组织占99%以上,特别是许多涉农组织销售农产品,应给予较低的税费,甚至免费,给予其特殊的关爱。

(4)推广多种绿色流通模式。如试点推行"零碳超市"、"低碳物流"、智能商店、智能餐厅(机器人餐厅)、智能市场、智能物流等。

3. 以科学发展观指导提高流通产出效率

(1)科学的商品理念(实物商品、服务商品、系列活动)。传统商品概念是实物商品,而现代商品是包括实物商品、服务商品、系列活动,是"三位一体"(Trinity)的商品概念,是在一个商店卖商品、卖服务、卖消费理念。同时大量的服务产品存在于我们的生活中,如餐饮业、住宿业、美容美发业、沐浴业、沐足业、修理业、家政业、生活照相与摄影、再生资源回收、快递等,这些行业主要是提供服务性劳动,同时也创造服务产品价值的行业。随着社会的发展、全面建成小康社会,生活性服务商品越来越多,商

务性服务(租赁、典当、会展等)也会越来越多,甚至还会出现许多新的服务业。(参见图2)

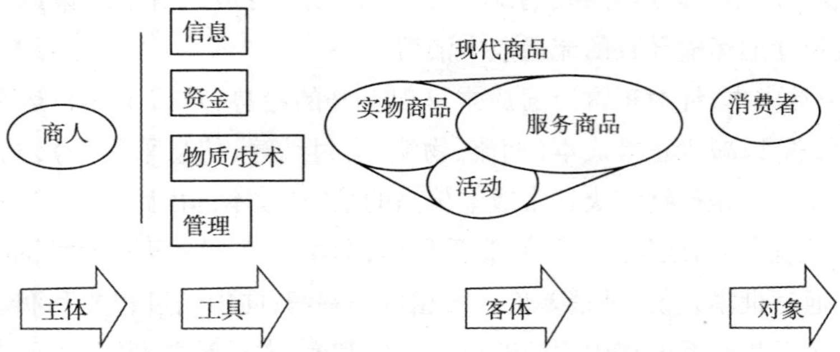

图2 流通效率新概念

(2)科学的技术与设施。衡量流通企业规模大小的传统标准是经营服务面积、经营设施的多少,而现代社会在“计算机——互联网——物联网”三次信息科技浪潮的推动下,许多轻资产公司出现,越来越多的企业不能仅仅以投入资产因素的大小来衡量其大小,而应考虑其产出的服务经营能力,如2012年“光棍节”,天猫和淘宝网一天销售191亿元,超过国美,成为一个“奇迹”。20多个电子商务企业销售额超过300亿元,如果单从“轻公司”而言,它们是一些中小企业,但是从其产出看,它们是规模较大的中小企业。未来5~10年还会有一些新的科技出现,形成许多的冲击波,但是,新的技术与设施只有给企业带来新的利润增长点且购买成本较低时,才可能推广,这是由流通业中小企业较多的现实所决定的。

(3)科学的管理模式。在新的开放经济条件下,流通企业必须创新商业模式,加强科学管理,才可能在竞争激烈的市场中获得市场份额和利润。科学的管理模式包括管理系统、管理软件、管理思想、管理方法、管理手段,我们一般所讲的管理模式输出实际上就是这些内容的输出。

(4)科学的结构与方式。流通业结构调整与发展方式转变是一个长期而艰巨的任务。从结构调整来说,我国流通产业发展较快,但是,结构不合理问题十分突出,大型、特大型流通企业较少,上中下游企业没有形成紧密的产业链,能够参与国际市场竞争的大型流通企业较少,缺乏一批像“利丰集团”那样国内外联动发展的大型跨国企业集团。从发展方式转变来看,众多流通企业习惯于采取粗放型经营的方式,如采取价格竞争的方式扩张,而价格竞争又主要采取低价竞争的方式,导致我国零售领域利润越来越低——成为微利领域,甚至出现“卖钢不如卖菜”等现象。

4. 充分发挥行业协会服务能力，加强协调与沟通，改善竞争环境

行业协会是政府与经济组织之间的桥梁和纽带，应具备三个方面的协调与沟通能力。

(1)为政府服务能力：一是贯彻落实党和政府方针政策的能力；二是为政府制定政策、法规、规划提供信息的能力；三是主动反映行业和企业诉求，为政府制定政策法规、宏观调控当好参谋助手的能力；四是承担并履行政府委托职能的能力。

(2)为行业服务能力：一是行业基础建设，如行业统计信息的发布、行业标准(国家标准、行业标准)的制修订、行业教育培训、行业科技发展等方面的能力；二是开展有助于形成行业效应、维护行业利益、增强行业凝聚力的服务能力；三是建立行业自律机制，维护行业发展秩序等方面的能力；四是推动行业基础理论研究，形成产学研结合，提升行业整体竞争力的服务能力等。

(3)为经济组织(企业)服务能力：行业会展、专业论坛、规划咨询、法律支持以及提供个性化的管理、技术、经营、培训服务等方面的能力。

5. 加强人才培养，提高流通劳动者素质

(1)加强流通员工人才培养。社会发展需要多层次、多规格、复合型的流通员工队伍，当前我国流通产业大军虽达到1.03亿人，但从业人员普遍素质偏低，需要引起高度重视。

(2)提高流通劳动者社会地位。流通业中特别是生活服务业(餐饮、住宿、美容美发、沐浴、沐足、洗染、家政、修理、再生资源回收、快递等)的从业人员的社会地位较低，而随着社会的发展，人们生活水平的提高，生活服务产品及其消费越来越重要，是人们消费升级的重要内容。因此，必须提高他们的社会地位，扩大“四险一金”的比例，解决他们的后顾之忧。

(3)塑造流通组织品牌和服务品牌。流通组织从业人员提供给社会的是服务产品，应通过他们的服务劳动来实现商品的价值、实现消费者的消费效应。消费者满意程度越高，标志着从业人员的服务质量越高。因此，提高服务质量具有非常重要的地位和作用。在服务过程中，从业劳动者也创造服务价值，服务产品的品牌特别是服务品牌应该得到社会尊重。如江苏省扬州市修脚女工陆琴成为全国人大代表，并且创新了她自己的“陆琴脚艺”品牌，不仅在全国推广，而且走出了国门。

(原载《中国流通经济》2012年第12期)

伴生流通并且超越流通的物流

王之泰

一、主题的表述

本文主要想表述这样一个主题:物流并不仅仅与商品的流通相伴生。过去的关注点主要集中在这个领域,这反映了人们对物流的直观认识,这也是普遍的、初期的认识。随着物流实践与科学的逐步深入发展,人们对物流的认识也有了相当大的扩展,其中一个认识就是物流必须超越流通,在更为广阔的领域发挥作用。作者曾经专门就这个问题发表过意见,提出物流在生产、流通、生活、军事领域广泛存在,而不仅仅是流通的子系统。在与流通并行的生产领域中,物流也是生产的子系统,物流对实物产品的生产和制造也非常重要,它们之间存在十分密切的关系,物流与实物产品的生产也是相伴而生的。研究并重视这个问题,让物流对实物产品的生产起到支持、保证和提高的作用,也是生产发展、生产水平提高的一个重要侧面。

二、对物流认识的简单回顾

物流这个概念是第二次世界大战之后出现的。日本在经济发展过程中,派出了很多专业考察团到美国考察,从美国引入了“Physical Distribution”这个经济概念,并很快被日本产业界所接受,又经过一段时间,日本把“Physical Distribution”正式翻译成“物的流通”,简称“物流”。我国最初引进并明确采用物流这个概念,应当说是20世纪七八十年代的事情。那个时候,物流学科的国际化进程刚刚开始,主要的推动力量是日本。尽管20世纪60年代日本去美国考察之后引进了物流的概念,并开始进行研究,同时在企业中实施,但直到20世纪70年代,日本才大力推进,开始了所谓的“物流革命”。因此,20世纪70年代末我们介入到国际物流组织的时候,国际物流会议才刚刚召开第二届。我国经济领域对物流最初的认识和了解来自于日本,我国经济界对这个概念的认识和采用比日本晚了大约二十年。

当时,在国内各个经济部门中,对物流关注程度最高的是物资部门,其所从事的工作是“物资流通”,这是计划经济时期我国按照原苏联模式构筑的一个经济部门。物资指的是生产资料，在我国对外开放的进程中，把物流看成了物资流通从计划向市场转型的一种参照。于是，物流这个概念首先进入到我国宏观经济领域。之后很长一段时间，商流和物流成了流通领域两个并行的概念。有人对流通进行细分，把流通分成了商流、物流、信息流，特别是把商流和物流连接为一体，成了一体两翼的一个概念。在经济实践中，我们看到更多的是物流在社会流通中的实践。

物流概念进入我国已经三十多年了，现在已经成了一个蓬勃发展的重要经济领域。在这三十多年时间里，我国已经形成了一个庞大的物流产业，建设了若干全国大型物流通道，形成了物流中心和物流基地网络，有效支持了我国经济的发展，同时还有许多结合我国国情的创新乃至为国际作出的创新型贡献。可以说，物流是我国经济发展中的一个亮点。

三、物流对促进流通发展起到了巨大的作用

前面已经提及，长期以来，在我国国民经济中主要是流通领域在关注物流，流通领域在应用、推广和发展现代物流管理及技术装备方面发挥了巨大的作用，物流在服务和支撑着社会商品流通，特别是以下八大方面引人关注。

1. 配送广泛发展

我们对配送的直观认识可以这样表述：按照用户的要求进行分货、配货和其他操作，并将配好的货送交收货人。实际上，在局部范围内采用这种方式实现商品的流通，已经有很长的历史了。现代物流在促进流通发展方面的作用主要表现为配送的广泛化、规模化和优化，已经成为某些商业形式（如网络购物）不可分割的一部分。配送的广泛发展也促进了流通加工的发展和配送中心、快运快递等新型物流形态和产业的形成。

2. 物流中心、物流基地、物流园区普遍建立

物流园区在一定程度上克隆或承袭了工业园区的成功模式，曾经在我国大量建立，特别是占用土地资源较多的仓库、运输基地或枢纽是其中的主体。园区这种大规模集中、集群方式一个非常重要的优势就是充分利用交通和仓储设施，促进城市规划的合理化，方便城市的管理，增强城市与外界进行经济交往的能力。因此，建设物流园区不仅是出于物流运作与经济合理化的考虑，也受到了政府的支持和民众的欢迎。但是，物流是服务业，服务业的本质要求其应当贴近被服务对象，而不是远离被服务对象。物流的服务对象广泛分布于社会之中，尽管其中有些被服务对象分布得相当集中，但大部分被服务对象仍处于分散的状况。因此，作为服务业的物流企业，大规模、绝对的集中也存在比较显著的问题，恐怕很难取得像制造

业那么大的成功。

3. 快运快递业态普及

对物流“快”的服务的需求,已经不是物流普通服务能够完全满足的了。最初,对快运快递需求的满足是通过企业物流系统增加一项功能或一项服务来完成的。随着需求的增加、市场规模和容量的扩大,导致了专业化、社会化快运快递企业的出现。这项进展在世界上也就是最近几十年的事情,在我国也就是最近十几年的事情。快运快递物流形态的出现和迅速普及,特别适应网络时代的要求,成为了电子商务非常重要的服务手段,甚至成为了电子商务不可分割的一部分。现在,社会化、专业化的快运快递企业已经大量出现,这些企业集群可以构筑出一个大的行业领域。

4. 物流基础网络逐渐形成和完善

在新中国成立后六十多年的经济建设中,交通运输始终是人们关注的重点,并取得了巨大的成绩。最近三十年更是形成了覆盖广泛的物流基础网络,通道和物流节点城市正在形成。在《物流业调整和振兴规划》中,我们更是看到了这样一个发展前景:发展九大物流区域,建设十大物流通道和一批物流节点城市。九大物流区域分别为:以北京、天津为中心的华北物流区域,以沈阳、大连为中心的东北物流区域,以青岛为中心的山东半岛物流区域,以上海、南京、宁波为中心的长江三角洲物流区域,以厦门为中心的东南沿海物流区域,以广州、深圳为中心的珠江三角洲物流区域,以武汉、郑州为中心的中部物流区域,以西安、兰州、乌鲁木齐为中心的西北物流区域,以重庆、成都、南宁为中心的西南物流区域。十大物流通道分别为:东北地区与关内地区物流通道、东部地区南北物流通道、中部地区南北物流通道、东部沿海与西北地区物流通道、东部沿海与西南地区物流通道、西北与西南地区物流通道、西南地区出海物流通道、长江与运河物流通道、煤炭物流通道、进出口物流通道等。在节点城市方面,我国已经基本形成了物流节点城市的网络布局,主要包括21个全国性物流节点城市、17个区域性物流节点城市和地区性物流节点城市。

5. 以集装、散装方式为代表的现代物流装备技术和管理得到广泛应用

现代物流的发展不仅有力支持了一般的商品流通,也通过集装、散装等科学的物流方式支持了某些重要和特殊的商品流通。这些方式保证了商品流通规模的扩大,减少了流通的损失,提高了流通的速度和效率。

6. 零库存、精益物流开始推行

精益物流是在有效的信息、管理和技术的支持下,以正确、准确、快速、高效为标志的物流系统或物流运作。这种物流运作可以带来多方面的好处,对此已有专

门分析，不再一一列举，仅举出特别引人关注的零库存。尽管以零库存支持大规模的商品流通，现在还不具备普遍性，但已经具有可行性。

7. 社会物流、第三方物流快速发展

起初是生产企业自己来开展物流服务，自己去做供应物流，自己去做销售物流。我们看到，现在这种情况已经发生了根本性的转变。企业所需要的企业外部甚至内部的物流不再由企业自身去完成了，而是由专门的物流企业来提供这种服务，专业化和社会化是第三方物流的重要特点，是社会分工在这个领域的重要体现。第三方物流的出现使企业摆脱了“小而全、大而全”的困扰，可以集中精力致力于核心竞争领域，进行生产的优化和市场的开拓。第三方物流已经成为推动专业化分工与社会进步的重要力量。

8. 现代技术特别是信息技术大幅提高了社会流通能力和水平

现代运输技术、现代仓储技术、现代装卸技术等已经在社会物流中得到广泛应用。其中，信息技术的作用更为显著，促进和保证了物流信息的互通交换，促进了信息流、物流、资金流的协同与联动。货物跟踪定位、无线射频识别、物流信息平台、智能交通、物流管理软件、移动物流信息服务等关键技术已经开始得到广泛应用，并达到了一定的高度。

四、流通领域之外的物流

现代物流在流通领域的应用产生了十分巨大的作用，但这还只是发展进程中的作用，流通领域物流的发展还存在很大的空间。正因为如此，才有可能出现一个负面作用：过分看重这个领域而忽视其他领域，影响我们在其他领域推行和发展现代物流。究其原因，往往与我们对物流认识的局限性有关。这种局限性主要体现在：仅把物流看成商品流通的相关过程，甚至把物流混淆于流通，从而忽略了物流在国民经济其他领域的作用。

商品流通领域之外的物流主要包括三个方面。

1. 军事领域的物流

这是社会经济领域容易忽视，而国防、军事领域高度重视的物流，这一领域的物流习惯上称为“军事后勤”。对现代战争和现代军事活动而言，物流是非常重要的支持活动，从某种意义上讲，军事物流是影响军事活动成败的重要因素。这是因为，现代战争和现代军事活动是大量消耗资源的活动，而资源从军事物资生产地向战场这样的接收地的转移，必然是大面积、大数量的转移，而且有严格的军事物资种类、时间、数量的要求。

2. 生产领域的物流

根据一般的估计,国民经济全部工农业产品的生产和制造过程,除了再加工和再生产的时间外,全部都是物流过程的时间。以机械产品制造为例,在生产过程中,用在加工上的时间仅占5%左右,而用在物流上的时间竟然占到90%以上,有很长一段生产时间和很大一部分生产成本消耗在了物流过程之中。因此,可以这样讲,生产领域的物流对生产的成败具有决定性作用,现代物流应当在生产领域发挥更大、更重要的作用。

3. 消费及后消费领域的物流

人们在工作、学习、生活中,都会遇到办公用品、学习用品、生活用品的物流问题,这是人们习以为常的领域,正是因为习以为常,才容易被忽视。消费完成后,或许还会出现难度更大的物流需求,即排泄物、废弃物、毁损物的物流,大体包括消纳、处理、填埋等物流过程,还有就是促使这些东西进入新的循环的再生性物流。这么多种物流广泛分布,不仅在管理和技术上存在难度,而且难以取得直接或令人满意的经济效益,因此物流动力不足,但由于这种物流涉及环境和可持续发展问题,又不得不为之。

五、呼吁特别关注生产物流

现代物流及其发展现在已经逐渐进入全面、广泛、深入、细化的阶段,超越流通领域,在生产制造领域发展现代物流,挖掘生产领域现代物流的巨大潜力,可以给经济发展带来新的机会,对国民经济发展作出非常大的贡献。作者特别呼吁,要关注与流通领域物流同样规模巨大、作用巨大的生产物流。

对生产物流的认识并不是现在才开始的新的认识,早在产业革命时期,就已经对生产物流有所认识了,比如福特制的应用。从某种意义上讲,福特制与其说是生产的革命,还不如说是采用传送带方式进行生产过程物流系统化的物流的革命,福特制改变的并不是产品本身,也不是加工技术和方法,而是生产领域中的物流方式。很多人都论述过这个问题,本人也发表过关注生产物流的一些看法。最近,我们看到了一些重要的实践成果,比如红云红河集团这样大的生产企业,在新建的大规模生产线中融入了现代物流的理论和方法,采用了物流支持柔性生产的模式,在大规模生产领域之中,取得了促使生产与物流密切结合的重要成果。这是一个重要的进展,希望能够在我国经济界、物流界引起更为广泛的重视和共鸣。

(原载《中国流通经济》2012年第12期)

加快商贸物流发展　促进流通业转型升级

王选庆

我国流通业快速发展，商业模式不断创新，对物流业特别是商贸物流提出新的要求和挑战。商务部十分重视商贸物流发展，早在 2008 年就出台了《商务部关于加快流通领域现代物流发展的指导意见》，2011 年 3 月又会同国家发展和改革委员会、中华全国供销合作总社发布了《商贸物流发展专项规划》。

一、加快发展商贸物流的重要意义

商贸物流是指与生产、贸易、批发、零售、居民服务等行业相关的物流服务活动。商贸物流属于产业物流，是商品流通的重要组成部分，处在整个商品物流链条的下游，是连接消费、实现交换的关键环节。同时，它居于物流增值链的高端位置，具有专业性强、少批量、多批次、快周转、精细化、增值服务空间大等特点，还是各种现代物流技术装备和信息化手段应用最快、最广的领域，对带动流通服务现代化、提高流通效率具有重要作用。

1. 降低流通成本、提高经济发展质量的需要

物流业的地位与经济发展阶段密切相关。经验表明，当人均 GDP 超过 6000 美元时，产业的发展就更多地依赖于整个服务体系的完善和优化。其中，提升物流效率、降低物流成本是一个重要环节。当前，物流成本高已成为增加流通费用、推高商品价格的一个重要因素，而主要处于城市配送“最后一公里”的商贸物流成本的居高不下尤其应当引起高度重视。据中央电视台 2011 年调查，自山东寿光销往北京的蔬菜在产地收购价只有 0.25 元/斤，到北京新发地批发市场的批发价上涨到 0.50 元/斤，而到市内菜市场的零售价却上涨到 1.5 元/斤。即从产地到终端蔬菜价格上涨了 5 倍，其中 4 倍涨在“最后一公里”。

2. 促进产业协调发展、提高流通企业竞争力的需要

物流业服务于相关产业发展。从制造业发展情况来看，我国已经是制造业大国，而制造业的发展需要与之相适应的物流服务体系来支撑。特别是当今制造业面临转型升级和结构调整，柔性化、服务化、虚拟化和供应链管理等趋势明显，对物

流的信息化、智能化、快速反应能力等提出很高的要求(从及时(Just In Time,JIT)到准时化顺序供应(Just In Sequence,JIS))。从批发零售业发展情况来看,我国流通体系正经历一次深刻的变革,以电子商务为代表的多种经营方式、多业态发展必然要求物流服务方式和服务模式作出相应的调整,零售业的激烈竞争要求物流企业提供多品种、小批量、快周转的供货服务,高效的商贸物流配送体系是流通企业竞争力的重要体现。

3. 适应居民消费水平提高和消费结构升级的需要

居民生活水平提高,逐步从吃饱向吃好转变,对农产品、食品保鲜、品质、消费安全提出了更高的要求。随着城乡居民收入增加,人们消费习惯和消费方式的改变,对速冻食品、保鲜食品的需求会不断增加,冷链物流会得到大力发展,商贸物流服务模式创新的速度也会加快。

4. 适应经济全球化发展、构建全球物流服务网络的需要

经济全球化导致物流服务的全球化需要。经济全球化使世界越来越成为一个整体,大型公司特别是跨国公司日益从全球的角度来构建生产和营销网络,原材料、零部件的采购和产品销售的全球化相应地带来了商贸物流活动的全球化。

二、我国商贸物流业发展中的主要问题和需要重点抓好的几项工作

总体上看,我国商贸物流整体水平不高,物流效率偏低,难以满足我国经济快速发展和居民消费升级的需要。主要表现在:一是物流成本较高,效率较低。我国社会物流总成本与GDP的比率仍高达18%,比发达国家8%~9%的比例高出近一倍。我国产成品的库存平均是40天左右,在发达国家一般是20天;我国汽车空驶率高达37%,相当于每年有150万辆载重汽车来回空跑。二是专业化程度差,与上下游产业融合度不高。第三方物流企业规模小,服务功能单一,多数仍以运输、仓储等简单物流业务为主,与上下游产业特别是制造业和商贸服务业的融合度较差,缺乏产业支撑。在经济增长快、行业竞争不激烈时,这种模式还有利润;一旦遇到经济不景气,其弊端就非常明显。三是发展层次不高,恶性竞争严重。我国物流业起步晚、门槛低,小微企业占比高,大多数企业集中在中低端市场竞争,同质化现象严重。据交通部门统计,目前我国车辆在100台以上的物流公司占比不到3%,只有一台车的个体运输户占了将近40%。由于发展层次低,物流业服务的附加值也低,难以满足当前网络化、精细化等高端需求。2012年前10个月,我国重点物流企业主营业务收入利润率仅为4.7%,这是很低的水平。

《商贸物流发展专项规划》提出,到2015年,初步建立一套与商贸服务业发展

相适应的高效通畅、协调配套、绿色环保的现代商贸物流服务体系，形成城市配送、城际配送、农村配送有效衔接，国内外市场相互贯通的商贸物流网络的工作目标。下一步，要按照专项规划要求，针对商贸物流发展的瓶颈和薄弱环节，从降低物流成本、提高物流效率、保障消费安全等方面重点抓好如下工作：

1. 大力推进第三方物流，提高物流专业化水平

第三方物流是物流专业化发展和社会分工的结果，是企业为增强市场竞争力，将企业的资金、人力、物力投入到核心业务，而将仓储、库存管理、包装甚至补货等辅助性业务外包由专业公司管理。第三方物流企业通过专业化服务把生产、流通、消费有机地连接起来，以最快速度、最佳时间、最优组合完成商品从生产领域向消费领域的转移过程，最大限度地节省流通费用，加速社会再生产过程。目前，我们很多制造企业、批发企业、连锁企业、电子商务平台要花费很多财力、物力投资建设物流配送中心，自己经营物流业务。这种状况与我国目前第三方物流发展滞后、不能提供高水平的物流服务有一定关系。

2. 加强冷链设施投入，促进农产品冷链物流健康发展

我国的冷链设施严重不足，不能满足消费结构升级和食品安全的需要。目前，我国大部分农产品、食品仍处于常温物流状态，仅有 10% 的肉类、20% 的水产品和少量的牛奶、豆制品通过规范的冷链系统流通，远低于发达国家 85% 的比例。由于缺乏先进的仓储和冷藏运输设施，我国农产品在流通过程中的损耗率达 25% ~ 30%，远高于发达国家 5% 的水平，每年仅蔬菜在物流过程中的损耗就超过 1000 亿元。此外，由于标准缺失、信息不畅，物流各环节的协调运作水平低，导致冷链不冷、冷链不链，完整独立的食品冷链体系尚未曾形成。因此，抓好农产品冷链设施投入、改善管理是农产品物流面临的一项迫切任务。

3. 抓好城市配送体系建设，解决“最后一公里”货车进城难问题

城市配送面对的是点多面广的零售商店或千差万别的最终消费者，目前由各自分散的供货商进行高频率、单品种、多门店的送货，浪费运力、增加费用，同时也增加城市交通压力，加大了管理难度。因此，要抓好城市配送体系建设，通过改善城市物流节点规划布局、科学确定零售网点卸货时间、加强城区货运车辆管理、发展共同配送和统一配送等措施，解决“最后一公里”货车进城难、组织化程度低、配送成本高、交通拥堵等问题，切实推进城市商贸物流健康发展。这是落实国务院常务会议提出的促进物流业健康发展的九条政策措施中的一项重要内容。

4. 加强物流标准和信息化工作，促进物流各环节的高效衔接

标准化、信息化是现代物流业发展的两大支柱。没有标准化、信息化，物流各

环节的运作就不能实现畅通、协同、高效,因此,物流要实现多功能的一体化运作,要实施跨区域、跨国界的高速运转,必须将物流标准化、信息化作为一项重要的基础性工作来抓。当前,要大力推动标准托盘的租赁和共用系统建设。加大条码、智能标签、无线射频识别等自动识别技术的应用力度,实现商品来源可追溯、去向可查证、流程可跟踪、动态可视化。除抓好企业物流信息技术的应用外,还要抓好社会物流资源信息平台的搭建工作,促进社会物流资源的有效利用。

5. 推进物联网在物流领域的应用,积极发展智慧物流

物流是物联网技术的重要应用领域,包括智能仓库管理,托盘、周转箱、集装箱等装载设备的跟踪管理,运输工具及货物的可视化管理,冷链食品的温控管理等。通过物联网技术应用,可实现物品出入库数据的自动收集,使仓库的管理变得高效、准确,最大限度地提高物件周转速度和流通效率。由于受成本等因素制约,目前,我国物联网应用还处在探索阶段,政府部门可通过启动一批物联网应用示范项目,推动物联网在物流领域的应用。

6. 统筹国内与国际物流发展,布局全球物流网络

在经济全球化的推动下,资源配置已从一个工厂、一个地区、一个国家扩展到全世界,国内物流网络逐步成为全球供应链网络的一部分。因此,我们要顺应全球化发展趋势,把视野和目标从国内物流扩展到全球物流,鼓励物流企业“走出去”,在世界主要市场布局物流节点,通过战略性布局逐步构建与全球市场贯通的物流网络,为中国企业特别是中小企业拓展全球市场、实施“走出去”战略提供有力支撑。

(原载《中国流通经济》2012 年第 12 期)

提高老龄化社会区域物流的效率

〔日〕丹下博文著,李晓晖译

在全球化与世界经济急剧变化的时代,在企业经营特别是在市场营销领域,无论是在理念上,还是在具体的操作层面,都与以往相比发生了较大变化。关于物流以及现代物流,20 世纪末的日本有这样的描述:“企业控制着物流,进而控制着整

个社会”。但是到了21世纪初，社会发出了“物流时代已经逐渐取代市场营销时代”的声音，由此可以看出时代潮流的巨大变化。曾经只是被作为市场营销活动一种补充性或者辅助性服务而被认知的“物流”，在信息化和经济全球化发展的大背景下，在企业竞争日趋激烈的市场环境中，如今已经成为了满足顾客（CS）需求、构建良好客户关系（CR）的一个重要环节。

随着人口少子化、老龄化程度的加深，日本国内消费市场规模在逐渐减小，但是互联网销售（所谓的网上购物）的市场规模反而逐渐扩大。以销售额来说，预计互联网销售在2012年将达到10兆日元的规模。网购公司为了提高物流效率，积极致力于完善物流基地建设，从而实现降低配送费、增加一些服务项目如当天配送、统一配送等目标。另外，仓储、快递等物流产业针对网购业迅猛发展的趋势，也作出了一系列经营策略的调整。随着网购公司数量的增加，他们之间争夺顾客的竞争愈演愈烈。而能否提供诸如当天配送、免费送货等服务项目，成为企业能否留住顾客的重要因素。

另外，超市也开展了生鲜食品网上选购服务，而且为了保证食品的新鲜程度，还提供当天速送的服务。如今可以提供网购服务的超市越来越多，我们可以将其分为两类。一种是超市的各店铺使用自己的专用车，为数公里范围内的近邻顾客提供服务，称为“近邻型网购超市”；还有一种是利用快递公司，向较广区域的客户提供服务，称为“广域型网络超市”。广域型网络超市针对的服务对象是居住相对偏远、从成本核算方面再开设一家店铺不划算的区域，而且多是老年人群或是双职工家庭。日本农林水产省曾经推算过这样的数据，即如果将居住地离经营生鲜食品店铺的距离超500米范围，且家庭没有汽车的居民视作“购物弱者”（不方便购物者）的话，全日本“购物弱者”已达到了910万人，而对这些消费者消费潜力的开发应该是目前市场关注的重要问题。

正是基于物流环境发生的这种变化，提高老龄化社会区域物流的效率非常需要。

21世纪日本最重要的市场变化之一，是日本人口的少子老龄化问题，人口数目减少，从而导致国内市场萎缩。但少子老龄化只是导致国内市场规模缩小，但市场物流量并没有减少。究其原因，就在于无论是在人口稀少的农村，还是在人口高度集中的都市，所谓的“购物弱者”的人数都在增加。因此，社会对物流需求没有减少反而是增加了。

对于快速发展起来的中国来说，近年来也出现了与日本相同的人口结构变化。为了控制人口的增长速度，1979年中国实施了“独生子女政策”，发展至今，青少年人口比率大幅减少;同时随着城市化进度的加快,2011 年底,中国城市人口总数已经超过了农村人口总数,而且第三产业的从业人员比率达到了 35%,超过了第一产业的从业人数。因此,日本市场中出现的一些问题,在将来的中国市场中发生的可能性也是很大的。

为了解决购物不方便的区域人数增加这一社会问题,日本的经济产业省成立了专门的“完善地区生活设施的流通研究会”。该研究会于 2010 年 5 月的报告书中写道:“随着社会环境变化,中小企业、地方自治体力量衰退,从而削弱了在此基础上构建起来的诸如商店、交通、医疗、福祉等日常生活中不可或缺的‘生活基础设施’的作用,也致使地方自治体无法提供满足日趋多样化的居民需求的服务。”而这些服务,正是实现日本倡导的居民“安全、安心、舒适生活”中不可或缺的、最低限度的衣食住行、医疗、金融等的服务内容。

总之,随着少子老龄化以及人口密度稀少程度的加深,原有的在关于完善购物场所、交通手段等日常生活必备条件中发挥主要作用的区域功能逐渐缺失,严重影响了老年人的生活质量。但要完善区域功能,仅依靠地方自治体的力量是很难实现的,于是社会上就出现了诸多的“购物弱者”。这些“购物弱者”多是那些居住在人口密度低的地区,或者是居住在日本经济高度增长时期建造起来的大规模团地中的老年人。

现在,日本城市中大型网络超市已经迅速普及,与以前的店铺销售相比,快递服务提供了方便,但是由于增加了额外的费用,所以还是被普遍认为是一种附加价值较高的服务,其原因有两方面:一是日本的零售市场,特别是在经济不景气时消费者对商品价格非常敏感;二是日本有将配送作为辅助性服务、不需要支付额外费用的习惯。因此,本来网上超市设定的商品价格与店铺价格几乎同等,如果再收取配送费的话,客户抵触感很强,很难接受。但是成本问题又是网购超市不能绕过的问题,如食品快递服务,在运营、订货处理方面需要有业务成本;快递需要物流成本;要实现当天配送的话就会产生存货成本等。

在这种情况下,提高区域物流效率就成为了一个备受关注的问题。

实际上,目前许多企业在开设网络超市服务后处于赤字(亏本)经营状态,唯有快递行业是例外。究其原因,出现盈余的快递公司基本上采取的是以下几种情况组合的经营形式。一是本公司自身拥有配送能力;二是店铺与快递点合并经营;三是提供的快递服务是范围在 15 ~ 20 分钟距离内的高密度配送服务;四是快递公司就近设有所谓的“保险柜”,避免增加再送货的成本等。另外,还有对 60 岁以上的老年人采用会员制服务,公司负责人在会员希望的时间段通过电话进行“询问性”的“推销”服务,因为在推销服务的同时,还能够确认单身老人的健康、安全,所以这种附加性社会功能广为社会接受并获得支持。借鉴这些成功的案例,我们可以预测一下区域物流在发展中可能会出现的新商业模式。

第一,单纯靠移动售货车来进行销售的“移动便利店式”的服务形式会被淘汰,取而代之的将是一种可以提供包括接收快递业务、提供公共费用支付服务等综合性服务的商业模式;第二,从事区域物流快递的司机在负责运输的同时,也可以提供上述的“询问性”“推销”服务,积极向老年人提供商品目录,帮助他们利用网络进行商品的选购;第三,区域物流机构可以与交通机构相结合,快递配送车辆同时提供载人服务;公交车可以和网购业务合作,在公交车站接收订单、结算费用等;第四,利用社会上已经存在的报纸投递和牛奶的配送业务,建成一个区域性物流网,从而很好地完成“最后一公里”物流的工作等。

总之,邮政、快递、送报纸、送牛奶等是已经存在且发展相对较完善的区域网络,但由于人口的减少,这些单一性的服务已很难再维持,容易被市场淘汰。于是加强区域间、行业间的合作,使“最后一公里”配送问题由多家物流行业共同承担,降低成本;或者是通过对老年人的生活关照以及提供新的支付方式等创造新的服务,从而提高物流业的收益。

日本经济产业省于2010年12月和2011年5月两次发布了《帮助购物弱者》指南书,该指南提出可以在三个方面帮助购物弱者。一是就近开设商店;二是提供送货上门服务;三是提供方便出行的服务。这其中与区域物流相关联性较强的是第二个“提供送货上门服务”。另外,“在购物弱者人数还会年年增加的情况下,为了长期性地帮助购物弱者,应该将提供上门服务发展成为一种产业。当然作为产业发展的话,就要求其能够及时地了解购物弱者的需求变化,在维持较低成本的运作方面下工夫”。为了解决上述的“购物弱者”的购物不方便问题,从发展方向上看需要各产业之间加强合作,在以下7个方面作出努力。

首先,作为提供服务的第一步,应该要在把握利用者需求动态方面下工夫,具体包括:①制作购物弱者居住分布图;②不同区域制定不同的应对措施。其次,要在加强完善运营体系上下工夫,具体包括:③提高输送路线使用的效率;④积极引用IT;⑤有效利用社会闲置设备和已有的公共设施。最后,要在提供服务的开始和持续过程中下工夫,具体包括:⑥调动居民参与服务的积极性;⑦产业之间加强服务合作项目。这里与区域物流密切相关的是提高配送效率以及IT的应用。因此,提高物流配送效率与及时引进IT是提高老龄化社会区域物流效率的两个关键性问题。

我们都知道,2011年3月日本爆发了东日本大地震,以此为契机便利店的方便性再一次得到了认可。作为居民生活不可或缺的生活设施,区域物流的重要性也被重新认识。从这一认识出发,以上分析的关于日本为了提高老龄化社会区域物流效率的努力,也是老龄化进展较快的中国即将要面临的课题。因此,如果日本关于这方面的学术性研究成果能够给中国提供一些借鉴的话,我会感到非常荣幸。

(原载《中国流通经济》2012年第12期)

经济发展的优势

厉以宁

一、中国经济发展的红利

现在学术界包括媒体,都在谈一个问题,中国过去三十多年的发展,因为有所谓的"红利",即人口红利、资源红利和改革红利。有些人认为红利现在渐渐没有了,所以由此得出一个论点,中国过去发展所倚仗的比较优势丧失了。这种观点很流行,认为中国经济再不可能高速发展。我认为这个观点是不正确的。

首先我们看人口红利。这么多年以来,中国之所以能够发展,因为依靠的是廉价的劳动力。因为有廉价的劳动力,所以经济成本比较低,很多商品能够出口到国外。发展到现阶段以后,廉价劳动力消失了,廉价劳动力的时代结束了,怎么办?比中国劳动力更廉价的是一些东南亚的发展中国家,如越南、柬埔寨、印度尼西亚,它们发展起来了,承接了产业转移。中国的人口红利似乎已走到了尽头。实际上并非如此。要知道,人口红利的存在对中国而言,将是长期的优势,而并非一个阶段的优势。我们可以把廉价劳动力的存在叫做"旧人口红利",而新的人口红利正在产生,正在发展。

新的人口红利是什么?就是中国正在转向技工时代。比如说,如果中国工人的熟练程度提高了,熟练技术工人增加了,那就表明跟东南亚国家相比,我们仍有显著的优势,因为它们的劳动力还处在廉价劳动力阶段,而中国能够首先转入技工时代,它们是追不上的。跟发达国家相比,虽然它们多年以来形成的熟练技工为数不少,但工资高。所以说中国的新人口红利,就在于有大量的熟练技工的成长。我们还没有充分开发和利用,现在要大力培育技工并好好使用,发挥我之所长。

第二个红利叫资源红利。中国资源红利已经减少,土地资源没有多少了,矿山资源虽然有但比较少,淡水资源几乎没有了,怎么发展?资源红利匮乏是一个事实。但是在经济走向发达阶段以后,主要的资源不是自然资源,而是智力资源、人才资源、科技资源,这些才是主要的。中国如果能够进一步发挥科技的作用,科技可以带来大量新的资源。比如海水淡化的成本降低,这将是一个巨大的突破,北方就可以利用。当然这里面还有一些技术问题需要解决。比如海水淡化,运输费用很高,而且钢管容易腐蚀,要经常更换。但这些问题都是可以解决的。总之,科学技术将成为我们新的资源红利。

第三就是改革红利,或者叫制度红利。最近三十多年,我们经过了许多改革,但当初改革的潜力已经用尽,其优势已经发挥得差不多了。现在新的改革红利就在于制度创新,我们要走继续推进改革的道路。这样的话,旧的制度红利消失了,新的制度红利还刚刚开始。

总之,只要有新的人口红利、有新的资源红利、有新的改革红利或制度红利,中国经济就可以保持长期的快速增长,而不会出现所谓中国经济会越来越衰退的问题。

二、中国最大的改革红利在于城乡一体化

中国最大的改革红利在于城乡一体化。走城镇化的道路,就要打破从前把户口制度一分为二的城乡二元体制。这项改革前 30 年没有推进。计划经济体制有两个支柱,一个是计划经济下的国有企业体制,另一个就是城乡二元体制,二者共同支撑了计划经济体制。前 30 年的改革,我们主要改的是国有企业体制。尽管国有企业体制到现在为止已取得巨大成就,但它还没有彻底改完,因为行业垄断并未消失,国有企业体制改革需要继续深化。

可是,城乡二元体制至今还没有打破。尽管我们的改革是从农业承包制开始的,但承包制基本上维持了城乡二元体制,只不过使它有所松动而已,而没有从根本上改变城乡二元体制。现在很多报纸把概念搞错了,它们只谈城乡二元结构。实际上,城乡二元结构从古就有,但城乡二元体制在 1958 年以前是没有的。比如说山东人闯关东时,当时有城乡二元结构,但没有城乡二元体制。山东的农民到了东北,他愿意在城里干活就在城里干活,城里人愿意到乡下去租地就去租地,买地也行。当时是没有城乡二元体制的,从清朝后期一直到民国初年都是这种情况。新中国成立时,城乡之间生产要素还是可以流动的,但 1958 年户口制度一分为二

之后，城乡生产要素就不能流动了，就被隔离开来了。所以现在中国主要的改革应当放在城乡一体化上，放在走适合中国国情的城镇化道路上。打破城乡二元体制而转为一元的户口制度，这将是最大的改革红利所在。

城乡一体化和中国当前的城镇化有密切关系，但我们不能学西欧，因为西欧的城市化和工业化是同步进行的，已经有200多年历史。因此，在西欧的城市化过程中，发达的西欧国家的城市化率都在90%以上。中国如果走同样的路，将来15亿人口有90%（也就是差不多13.5亿人）都住在城里，那城市居民的生活质量一定会大大下降，城市的各种问题都会暴露，结果我们的"城市病"会比西欧的"城市病"更厉害。

适合中国的城镇化应该是什么样的？2012年我们到陕西、内蒙古、贵州、江苏、广东几个省（自治区）进行了调研，提出中国的城镇化或者说适合中国国情的城镇化，应当是"老城区+新城区+农村新社区"。

老城区是过去历史上所形成的，要改造，改造成适合于居民居住的城区。工厂向新城区搬，把老城区变为居民区、商业区、服务区。老城区的棚户区要重建。

新城区主要是工业园区、物流园区、创业园区、小微企业园区等。这里同样有居民住。工业企业进园区，好处是节省成本、防止污染源扩散，更便于政府服务到位，此外也便于各个企业相互交流，相互沟通信息，发现更多的商业机会。

农村新社区，就是由原来的新农村演变而成的。要让农民自愿，不要强迫拆迁。新社区一要园林化；二要走循环经济的道路，如污水处理、垃圾回收、废品利用等问题都要很好地解决；三要公共服务到位；四要社会保障城乡一体化。做到这四点特别是后面两点，即公共服务到位与城乡社会保障一体化，这就是中国的城镇化。将来，新社区的前面就不必再加上"农民"或"农村"了。

这样的话，中国的城镇化将会涉及一个问题：将来谁来种地？现在正在搞的是土地确权。第一，切实保护农民对土地的权益，不能任意侵占农民的土地。第二，以土地确权为基础，将来就能够逐步实现农民凭使用权证抵押、转让。第三，促进土地的流转。

应该说，散户始终会有。散户不愿意进城，他认为住在城里没有住在农村好，那就尊重他的意愿。我们相信，散居农民的看法以后是会转变的。年轻一代会有他们自己的考虑。

那么，今后谁来种田？

1. 种植大户，放牧大户

他们可以规模经营，提高农牧业的生产率。我们在湖北考察，最大的种植大户租赁、转包了两万亩地，雇几个或几十个工人，全部机械化运作。

2. 农民专业合作社

专业合作社是一种新型的合作社，是自下而上、自愿组成的，账目公开，民主管理。

3. 农业企业

它们带资本下乡，带技术下乡。像内蒙古蒙草抗旱股份有限公司这样的企业，就是科技型的农业企业。这是中国将来种地种草企业的方向。我们在广东省湛江市徐闻县考察，那里干旱缺水，农民都靠台风吃饭，农产品的产量非常低。一些农业企业下乡了，来到这里跟农民谈判，通过转包或者是租赁的形式，把土地集中起来，打深井、喷灌、引进国外新品种。徐闻县原来粮食产量很低，一亩地产三五百斤粮食，现在大量种植菠萝，上万亩地一望无际，全种的是菠萝，连地名都改了，叫"菠萝的海"，该县菠萝产量现在占全国菠萝产量的1/3。农民有租金，还有工资收入，变富了。这就是企业带资本下乡、带技术下乡的成果。带技术下乡是很重要的，比如，在盐碱地上种水稻，以色列有，我们到印度考察，在印度的钦奈(过去叫马德拉斯)，用海水浇地，在滩涂上种水稻，不靠技术是不行的。在内蒙古，我去鄂尔多斯考察过，有企业在沙漠里打井，通过滴灌的形式在沙漠里种庄稼。

三、草产业大有可为

草产业应该是一种新兴的产业。草产业的功能，一是把土壤改良了，绿化了环境，保护了生态，符合低碳经济的要求，草业企业培育草种，大面积推广，草产业肯定是一个盈利的行业。同时，企业可以跟农户、牧场之间订立合同，使用企业的草种，双方共享收益。将来农户、牧场的收益增多了，还可以在草业公司参股。

最后，再回到前面讲过的三个红利问题。草产业实际上也体现了新的红利。

1. 新人口红利

将来，把草场的工人都训练成熟练技工，劳动生产率提高了，草场质量也提高了，还能把牧民培养成熟练的牧场劳动力。这样，新的人口红利不就出来了吗?

2. 新资源红利

草场面积是既定的，但运用新技术，草场质量提高就是新资源红利。此外，草场面积也不是既定的，因为沙化使草场面积逐渐缩小，运用新技术后将出现"沙退草进"的局面，草场面积不就扩大了吗？加之，通过草产业的发展，从草产业企业培养出大量的技工、技术人员，这又是人力资源的新红利。

3. 改革要进一步推动

发展草产业，将来还有很多新的改革要推进。比如，牧区的牧业怎么发展？牧区小城镇的金融怎么发展？从草产业企业的角度看，将会涉及金融方面的内容。同时，内蒙古的草产业应该跳出内蒙古，要从全国看草产业的发展。据我了解，湖南绥宁的高山牧场，贵州威宁的高山牧场，都搞得很好。它们也有自己的经验，要交流，要借鉴。

内蒙古草产业企业的发展方向有四个：①立足于内蒙古草原，做到既出好草，又出人才，也出经验，还要节水，延长更新周期等等。②面向城市。比如说，城市的草皮应该怎么做，南方城市的草地绿化应该怎么做？这可以是草产业企业的研发内容。③做一个国际性的企业，向外出口新的草种、新的草皮。这样的话，企业的思路就广了，企业也就站得更高了。④适用不同草种、草地的草业机械制造业也是一个广阔的市场，可以开辟草业机械的国际国内市场。

（原载《中国流通经济》2012 年第 12 期）

海峡两岸经贸关系回顾与展望

蒋耀平

一、2008 年以来两岸经贸关系回顾

2008 年以来，大陆方面秉持“建立互信、搁置争议、求同存异、共创双赢”的方针，按照“先易后难、先经后政、把握节奏、循序渐进”的思路，与台湾方面共同推动两岸经济交流与合作取得一系列历史性突破。概括起来，主要体现在以下几个方面。

1. 两岸经济合作由“间接、单向”发展为“直接、双向”，开启了两岸全面“三通”的新时期

1979 年元旦，大陆方面发表《告台湾同胞书》，首倡“三通”。2008 年 12 月 15 日，两岸空运直航、海运直航与直接通邮启动。2009 年，以大陆企业赴台投资正式启动和两岸正式开通空运定期航班为标志，两岸同胞期盼 30 年之久的直接、双向“三通”全面实现，两岸经济关系的发展取得重大进展。

（1）“间接中转”成为“直接通航”，两岸往来更加便利。直接通航的实现大大降低了相关成本，使两岸同胞切实享受了方便和实惠。目前，海运方面，大陆和台

湾分别开放了 72 个和 13 个港口。据大陆方面统计,2009 年至今,海上直航货运量达 2 亿吨,客运量达 526 万人次。空运方面,大陆和台湾分别开放了 41 个和 9 个直航航点,空运航班已达每周 558 班。

(2)通邮种类日益增多,两岸联络更加便利。2008 年以来,两岸开办了直接平常和挂号函件、小包、包裹、特快专递、邮政汇兑等业务,为两岸同胞互通信息提供了极大便利。

(3)大陆企业赴台投资,"单向"通商变为"双向"通商。据大陆方面统计,2009 年 6 月至今,已有 126 家大陆企业赴台设立了公司或代表机构,投资金额达 3.16 亿美元,涵盖批发零售、物流、通信、餐饮、塑胶制品、旅游、金融等多个行业。如中国远洋运输集团、中钢集团、中国银行、交通银行、全聚德等大陆知名大企业都已入岛,这些企业不仅带进了资金,还促进了岛内就业。据台方统计,赴台投资的大陆企业雇用岛内员工已达 5000 多人。

(4)赴台旅游逐年增长,台湾民众享受实惠。2008 年 7 月大陆居民实现赴台旅游以来,大陆 31 个省(区、市)已全部开放赴台湾团队游业务。大陆居民赴台个人游也于 2011 年 6 月正式启动,两岸分两批次共开放大陆 13 个试点城市赴台个人游。据台方统计,截至 2012 年 6 月底,大陆居民赴台旅游总人数达 466 万人次,为台湾带来 2022 亿元新台币(约 430 亿元人民币)的收益。大陆成为台湾第一大客源市场。

2. 签署了两岸经济合作框架协议,开启了两岸经贸制度化合作的新阶段

(1)框架协议成功签署,两岸合作开创新局面。2008 年 6 月,海峡两岸关系协会和台湾海峡交流基金会恢复协商,并相继签署 16 项协议。特别是 2010 年 6 月两岸签署的《海峡两岸经济合作框架协议》(ECFA),是继两岸实现直接、双向"三通"之后两岸关系发展进程中又一新的里程碑,标志着构建两岸关系和平发展框架在经济领域取得重大进展,两岸经济关系从此站在了新的历史起点上。《海峡两岸经济合作框架协议》签署后,两岸领导人、两岸同胞乃至国际社会都给予了积极评价。胡锦涛同志曾指出:"两岸经济合作框架协议是一份为民谋利、互利双赢、影响深远的好协议,符合两岸同胞共同利益,符合中华民族整体利益。"

(2)"早期收获计划"成效显著,切实惠及两岸民众。为使两岸同胞早日获得实实在在的利益,两岸各相关部门在 2011 年 1 月 1 日全面实施了《海峡两岸经济合作框架协议》"早期收获计划",实施效果概括起来有以下几个特点:

1)增长速度快。据大陆方面统计,2011 年"早期收获计划"大陆对台降税产品,一般贸易项下自台进口增长 30%,高于同口径下大陆整体进口增幅 7 个百分

点,也远高于大陆自日本、美国、欧盟的进口增幅,全年税款优惠为7.8亿美元。2012年1月1日以来,货物贸易“早期收获计划”实行了第二阶段降税,双方有94.5%以上的“早期收获计划”产品实现了零关税。2012年上半年,大陆进口享受《海峡两岸经济合作框架协议》关税优惠的货物39.1亿美元,增长98%,税款优惠15.4亿元人民币,增长3.3倍。

2)利用率更高。据大陆方面统计,在货物贸易领域,2011年“早期收获计划”大陆对台降税产品,一般贸易项下自台进口81.2亿美元,其中享受关税优惠的货物41.2亿美元,利用率达50.7%。2012年上半年,大陆进口享受《海峡两岸经济合作框架协议》关税优惠的货物39.1亿美元,利用率高达84%。截至2012年6月底,在服务贸易领域,台湾服务提供者依据“早期收获计划”进入大陆的利用率达91%,大陆服务提供者依据“早期收获计划”进入台湾的利用率也达到78%。

3)覆盖范围广。截至2012年6月底,在货物贸易领域,台方签发《海峡两岸经济合作框架协议》原产地证书超过6.7万份,产品涵盖化工、机械、塑料制品、冶金、纺织、矿产、电子汽车、仪器仪表、医疗、农产品等10个行业,受益的除少数大企业外,还涉及很多中小企业。据大陆方面统计,在服务贸易领域,非金融领域有135家台湾企业获准设立独资或合资企业;金融领域惠及19家台湾金融机构。另有8家台湾会计师事务所获得有效期1年的“临时执业许可证”,8部台湾影片进入大陆,其中6部已公映。

(3)双方成立了两岸经济合作委员会(以下简称经合会),搭建经贸沟通平台。2011年1月,在两会框架下成立了经合会,搭建了经贸领域的制度化沟通平台。迄今为止,经合会已经召开了三次例会,我作为大陆方面首席代表很荣幸地见证了例会及其成果。在双方的共同努力下,经合会成立了货物贸易、服务贸易、投资、争端解决、产业合作、海关合作6个工作小组,启动了货物贸易协议、服务贸易协议、争端解决协议的商谈,进展顺利,总结和评估了《海峡两岸经济合作框架协议》“早期收获计划”的实施成效,有效推动了两岸经贸社团互设办事机构等双方关注的重点经贸议题。

3. 形成了全方位、宽领域、多层次的经贸合作格局,开创了两岸大交流、大合作的新局面

(1)两岸贸易不断扩大,贸易结构日益优化。据大陆方面统计,两岸贸易总额已经由2008年的1292亿美元增加到2011年的1600亿美元。大陆是台湾最大的贸易伙伴和贸易顺差来源地。从贸易方式上看,加工贸易的比重不断下降,一般贸易在对台出口中的比重由2009年的42.9%上升至2011年的46.1%,同期自台进

口中的比重由26.7%上升至32.3%。过去台商以出口为主的生产经营模式，在世界需求结构变化的新形势下也开始调整为出口与内销并重的模式。

(2)台商投资持续深化，投资结构日趋均衡。据大陆方面统计，截至2012年6月底，大陆累计批准台资项目8.7万多个，实际使用台资558.1亿美元。如加上台商经第三地的转投资，大陆累计实际使用台资超过1000亿美元。大陆是台湾最大的投资目的地。过去台商投资主要集中在东部沿海和制造业，近年来开始向中西部和服务业转移。2011年，广西、甘肃、贵州等地台资增速均超过2倍，台商投资服务业的比重较2008年增长了近一倍。

(3)产业合作稳步推进，试点项目日渐成熟。2008年以来，两岸分别在大陆和台湾共同举办了几十场产业搭桥活动，就十多个产业的合作进行深入的探讨。经合会产业合作小组成功主办了首届两岸产业合作论坛，并举行了三次小组工作会议，确定LED照明、液晶面板、电动汽车、无线城市、冷链物流等为重点推动的试点项目，选定了试点城市，拟定了下一步的发展规划。

(4)金融合作逐步突破，受益主体日益增多。2009年两岸签署《两岸金融合作协议》及《金融监管合作谅解备忘录》(MOU)后，建立了金融监管合作机制，加快了两岸金融合作的进程。双方还扩大了新台币在大陆双向兑换和大陆银联卡在台使用的范围，并就建立两岸货币清算机制进行了积极的探索。在上述工作进展和《海峡两岸经济合作框架协议》“早期收获计划”的有力推动下，截至目前，大陆已批准10家台资银行设立大陆分行，其中9家已经开业，3家可以经营对台资企业的人民币业务，2家台湾保险公司获准设立子公司。13家台资金融机构获得合格境外机构投资者资格(QFII)。大陆有4家银行获准在台设立分行或代表处。

(5)促进活动搭桥铺路，两岸交流日趋密切。两岸各界每年在大陆举办30多个涉台经济展览会，在台举办20多个两岸展览会，并借助中国国际贸易投资洽谈会、中国中部国际博览会、中国西部国际博览会、东北亚博览会、亚欧博览会、东盟博览会等有影响力的平台，共同举办了多个涉台经贸促进和交流活动，推进两岸贸易投资不断发展，受到了两岸同胞的肯定和欢迎。2009年起，大陆各部门、各行业协会、各省市持续组团赴台采购，3年来采购总额超过几百亿美元，帮助台湾应对国际金融危机的不利影响。

二、对未来的展望

总体来看，四年来，两岸经济合作规模不断扩大，合作领域不断拓宽，合作形式不断创新，合作内容不断丰富，合作水平不断提高。两岸经济关系日益密切，有效地促进了双方经济发展,2008~2011年,大陆和台湾年均经济增长率分别为9.6%和4.2%;同时,也显著增强了两岸民众的福祉,对保持两岸关系和平发展发挥了重要的纽带作用。

展望未来,两岸经济发展面临的外部环境和内在条件正在发生深刻变化,既面临着前所未有的复杂挑战,也迎来了新的历史机遇。首先,欧债危机愈演愈烈,发达经济体经济相继陷入低迷甚至衰退,新兴经济体增长也开始放缓,世界经济增长乏力的总体态势难有改变。两岸紧密合作、共渡难关的需求更加强烈。其次,大陆"十二五"规划提出的扩大内需、自主创新、发展新兴战略性产业、加强服务业发展,对台资企业转型升级是重要机遇。台湾方面提出"黄金十年"战略,积极采取措施促进经济结构优化和产业升级。两岸经济转型升级,为深化两岸经济合作提供了新的着力点与合作空间。

面对世界经济形势的深刻变化和两岸经济社会发展的新趋势,我们应把握机遇,锐意进取,努力推动实现两岸经济关系正常化、经济合作制度化、经济往来自由化,逐步建立两岸经济合作的长效机制,最大限度地调动两岸各界的积极因素,最大限度地实现两岸经济的优势互补和互利共赢,最大可能地提升两岸经济参与国际竞争和抵御外部风险的整体实力。在此,我想提出四点建议。

1. 积极推进《海峡两岸经济合作框架协议》的后续商谈

大陆"十二五"规划提出"推进货物贸易、服务贸易、投资和经济合作的后续协商,促进两岸货物和服务贸易进一步自由化,逐步建立公平、透明、便利的投资及其保障机制,建立健全具有两岸特色的经济合作机制。"目前,双方业务主管部门正积极推进《海峡两岸经济合作框架协议》后续协议的商谈,其中投保协议的商谈已基本达成共识;两岸同胞的主要关切都得到了充分反映和稳妥处理;货物贸易和服务贸易协议已分别进行了五次和九次商谈,取得了积极有效的进展;争端解决协议也正在推进之中。由于两岸后续商谈范围广、内容多,涉及的技术性问题更加复杂,双方主谈业务部门要在目前政策、体制存在较大差异的情况下进行充分的沟通和调整对接还需要时间。相信只要双方秉持"平等互惠、循序渐进"的原则,善意互动、相向而行,最终必能克服困难、消除差距,促成后续协议成熟一项、签署一项。

2. 积极支持和鼓励大陆企业赴台投资

大陆企业赴台投资有利于台湾发展经济,也有利于大陆企业与岛内企业的深入合作,我们非常期待台湾方面加大开放力度,进一步放宽陆资赴台投资的行业限制。我们也将加强对大陆企业赴台投资的引导,提供有力的政策支持和服务。

(1)将于近期组织大陆有实力、有影响力的企业赴台实地考察,与台方有需求的项目进行有效对接。

(2)逐步研究完善赴台投资的配套政策支持体系,包括金融保险政策、便利人员往来的措施等。相信在双方的共同努力下,赴台投资将从起步阶段逐渐步入到快速发展阶段。

3. 积极推进两岸产业合作特别是新兴产业的合作

两岸产业合作已经有了良好的基础,双方要充分运用好经合会产业合作小组这些机制,从两岸各自经济的特点和条件出发,加强规划引导和政策扶持,对两岸产业合作进行合理布局,选准合作重点和关键领域,推进两岸产业不断融合,产业链不断优化,增强两岸产业的竞争力和可持续发展能力。

(1)继续推进两岸在集成电路、液晶面板、LED 照明、石油化工、精密仪器、汽车等制造业领域的合作。

(2)努力推进两岸在批发零售、连锁经营、物流、通信、信息服务、设计研发、金融、医疗、演艺、文化创意、旅游等服务业领域的合作。

(3)将大陆七大战略性新兴产业与台湾六大新兴产业作为重点合作方向,鼓励台资企业投资节能环保、新能源、新材料、新兴服务业等行业,共同发展新兴产业。

4. 继续采取积极措施帮助台商转型升级

希望我们共同引导台资企业顺应形势变化,调整企业发展战略,加快转型升级,与大陆企业一起分享大陆经济增长和消费市场快速发展的成果。

(1)引导台资企业根据大陆区域发展规划和各地产业发展特点,合理进行产业转移。

(2)协助台资企业利用大陆扩大内需的政策,有效开拓内销市场。

(3)鼓励台资企业提高产品附加值,加大科技创新力度,加快升级步伐。

(原载《中国流通经济》2013 年第 1 期)

当前和未来五年中国宏观经济走势分析

刘树成

2012 年,中国经济增速由超预期回落,到初步企稳回升。党的十八大之后,中国经济走势如何为国内外各界广为关注。本文首先分析2012年中国宏观经济走势的特点,然后对学术界有关2013年和未来中长期中国经济走势的不同预测进行梳理,在此基础上,给出笔者对2013年和未来五年中国宏观经济走势的分析。

一、2012年中国经济走势的特点

2012年,中国经济走势的显著特点是由经济增速超预期回落,到初步企稳回升。

1. 从GDP季度同比增长率来看

2007年,GDP季度同比增长率在14%左右的高位运行。2008年第一季度至2010年第一季度,在应对严重的国际金融危机冲击中,GDP季度增长率走出了一个V字形下降和回升的轨迹。到2010年第一季度,GDP增长率回升到高峰,为11.9%。随后,逐步下滑。在2010年第三季度至2011年第四季度间,曾有6个季度GDP增长率回稳在9%左右。但进入2012年后,又进一步回落,第一季度降为8.1%,第二季度“破八”,降到7.6%(上半年增速为7.8%),第三季度又降为7.4%(前三季度累计增速为7.7%),这是自2009年第二季度我国经济增长率在应对国际金融危机冲击中回升以来14个季度中的最低增幅。预计2012年第四季度略有回升,全年约为7.7%或7.8%。

2. 从规模以上工业增加值月同比增长率来看

2007年,我国规模以上工业增加值月同比增长率在18%左右的高位运行。2008年至2010年初,在应对严重的国际金融危机冲击中,工业增加值月同比增长率亦走出一个V字形下降和回升的轨迹。2010年1~2月,工业增加值增长率回升到高峰,为20.7%。随后,逐步下滑。在2010年6月至2011年12月间,曾有19个月工业增加值增长率回稳在13%左右。但进入2012年后,又进一步回落,4月起跌破10%,8月降为8.9%,这是自2009年5月我国工业增加值增长率在应对国际金融危机冲击中回升以来39个月中的最低增幅。9月和10月略有回升,分别为9.2%、9.6%。

3. 从固定资产投资和房地产开发投资来看

固定资产投资(不含农户)月同比累计名义增长率在2007年至2009年初期间,大体平稳在25%左右。

2009年3月至年底,在应对严重的国际金融危机冲击中,有一个突发的上升,高点在33%左右。2009年6月为高峰,达33.6%。随后,从2010年2月至2011年12月,两年内投资增速在回落中趋稳在23%~26%。2012年以来各月又进一步下降,8 月降到 20.2% 的低点。9 月和 10 月略有回升,分别为 20.5%、20.7%。

全国房地产开发投资月同比累计名义增长率在 2007 年至 2008 年中,由 23.4% 上升到 33.5%。在国际金融危机冲击中,2008 年 7 月至 2009 年 2 月,经历了一个急速的下降过程,直降到 1%。随后,开始回升,至 2010 年 5 月达到 38.2% 的高峰。然后,增速下滑。2012 年加快下滑,至 7 月下滑到 15.4% 的低位。7 月至 10 月,基本稳定在这一水平。

其他多项重要经济指标,如社会消费品零售总额月同比名义增长率、全国规模以上工业企业实现利润月同比增长率、汇丰银行发布的中国制造业采购经理人指数、中国物流与采购联合会和国家统计局联合发布的中国制造业 PMI 等,2012 年 9 月之后,均已结束探底下滑,开始出现轻微回升态势,但回升的基础还不稳固。

二、对 2013 年和未来中国经济走势的各种不同意见

1. 对 2013 年中国经济走势的不同预测

对 2013 年中国经济走势的预测,可归纳为以下 4 类有代表性的看法。

(1) 大幅下降论。有学者提出,2013 年中国经济可能面临“大底”,经济增长率可能会下降到 7%,甚至大幅降至 5% ~6%。国际上也有学者预言,2013 年后中国经济会面临“硬着陆”的风险,经济增长可能大幅放缓至 5% 或更低。

(2)“7 时代”论。有学者认为,中国经济增长已经进入了“7 时代”,即经济增长 7% 将长期化,2012 年第四季度小幅增长态势很难延续。

(3) 超越新常态论。有学者提出,2013 年中国经济将超越“新常态”,GDP 增速有望达到 9.3%。

(4) 微幅回升论。较多学者和机构认为,2013 年中国经济增长率有可能回升,但回升的幅度不会很大。如中国社会科学院“中国经济形势分析与预测课题组”(2012)预测,2013 年中国经济增长率将回升至 8.2%。世界银行和国际货币基金组织分别发布的最新预测为,2013 年中国经济增长将回升至 8.1%、8.2%。

2. 对未来中国经济走势的不同预测

对未来中国经济走势的预测,可梳理为以下 4 种有代表性的意见。

(1) 6% ~7% 说。有学者提出,中国潜在经济增长率在 2015 年左右将由过去 10% 的高速降到 6% ~7% 的中速,降幅为 30% ~40%,下一个较大台阶。

(2) 8% 说。有学者认为,中国经济以 8% 的平均增速,可以再维持 20 年。

(3) 9% 说。有学者预测,中国经济增长率在 2014 年以后将强劲反弹,以 9% 的增速继续高速增长 15 年。

(4) 分阶段说。有学者分析,中国潜在经济增长率在"十二五"时期(2011~2015年)为8%~9%,"十三五"时期(2016~2020年)为7%~8%。

经济走势越是不确定,经济预测就越是活跃,越是百家争鸣。不同意见的讨论是正常的、有益的。各种不同意见都有其理由,究竟哪一种正确,现在还很难说,要靠今后的实践来检验。这里没有一个标准答案。这里,我们主要以潜在经济增长率问题为线索,对当前与未来五年中国宏观经济走势所涉及的几个重要问题进行探讨。因目前我们正处于国内外经济环境和经济条件复杂多变时期,五年以上更长远的经济发展问题一时还不易说清楚。所以我们这里主要探讨近五年的经济走势,这可能还比较好把握一些。

三、潜在经济增长率下移过程中,上下限是否都要下移

改革开放三十多年来,我国经济以近两位数高速增长,现在进入潜在经济增长率下移的新阶段。准确计算潜在经济增长率是一件很困难的事情,而且,在宏观调控实践中这也是一个经验把握问题。中国社会科学院经济研究所课题组曾根据我国1978~2009年GDP增长指数,利用HP趋势滤波法,计算得出滤波后的趋势增长率。计算表明,改革开放以来的31年中,滤波后的趋势增长率大体处于8%~12%的区间内,即上限为12%,下限为8%。现在,当我们研究潜在经济增长率下移问题时,其上下限是否都要同时下移呢?

笔者认为,从我国当前实际情况出发,在潜在经济增长率下移过程中,其上下限的下移可以不对称。在最近五年内,在宏观调控的实际把握中,可以首先将潜在经济增长率的上限下移2个至3个百分点,即其上限由12%降到10%以内,在9%左右为宜,而其下限8%则可暂时不动。也就是说,如果我们把潜在经济增长率作为一个区间来把握,未来五年内可能在8%~9%的区间。

为什么首先要把潜在经济增长率的上限降下来呢?这是因为过去我国的主要问题是经济增速往往容易过高。新中国成立以来,我国经济增长曾多次出现"大起大落"现象。"大起大落"的要害就是"大起"。实践表明,在我国,经济增长率冲出10%,就会使经济运行出现偏快或过热的状况而难以为继。从要素供给(能源、资源、土地、环境、劳动力等)约束强化,各种要素成本上升,人口年龄结构变化和人口红利逐渐减少等因素出发,潜在经济增长率的上限首先应该降下来。

为什么潜在经济增长率的下限8%可以暂时不动呢?改革开放以来三十多年的近两位数的高速增长已难以持续,但从我国目前的经济发展阶段看,在现实经济运行中,经济增长率8%应该是一个基本底线。如果低于8%,经济运行也会遇到一系列问题和各种困难而难以持续。

1. 经济增速偏低,会影响企业的宏观经营环境

较低的经济增速,从需求面反映出市场需求疲软,影响企业正常的生产和销售,使生产能力和各种资源不能被充分利用,企业利润下滑,设备投资下降,并进而影响就业的扩大。2012 年 1 ~8 月,随着经济增速的下滑,全国规模以上工业企业实现利润当月同比增长率除 3 月外均呈负增长。9 月,当月同比增速 7.8%,是 2012 年 4 月以来首度由负转正。10 月同比增长 20.5%。1 ~10 月,全国规模以上工业企业实现利润累计同比增长 0.5%,是 2012 年以来各月累计同比增速首度由负转正。

2. 经济增速偏低,会影响国家财政收入

财政收入若大幅下降,则需要财政支持的经济结构调整、经济发展方式转变、各项社会事业的发展、社会保障的扩大,都会遇到困难。2012 年 1 ~10 月,随着经济增速的下滑,全国财政收入的增速明显下降,月同比累计增长 11.2%,比 2011 年同期回落 16.9 个百分点。就当月看,2012 年 4 月、6 月、7 月、8 月的全国财政收入当月增幅均跌破 10%,分别为 6.9%、9.8%、8.2%、4.2%。特别是 8 月,中央财政收入同比下降 6.7%,是 2012 年内首次负增长;9 月,中央财政收入再现负增长,同比下降 2.4%。

3. 经济增速偏低,会给居民收入增长和人民生活带来困难

经济发展和增长是提高与改善人民生活的物质基础。经济“蛋糕”做大了,不一定就能分好;但如果没有“蛋糕”的适度做大,也就更难去分好“蛋糕”。

4. 经济增速偏低,市场上容易产生悲观预期,不利于市场信心的稳定

总之,在我国目前经济发展阶段,经济增速太高,如冲出 10%,会恶化经济结构,造成宏观经济效率损失,不利于转变经济发展方式,难以持续;而增速偏低,如低于 8%,也会恶化经济结构,造成宏观经济效率损失,不利于转变经济发展方式,也难以持续。因此,应保持适度的经济增速。

四、潜在经济增长率的下移过程是否可以平滑化

潜在经济增长率的下移是一个大幅度的突变过程,还是一个可以逐步渐进的过程?有学者提出,从国际经验看,第二次世界大战后成功追赶型国家在高速增长期之后,经济增长率下台阶时都是大幅下降 30% ~40%。我国将在 2015 年左右潜在经济增长率由过去 10% 的高速降到 6% ~7% 的中速,降幅亦为 30% ~40%,下一个较大台阶。

然而,仔细研究国际经验可以看到,不同国家因其地域大小不同、人口多少不同、资源禀赋不同、国内外环境条件不同等,潜在经济增长率的下移可表现为三种不同的情况。

第一种情况,在有的国家表现为突变过程。如日本,20 世纪 70 年代中期开始,经济增长率由原来的年均 9% 以上,猛降为 4% 左右。

第二种情况,在有的国家表现为相对平稳的渐进过程。如韩国,经济增长率由 20 世纪六七十年代的年均 9% 左右,降到 20 世纪八九十年代中期的 8% 左右,再降到 20 世纪 90 年代后期的 4% 左右。

第三种情况,有的国家潜在经济增长率下移后,在一定时期随着科技发展等因素的推动,还可能重新上移。如美国,20 世纪 90 年代信息技术革命推动了潜在经济增长率的上移。

在现实经济生活中,对潜在经济增长率的下移,社会各方面(政府、企业、居民个人等)都要有一个适应的过程。如果经济增长率过快、过急地下落,有可能引起经济和社会的震荡。为了避免引起大的震荡,宏观调控应力求使经济增长率的下移成为一个逐步渐进的过程,也就是使潜在经济增长率的下移平滑化。如先由"高速"(10%)降到"中高速"(8% ~9%),再降到"中速"(7% ~8%),再降到"中低速"(6% ~7%),然后降到"低速"(5% 以下)等,应分阶段地进行。

我国是一个地域辽阔、人口众多的国家,国内需求的回旋余地较大,工业化、城镇化的纵深发展有一个逐步推移的过程,人口红利的下降也是一个渐进的过程,应该说,我们有条件使潜在经济增长率的下移平滑化。特别是我国三十多年来取得了辉煌的成就,靠的是改革开放。今后的经济发展,依然要靠改革开放。改革开放是我国经济发展的最大红利。

五、潜在经济增长率下移过程中,是否经济增速一年比一年低

在潜在经济增长率下移过程中,经济增速的波动态势将会怎样？是不是经济增速一年比一年低？笔者认为,在潜在经济增长率下移过程中,就年度经济增长率来说,并不一定是直线下落的,年度间仍会有高低起伏波动。在未来一个时期内(5 年至 10 年左右),鉴于国内外经济环境的变化,特别是鉴于我国长期以来宏观调控的经验和教训,我们应该力求使经济波动走出一种锯齿形缓升缓降的新轨迹,即一两年微幅回升、一两年微幅回落、又一两年微幅回升,使经济在潜在经济增长率的适度区间内保持较长时间的平稳运行和轻微的上下起伏波动,这既不是简单的大落又大起的"V"形或"U"形轨迹,也不是大落之后很长时间内恢复不起来的"L"形轨迹。具体说,在我国 GDP 增长率 2010 年为 10.4% 之后,2011 年回落到 9.3%,2012 年预计进一步回落至 7.8% 左右,而 2013 年有可能比 2012 年略高,小幅回升至 8.2% 左右。如果 2013 年回升力度适度而不过高,那么,2014 年仍有可能继续小幅上升。

之所以预计 2013 年 GDP 增长率有可能比 2012 年略高,是从中期内经济波动、物价变动与宏观调控三者之间相互关系进行分析得出的结论。近几年来,这三者之间相互关系的变化也通过宏观调控侧重点变化的“四部曲”反映出来,即由“双防”到“保增长”,再到“稳物价”,又到“稳增长”。

“双防”。2007 年,我国经济运行偏快,GDP 增长率高达 14.2%,全国规模以上工业增加值月同比增长率在 18% 左右的高位运行(规模以上工业增加值月同比增长率各年 1~2 月累计计算,下同),物价开始逐月攀升,由 2007 年 1 月的 2.2%,一路攀升到 12 月的 6.5% 和 2008 年 2 月的 8.7% 的高峰。在此形势下,2007 年 12 月初召开的中央经济工作会议提出了“双防”,即要把防止经济增长由偏快转为过热、防止价格由结构性上涨演变为明显通货膨胀作为宏观调控的首要任务。在“双防”任务下,继续实行稳健的财政政策,而稳健的货币政策则转向较为严厉的从紧的货币政策。

“保增长”。随着上述宏观调控政策的趋紧,加之 2008 年 9 月袭来的严重国际金融危机的冲击,工业生产增速迅速下滑,由 2008 年 3 月的 17.8% 猛降到 2009 年 1~2 月的 3.8% 的低谷。与此同时,物价增幅亦迅速下降,由 2008 年 2 月的 8.7% 的高峰猛降到 2009 年 2 月的 1.6%。为了应对国际金融危机的冲击,迅速扭转经济增速明显下滑趋势,宏观调控的侧重点转向“保增长”。宏观调控两大政策都转换了方向,财政政策由“稳健”转为“积极”,货币政策由“从紧”转为“适度宽松”。由此强劲带动了经济的回升,全国规模以上工业增加值月同比增长率由 2009 年 1~2月的 3.8% 的低谷迅速回升到 2010 年 1~2 月的 20.7% 的高峰。这期间,2009 年各月,物价按其自身惯性,继续在低位运行,有 9 个月处于负上涨。

“稳物价”。2009 年货币信贷超常增长和经济迅速回升,滞后反应使 2010 年物价开始新一轮逐月攀升,连续破 3、破 4、破 5,到 2010 年 11 月攀升至 5.1% 的新高。在此背景下,2010 年 12 月召开的中央经济工作会议提出“把稳定价格总水平放在更加突出的位置”。财政政策继续保持“积极”,而货币政策转为“稳健”。在“稳物价”的努力下,2011 年 7 月物价涨幅攀升到 6.5% 的峰值后,又逐月回落下来。伴随物价涨幅的回落,经济增速、工业生产增速亦在回落。

“稳增长”。在货币信贷趋紧的形势下,进入 2012 年,物价涨幅继续回落,加之外需不振,经济增速、工业生产增速超预期进一步回落。2012 年 5 月,提出宏观调控要"把稳增长放在更加重要的位置"。一系列相关措施出台,包括扩大内需、促进消费、鼓励投资、推进"十二五"规划项目的实施、结构性减税、降低存款准备金率、下调存贷款利率等。与 2008 年至 2010 年的"一揽子"刺激计划相比,这次的刺激力度不需要那么大。如果国内外经济环境不发生重大的意外冲击,2012 年第三季度工业生产和 GDP 增长率可触底,第四季度有望进入小幅回升通道。目前,物价涨幅较低,财政政策、货币政策都有一定的适度宽松的微调空间,2013 年经济增速有望略高于 2012 年。

参考文献:

[1]陈佳贵,李扬. 中国经济前景分析——2012 年春季报告[M]. 北京:社会科学文献出版社,2012.

[2]陈佳贵,李扬. 2013 年中国经济形势分析与预测[M]. 北京:社会科学文献出版社,2012.

[3]刘树成. 新中国经济增长 60 年曲线的回顾与展望——兼论新一轮经济周期[J]. 经济学动态,2009(10).

[4]刘树成. 不可忽视 GDP——当前中国经济走势分析[J]. 经济学动态,2012(7).

[5]中国社会科学院经济研究所宏观经济调控课题组(执笔张晓晶、汤铎铎、刘树成). 宏观调控目标的"十一五"分析与"十二五"展望[J]. 经济研究,2010(2).

(原载《中国流通经济》2013 年第 1 期)

降低成本 提高效率 加快流通产业发展

第六届中国北京流通现代化论坛述要

林英泽,石桥

在当前国内外经济形势复杂严峻、国内经济下行压力加大的情况下,加快流通产业发展,引导生产、促进消费,使之成为带动经济的"新引擎"显得尤为重要。2012 年 8 月 3 日,国务院出台了《关于深化流通体制改革,加快流通产业发展的意见》，明确了当前和今后一个时期流通领域改革发展的目标和主要任务，提出到2020年，基本建立起统一开放、竞争有序、安全高效、城乡一体的现代流通体系，流通产业现代化水平大幅提升，对国民经济社会发展的贡献进一步增强。

如何进一步转变流通业经营理念和运作方式，深化流通管理体制和运行机制改革，降低流通成本、提高流通效率、加快流通产业发展等，再度成为社会关注的热点。2012年11月24日，由中国市场学会、中国物流与采购联合会、北京物资学院主办，中国流通经济杂志社与北京物资学院信息学院承办的第六届中国北京流通现代化论坛在京召开，国务院研究室、国务院发展研究中心、商务部等中外流通、物流产业相关部门负责人及理论界、实业界的专家、学者、企业家300余人相聚北京，对此进行了深层探讨，提出了建设性意见和建议，现将主要观点综述如下。

一、流通成本高、效率低的成因

与会者认为，流通环节多、速度慢、成本高、效率低，是中国流通业的顽症。其病根主要在于以下五个方面。

一是中国经济发展仍处于转型期。我国流通产业处于粗放型发展阶段，网络布局不合理，城乡发展不均衡，集中度偏低，信息化、标准化、国际化程度不高，效率低、成本高的问题日益突出。粗放型既有流通生产力的问题，更有流通生产关系的问题，既有现代化水平的制约，更有体制性的约束，带来的结果必然是效率低、成本高。

二是落后的生产方式与商业运作模式。生产与流通互相制约、互相决定、互为媒介，是矛盾的统一体。改革开放以来，我国落后的生产方式与商业运作模式还没有从根本上改变，物流配送流程不成熟，批发体系不完善、不规范，从而造成流通环节多，落后的工农业生产方式、商业运作模式与大市场接轨，带来的必然是高成本与低效率。

三是现代物流起步晚、水平低。物流费用高、效率低是流通成本高、效率低的主要原因。我国第三方物流发展缓慢，物流总成本与GDP的比率一直徘徊在18%左右。其一是物流企业并没有完全融合到制造企业，功能单一，成本降不下来；其二是没有形成综合运输体系，多式联运水平低；其三是物流装备落后，货物损耗大，特别是农产品物流损耗更大；其四是物流企业集中度低，散、小、差现象十分严重。物流成本居高不下的根本原因主要是粗放式经营，拼物力、人力、财力而不是依靠科技力，同时，经济结构极不合理，服务业欠发达，比例过低。如果不调整经济结构，加快服务业的发展，物流总成本与GDP的比率很难有较大幅度的下降。

四是传统的消费方式。生产性与生活性消费方式直接影响着流通的速度、方式与成本。就生产性消费而言,中国不论是建设项目还是生产单位,库存量过大、周转慢,必然抬高流通费用,加大流通成本。就生活性消费而言,城市居民消费的多元化、个性化趋势日益增强,带来的是进货的小批量、多批次,而在商流、物流、信息流中并未形成社会化、专业化流程,影响着流通的效率,推高了流通成本。

五是生产要素市场发育不完善。商品市场推动着其他要素市场的发展,要素市场的发展影响着商品市场的发展,特别是人力资源市场、金融市场、信息市场、技术市场等。劳动力成本的波动、劳动者素质的高低、商品交易中的支付方式、货币流通量的增减、信息化程度、科技含量与现代化水平的高低,都直接影响着流通的效率与成本。

二、现代流通体系面临的重大变革

与会者认为,改革开放三十多年来,我国无论在流通形态、流通方式,还是在流通结构、流通流向、流通未来的组织状态等方面,都发生了根本性的变化。跳出流通,站在经济全球化的角度,在我国未来经济发展大的战略背景下,现代流通将发生六个方面的重大变革,并呈现出一些新特点。

1. 开放性

其最主要的特点就是国际化,就是中国市场与国际市场的全面对接。过去是“引进来”,现在是“走出去”;过去是被动的局部的开放,现在是主动“走出去”全方位的开放。中国市场已经成为引领世界市场的一个先导性力量,开放性将成为现代流通体系革命性变革一个非常重要的表现。

2. 集聚性

我国的新一轮区域战略布局,导致了新的商业集聚、市场集聚,也将导致从东部沿海向内地的产业转移,进而带来流通的改变、物流生成地的改变,因此它将使整个流通体系重新再造,形成新的市场集聚。

3. 共享性

除了区域结构调整之外,城市的存在方式也由单体城市发展为城市群、城市圈、城市带、城市群落,这就要求流通更多地体现出它的共享性,如信息共享、物流体系共享、运输工具共享等。同城化和城乡一体化的进程已然开始,整个流通体系的共享性将不断增强。共享就是要实现资源利用的最大化,就是要通过流通体系再造提高效率,降低消耗,节约成本,减少碳排放。

4. 融合性

生产与交换、生产与流通相互融合，使整个现代流通延伸到了生产的每一个环节，生产的过程就是流通的过程。很多生产企业包括制药企业、汽车企业等，整个生产的过程就是流通的过程。

5. 生态性

绿色流通包括整个供应链的形态都在发生变化，将不再是传统意义上的那种运输、装卸、保管。在经济建设、政治建设、文化建设、社会建设、生态文明建设“五位一体”的时代，生态文明建设将导致整个流通形态发生根本性的变化，流通更多地要考虑减少碳排放，减少污染，减少消耗，提高流通的速度、效率和质量，因此绿色流通将成为主要方式。

6. 实体经济与虚拟经济的分离与对接

现代流通发展到当代，商流、物流、信息流、资本流和人力资源的流通完全分离，只有各自遵循其流通规律，才能提高流通效率。当实体经济和虚拟经济有了各自的存在形态、各自的运行规律之后，流通正在出现一种革命性的变化，以适应这两种经济形态的存在方式，以最快的速度达到二者在一个节点上的统一，网络销售、电子商务的崛起也就成为必然。现代流通的本质就是要突破一切束缚流通、限制流通的障碍，实现顺畅流通、便利流通、自由流通。

三、真正确立流通产业的基础性与先导性地位

与会者提出，降低流通成本，提高流通效率，从宏观到微观有四个层次，即社会经济层次、流通产业层次、流通渠道层次和企业层次，无论哪个层次，都是要以最小的投入获得最大的效益。当前最根本的是要解决好思想认识问题。

（1）消除“重生产、轻流通”的意识，在国民经济中真正确立流通产业的基础性与先导性地位。

（2）确立流通也是生产力的意识。生产创造价值，流通同样创造价值。在市场经济条件下，生产处于产业链的末端，流通处于产业链的高端，从某种意义上说，流通过程创造的价值更高。

（3）要把流通融入国民经济的生产、分配、流通、消费一盘棋中进行运作，形成良性循环。生产、分配、流通、消费是互相依赖、互为促进的关系，只要有一个环节跟不上，其他三个环节都要受到影响。头痛医头，脚痛医脚，是不能从根本上解决问题的。

（4）流通产业要改变粗放的经营模式，创新流通方式，苦练内功，提升科技含

量,提高职工素质,淘汰落后的流通业态与流通模式。

(5)要对社会主义市场经济进行顶层设计,明确其与资本主义市场经济的异同、组成部分及每个部分之间的相互关系、每个阶段的目标及实现路径,标本兼治,发展流通产业。

四、优化市场匹配机制,提高流通效率

与会者提出,流通效率不高,与市场体系不健全和市场匹配能力低下有关。如果不优化和完善市场匹配机制,供求平衡就很难实现,提高流通效率也就无从谈起。当前,提升市场匹配能力,应从十个方面入手。

(1)要避免抽象地讨论流通中是多环节好还是少环节好,而把能否有效实现市场匹配作为选择环节的重要标准。

(2)既要注重有形市场建设,为购销搭建低成本的交易平台,也要重视构建长期稳定的购销关系乃至稳定的合作机制。

(3)要高度重视培育市场中介组织,不能把减少中间环节等同于排斥中介组织,要充分肯定合法中介组织在媒介购销中的定位和作用,大力推动经济信息、仲裁等市场中介组织发展。

(4)要尽快培育能充当做市商的大型流通集团,既可以成为市场中的买家,也可成为市场中的卖家,国家应当从政策、资金等方面给予支持,建立必要的储备设施,发挥淡储旺销的作用,充当国内市场和国际市场之间的防火墙。

(5)要建立全国性和区域性大宗商品特别是农副产品拍卖网和滞销商品的尾货网,发挥匹配撮合功能。

(6)提高生产者和消费者的组织化程度,鼓励建立各种生产和消费组织,建立健全农民生产合作社,增强其利用市场信息能力及谈判能力,建立消费者合作组织,减少消费风险,降低采购成本。

(7)创新交易方式,增强供求对应空间。

(8)充分利用现代技术,不断提高市场的搜索和撮合能力,降低交易成本,提高交易效率。

(9)大力发展产销一体化组织,特别是流通企业的贸工农一体化或“产+销”经济组织。

(10)推广供应链管理模式,鼓励支持生产企业、经营企业、物流企业通过各种方式加强合作乃至兼并重组,实现供应链整合。

同时,政府也要有所作为,除了创造好的市场环境、维护正常的市场秩序外,还

应当提供完善的公共服务，增强市场匹配能力，但是不能长期充任市场匹配直接组织者的角色，以免市场对政府直接匹配形成依赖。

五、创新流通模式，大力发展电子商务

与会者提出，要真正实现流通成本降低，必须进行流通模式创新，大力发展电子商务，使之进一步普及、深化，在现代服务业中的比重明显上升，显著提高对国民经济和社会发展的贡献。

电子商务利用计算机技术、网络技术和远程通信技术，实现了商品交易过程的电子化、数字化和网络化，减少了对中间商的依赖，提高了信息和商品的流通速度，从而降低了流通成本。要实现《电子商务“十二五”发展规划》的目标，必须做好如下几方面工作。

1. 虚实结合

一方面，要将电子商务与传统实体店结合起来，形成优势互补、共同发展，实体店以消费者体验为主，交易以网上商店为主；另一方面，要将商品与品牌结合起来(商品为实，品牌为虚)。电子商务流通模式应与传统流通模式一样，严把商品质量关，不能“萝卜快了不洗泥”。与商品相比，品牌则是一种无形资产，是以商品质量及服务为基础的，不能本末倒置。

2. 加快建设适应电子商务发展需要的社会化物流体系

电子商务的发展需要物流业的支持，需要优化物流公共配送中心、中转分拨场站、社区集散网点等物流设施的规划布局，积极探索区域性、行业性物流信息平台的发展模式。电子商务企业应与第三方物流企业建立战略合作关系，以商流促物流，共同协调发展。

3. 建立健全电子商务诚信体系

诚实信用是市场经济的客观要求，电子商务诚信体系建设尤为迫切。电子商务的诚信状况决定着企业和消费者对电子商务的态度、投入力度及相关行为，决定着电子商务流通模式的未来发展。要积极营造诚信为本、守信激励和失信惩戒的社会信用环境；在部门指导、行业组织、企业和消费者参与下制定电子商务自律规范，大力推进企业和行业自律；鼓励符合条件的第三方信用服务机构、电子商务平台企业按照独立、公正、客观的原则，开发利用合同履约等信用信息资源，对电子商务经营主体开展商务信用评估，为交易当事人提供信用服务。

六、加快发展商贸物流，促进流通业转型升级

与会者提出，我国商贸物流整体水平不高，难以满足经济快速发展和居民消费升级的需要。2011 年 3 月发布的《商贸物流发展专项规划》提出到 2015 年,初步建立一套与商贸服务业发展相适应的高效通畅、协调配套、绿色环保的现代商贸物流服务体系,形成城市配送、城际配送、农村配送有效衔接,国内外市场相互贯通的商贸物流网络的工作目标。

1. 大力推进第三方物流,提高物流专业化水平

第三方物流企业通过专业化服务把生产、流通、消费有机地连接起来,以最快速度、最佳时间、最优组合完成商品从生产领域向消费领域的转移过程,最大限度地节省流通费用,加速社会再生产过程。

2. 加强冷链设施投入,促进农产品冷链物流健康发展

目前,我国大部分农产品、食品仍处于常温物流状态,仅有 10% 的肉类、20% 的水产品和少量的牛奶、豆制品通过规范的冷链系统流通,远低于发达国家 85% 的比例。由于缺乏先进的仓储和冷藏运输设施,我国农产品在流通过程中的损耗率达 25% ~30% ,远高于发达国家 5% 的水平,每年仅蔬菜在物流过程中的损耗就超过 1000 亿元。此外,由于标准缺失、信息不畅,物流各环节的协调运作水平低,导致冷链不冷、冷链不链,完整独立的食品冷链体系尚未形成。因此,抓好农产品冷链设施投入、改善管理是农产品物流面临的一项迫切任务。

3. 抓好城市配送体系建设,解决“最后一公里”货车进城难问题

要通过改善城市物流节点规划布局、科学确定零售网点卸货时间、加强城区货运车辆管理、发展共同配送和统一配送等措施,解决“最后一公里”货车进城难、组织化程度低、配送成本高、交通拥堵等问题。

4. 加强物流标准和信息化工作,促进物流各环节高效衔接

物流要实现多功能的一体化运作,实施跨区域、跨国界的高速运转,必须将物流标准化、信息化作为一项重要的基础性工作来抓。当前,要大力推动标准托盘的租赁和共用系统建设。加大条码、智能标签、无线射频识别等自动识别技术的应用力度,实现商品来源可追溯、去向可查证、流程可跟踪、动态可视化。除抓好企业物流信息技术应用外,还要抓好社会物流资源信息平台搭建工作,促进社会物流资源的有效利用。

5. 推进物联网在物流领域的应用,积极发展智慧物流

物流是物联网技术的重要应用领域,包括智能仓库管理,托盘、周转箱、集装箱等装载设备的跟踪管理,运输工具及货物的可视化管理,冷链食品的温控管理等。通过物联网技术应用,可实现物品出入库数据的自动收集和仓库管理高效、准确,最大限度地提高物流周转速度和流通效率。政府部门可启动一批物联网应用示范

项目，推动物联网在物流领域的应用。

6. 统筹国内与国际物流发展，布局全球物流网络

在经济全球化的推动下，资源配置已从一个工厂、一个地区、一个国家扩展到全世界，国内物流网络逐步成为全球供应链网络的一部分。因此，要顺应全球化发展趋势，把视野和目标从国内物流扩展到全球物流，鼓励物流企业"走出去"，在世界主要市场布局物流节点，通过战略性布局逐步构建与全球市场贯通的物流网络，为中国企业特别是中小企业拓展全球市场、实施"走出去"战略提供有力支撑。

七、优化供应链，打造仓储业核心竞争力

与会者提出，国家之间、企业之间的竞争实际上是供应链的竞争。经济能否持续发展的重要条件是供应链能否得到控制，资源和产品能否无障碍流通。中国经济进入中低速增长阶段，物流进入供应链时代，更需要优化供应链，改革计划、组织、流程和管理，创新业务，打造核心能力，粘住上下游客户。

线路、节点、信息是供应链的三个基本要素，任何供应链规划都离不开仓储节点。仓储业作为一个独立的行业，要尽快更好地融入供应链，成为供应链上的核心。

1. 仓库要迅速变为物流中心，物流中心要联网

在有限的土地上增加仓容，用好仓容，有效拓展管理空间；提高作业效率、响应速度和周转速度，缩短管理时间；在提供基础服务的同时，提供增值服务，做好综合服务。

2. 与供应链上的各种资源协同

要与供应链上的各种资源协同，如与物流企业、商贸企业、制造企业、信息企业等各种企业协同运作，突破上下游（延伸一级活动），服务产业链。

3. 要尽快转型

思想转弯、业务转型、增加库房、减少货场、服务消费、盯住电商、商贸一体、精细发展，依托仓库但不依赖仓库。

4. 要加快信息化建设

完善信息系统，使之达到支持各业务模块集成、全程管理、与客户信息技术对接、各类物流资源高效利用、可视化管理的理想状态，做到一次录入全程使用，方便客户查询追踪，消灭信息孤岛，实现联网互通。

5. 要做好成本控制

主要包括库存控制（需求预测、安全库存、仓库分布）、网络改进（节点优化、配

送优化、方式优化)、商品包装(商品设计、简单包装、集装作业)、仓储管理(空间时间、调度分拣、回收利用)、运输管理(司机管理、线路优化、外包优化)、人力资源(组织优化、人员培养、减少流失)、绿色物流(能源节约、修旧利废、绿色驾驶)、信息改革(电脑管理、自动采集、辅助决策)、科学评价(指标体系、台账科目、统计财务)等方面。

同时,在当前经济形势不明、企业经营环境变差、整个社会防范成本增加的情况下,要注意防范风险,将防范成本降到最低直至为零。

八、物流要超越流通,在更广阔的领域发挥作用

与会者提出,现代物流发展已经逐渐进入全面、广泛、深入、细化的阶段,物流必须超越流通,在更广阔的领域发挥作用。物流在生产、流通、生活、军事领域广泛存在,而不仅仅是流通的子系统。商品流通领域之外的物流主要有三个方面:

1. 军事领域的物流

对于现代战争和现代军事活动而言,物流是重要的支持活动,事关军事活动的成败。因为现代战争和现代军事活动是大量消耗资源的活动,而从军事物资生产地向战场转移,必然是大面积、大数量的转移,而且还有严格的军事物资种类、时间和数量的要求。

2. 生产领域的物流

根据一般估计,国民经济全部工农业产品生产过程和制造过程,除了再加工和再生产的时间以外,全部都是物流过程的时间。在机械产品制造过程中,加工的时间仅占5%左右,而物流时间占到90%以上,很长的生产时间和很大一部分生产成本是消耗在物流过程之中的,生产领域的物流对于生产的成本起决定性作用。在生产制造领域发展现代物流,挖掘潜力,可以给经济发展带来新的机会。

3. 消费及后消费领域的物流

人们在工作、学习及生活中,都会遇到工作用品、学习用品、生活用品的物流问题。经过消费之后,还会出现也许难度更大的物流需求,这就是排泄物、废弃物、毁损物的物流,大体上包括消纳、处理、填埋等物流过程,还有就是促使这些东西进入新的循环的再生性物流。这些物流不仅存在管理和技术上的难度,而且难以取得直接的、满意的经济效益,但是涉及环境问题和可持续发展问题,必须引起高度重视。

(原载《中国流通经济》2012 年第 12 期)

媒体报道

降低流通成本　提高流通效率

“第六届流通现代化论坛”述要

陈建中，林英泽

在当前国内外经济形势严峻复杂、我国经济下行压力加大的情况下，如何降低流通成本、提高流通效率，加快流通产业发展，成为社会关注的热点问题。日前，中国市场学会、中国物流与采购联合会、北京物资学院、中国流通经济杂志社共同举办的“第六届流通现代化论坛”在北京召开，与会者围绕这些问题进行了研讨交流。

分析流通成本高、效率低的原因。与会者认为，流通环节多、速度慢、成本高、效率低，是我国流通业的顽症。其病根主要有以下几个方面：一是我国流通业仍处于粗放型发展阶段，网络布局不合理，城乡发展不均衡，集中度偏低，信息化、标准化、国际化程度不高。二是生产方式和商业运作模式较为落后，批发体系不完善、不规范，流通环节多。三是现代物流起步晚、水平低。第三方物流发展缓慢；物流企业集中度低，功能单一，散、小、差现象严重；没有形成综合运输体系，多式联运水平低；物流装备落后，货物损耗大，特别是农产品物流损耗更大。四是受消费方式的影响。就生产性消费而言，库存量过大，周转慢，必然抬高流通费用；就生活性消费而言，城市居民消费的多元化、个性化趋势增强，小批量、多批次物流增多，而商流、物流、信息流并未形成社会化、专业化流程，影响流通效率，推高流通成本。五是生产要素市场发育不完善，劳动力成本和素质、商品交易中的支付方式、信息化程度、科技水平等都直接影响流通的效率与成本。

探讨优化市场匹配机制、提高流通效率的途径。与会者认为，流通效率不高，与市场体系不健全和市场匹配能力低下有关。提升市场匹配能力，应从以下几个方面着手：既要注重有形市场建设，为购销搭建低成本的交易平台，也要重视构建长期稳定的购销关系；高度重视培育市场中介组织，大力推动经济信息、仲裁等市场中介组织发展；尽快培育能充当做市商的大型流通集团，它们既可以成为买家，也可以成为卖家，从而发挥淡储旺销的作用，并成为国内市场和国际市场之间的防火墙；建立全国性和区域性大众商品特别是农副产品拍卖网和滞销商品尾货网，发挥匹配撮合功能；提高生产者和消费者的组织化程度，建立健全农民生产合作社，建立消费者合作组织;大力发展产销一体化组织,特别是贸工农一体化或产+销经济组织;推广供应链管理模式,鼓励支持生产企业、经营企业、物流企业通过各种方式加强合作,实现供应链整合。

(人民网,http://paper.people.com.cn/rmrb/html/2012-12/19/nw.D110000renmrb_20121219_5-07.htm)

(《人民日报》,2012年12月19日07版)

专家研讨如何提高流通效率

林英泽,陈建中

由中国市场学会、中国物流与采购联合会、北京物资学院、中国流通经济杂志社共同举办的第六届中国北京流通现代化论坛,日前在京召开。国务院研究室、国务院发展研究中心、商务部等中外流通、物流产业相关部门负责人及理论界、实业界的专家、学者、企业家300余人参加会议,并发表如下具有代表性的观点。

其一,真正确立流通产业的基础性与先导性地位。降低流通成本,提高流通效率,从宏观到微观有四个层次,即社会经济层次、流通产业层次、流通渠道层次和企业层次,无论哪个层次,都是要以最小的投入获得最大的效益。流通产业要改变粗放的经营模式,创新流通方式,苦练内功,提升科技含量,提高职工素质,淘汰落后流通业态与流通模式。当前最根本的是要解决好思想认识问题,消除"重生产、轻流通"的意识,确立流通也是生产力的意识,要把流通放入国民经济的生产、分配、流通、消费一盘棋中进行运作,形成良性循环。

其二,要优化市场匹配机制,提高流通效率。如果不优化和完善市场匹配机制,供求平衡就很难实现,提高流通效率也就无从谈起。提升市场匹配能力,应从多个方面入手。一要把能否有效实现市场匹配当做选择环节的重要标准;二要为购销搭建低成本的交易平台;三要大力推动经济信息、仲裁等市场中介组织发展;四要尽快培育能充当做市商的大型流通集团;五要建立全国性和区域性大众商品特别是农副产品拍卖网和滞销商品的尾货网,发挥匹配撮合功能;六要提高生产者和消费者的组织化程度;七要创新交易方式,增强供求对应空间;八要充分利用现代技术,提高市场的搜索和撮合能力;九要大力发展产销一体化组织;十要推广供应链管理模式,实现供应链整合。

其三,物流要超越流通,在更广阔的领域发挥作用。现代物流发展已经逐渐进入全面、广泛、深入、细化的阶段,在生产、流通、生活、军事领域广泛存在:一是军事领域的物流,现代战争和现代军事活动是大量消耗资源的活动,从军事物资生产地向战场转移,必然是大面积、大数量的转移,而且还有严格的物资种类、时间和数量的要求。二是生产领域的物流。根据一般的估计,国民经济全部工农业产品生产过程和制造过程,除了在加工和在生长的时间以外,全部都是物流过程的时间。三是消费及后消费领域的物流。经过消费之后,还会出现排泄物、废弃物、毁损物的物流,这些物流不仅存在管理和技术上的难度,而且难以取得直接的、满意的经济效益,但涉及环境问题和可持续发展问题,必须引起高度重视。

(光明网,http://epaper. gmw. cn/gmrb/html/2013 - 01/27/nw. D110000gmrb_20130127_3 - 07. htm)

(《光明日报》,2013 年 1 月 27 日 07 版)

第六届中国流通现代化论坛在北京物资学院举行

11 月 24 日上午,由中国物流与采购联合会、中国市场学会、北京物资学院、中国流通经济杂志社共同举办的第六届中国北京流通现代化论坛在北京物资学院隆重举行。

全国人大常委会副委员长陈昌智致信祝贺。贺信指出,在当前国内外经济形势复杂严峻、国内经济下行压力加大的情况下,加快流通产业发展,引导生产、促进消费,使之成为带动经济的“新引擎”显得尤为重要。2012 年 8 月,国务院出台了《关于深化流通体制改革,加快流通产业发展的意见》,明确了当前和今后一个时期流通领域改革发展的目标和主要任务,希望论坛紧密结合《意见》与流通产业发展实际,在建设现代流通体系、创新流通方式、提升流通信息化水平、培育流通企业核心竞争力等方面提出真正有价值的意见和建议,为建立统一开放、竞争有序、安全高效、城乡一体的现代流通体系,转变流通发展方式,实现流通现代化和流通产业跨越式发展作出新的贡献。

中国市场学会会长俞晓松、理事长高铁生、副会长郭冬乐,中国物流与采购联合会副会长蔡进,国务院研究室综合司司长陈文玲,中国物流与采购联合会首席顾问、著名物流专家丁俊发,著名物流专家王之泰,商务部流通发展司副司长王选庆,北京物资学院党委书记李石柱,校长王旭东等中外流通、物流产业相关部门负责人及理论界、实业界的专家、学者、企业家300余人出席。论坛围绕降低流通成本、提高流通效率、创新流通业态等热点问题进行了积极探讨。

与会者认为,流通环节多、速度慢、成本高、效率低,是中国流通业的顽症。国务院《关于深化流通体制改革,加快流通产业发展的意见》从指导思想、基本原则、主要目标、主要任务、支持政策、保障措施等方面提出了意见,给出了一个综合治疗方案,对流通业进行了新的定性、定位、定标,在理论与实践两方面都有新的突破,对当前和今后流通业发展都将起到重要作用。当务之急是要从根本上解决好认识问题。一是消除“重生产、轻流通”的意识,在国民经济中真正确立流通产业的基础性与先导性地位;二是确立流通也是生产力的思想;三是流通产业要狠下决心,改变粗放的经营模式,创新流通方式,苦练内功,提升科技含量,提高职工素质,淘汰落后流通业态与流通模式;四是要把流通纳入国民经济生产、分配、流通、消费一盘棋中进行运作,形成良性循环;五是要对社会主义市场经济进行顶层设计,明确其与资本主义市场经济的异同、组成部分及每个部分之间的相互关系、每个阶段的目标及实现路径,标本兼治,发展流通产业。

与会者提出,降低流通成本、提高流通效率,是流通产业发展的永恒主题,也是从事商品流通企业生存和发展的条件。而要真正实现流通成本降低,必须进行流通模式创新,大力发展电子商务,使之进一步普及、深化,在现代服务业中的比重明显上升,显著提高对国民经济和社会发展的贡献。与会者同时提出,要大力发展现代物流,尽可能减少流通时间和流通环节,缩短流通周期,降低资源消耗。长期以来,物流对于促进流通发展起到了巨大的作用,随着物流实践的发展,物流必须超越流通,在更广阔的领域发挥作用。尤其要在生产制造领域发展现代物流,挖掘这个领域现代物流的巨大潜力,为国民经济发展提供新的增长点、作出新的贡献。

(《新华网》,2012年11月27日)

第六届中国北京流通现代化论坛在京召开

秦 华

人民网北京11月24日电 今天上午，由中国物流与采购联合会、中国市场学会、北京物资学院、中国流通经济杂志社共同举办的第六届中国北京流通现代化论坛在北京物资学院隆重举行。

全国人大常委会副委员长陈昌智致信祝贺。贺信指出，在当前国内外经济形势复杂严峻、国内经济下行压力加大的情况下，加快流通产业发展，引导生产、促进消费，使之成为带动经济的"新引擎"显得尤为重要。2012年8月，国务院出台了《关于深化流通体制改革，加快流通产业发展的意见》，明确了当前和今后一个时期流通领域改革发展的目标和主要任务，希望论坛紧密结合《意见》与流通产业发展实际，在建设现代流通体系、创新流通方式、提升流通信息化水平、培育流通企业核心竞争力等方面提出真正有价值的意见和建议，为建立统一开放、竞争有序、安全高效、城乡一体的现代流通体系，转变流通发展方式，实现流通现代化和流通产业跨越式发展作出新的贡献。

中国市场学会会长俞晓松、理事长高铁生、副会长郭冬乐，中国物流与采购联合会副会长蔡进，国务院研究室综合司司长陈文玲，中国物流与采购联合会首席顾问、著名物流专家丁俊发，著名物流专家王之泰，商务部流通发展司副司长王选庆，北京物资学院党委书记李石柱，校长王旭东等中外流通、物流产业相关部门负责人及理论界、实业界的专家、学者、企业家300余人出席。论坛围绕降低流通成本、提高流通效率、创新流通业态等热点问题进行了积极探讨。

与会者认为，流通环节多、速度慢、成本高、效率低，是中国流通业的顽症。国务院《关于深化流通体制改革，加快流通产业发展的意见》从指导思想、基本原则、主要目标、主要任务、支持政策、保障措施等方面提出了意见，给出了一个综合治疗方案，对流通业进行了新的定性、定位、定标，在理论与实践两方面都有新的突破，对当前和今后流通业发展都将起到重要作用。当务之急是要从根本上解决好认识问题。一是消除"重生产、轻流通"的意识，在国民经济中真正确立流通产业的基础性与先导性地位；二是确立流通也是生产力的思想；三是流通产业要狠下决心，改变粗放的经营模式,创新流通方式,苦练内功,提升科技含量,提高职工素质,淘汰落后流通业态与流通模式;四是要把流通纳入国民经济生产、分配、流通、消费一盘棋中进行运作,形成良性循环;五是要对社会主义市场经济进行顶层设计,明确其与资本主义市场经济的异同、组成部分及每个部分之间的相互关系、每个阶段的目标及实现路径,标本兼治,发展流通产业。

与会者提出,降低流通成本、提高流通效率,是流通产业发展的永恒主题,也是从事商品流通企业生存和发展的条件。而要真正实现流通成本降低,必须进行流通模式创新,大力发展电子商务,使之进一步普及、深化,在现代服务业中的比重明显上升,显著提高对国民经济和社会发展的贡献。与会者同时提出,要大力发展现代物流,尽可能减少流通时间和流通环节,缩短流通周期,降低资源消耗。长期以来,物流对于促进流通发展起到了巨大的作用,随着物流实践的发展,物流必须超越流通,在更广阔的领域发挥作用。尤其要在生产制造领域发展现代物流,挖掘这个领域现代物流的巨大潜力,为国民经济发展提供新的增长点、作出新的贡献。

(《人民网》,《中国日报网》,《中国网》,2012 年 11 月 25 日)

如何进一步降低流通成本　提高流通效率

林英泽,陈建中

流通是连接生产与消费的纽带,现代流通更是提高国民经济运行速度、质量和效益的重要因素,在扩大内需、活跃市场和提高人民生活质量等方面具有十分重要的作用。在当前国内外经济形势复杂严峻、国内经济下行压力加大的情况下,加快流通产业发展,引导生产、促进消费,使之成为带动经济的“新引擎”显得尤为重要。2012 年 8 月,国务院出台了《关于深化流通体制改革,加快流通产业发展的意见》,明确了当前和今后一个时期流通领域改革发展的目标和主要任务,提出到 2020 年,基本建立起统一开放、竞争有序、安全高效、城乡一体的现代流通体系,流通产业现代化水平大幅提升,对国民经济社会发展的贡献进一步增强。

如何进一步转变流通经营理念和运作方式,深化流通管理体制和运行机制改革,降低流通成本、提高流通效率、加快流通产业发展等,再度成为社会关注的热点。2012 年 11 月 24 日,中国市场学会、中国物流与采购联合会、北京物资学院、中国流通经济杂志社共同举办了第六届中国北京流通现代化论坛，国务院研究室、国务院发展研究中心、商务部等中外流通、物流产业相关部门负责人及理论界、实业界的专家、学者、企业家300余人相聚北京，对此进行了深层探讨，提出了建设性意见和建议，其中主要观点综述如下。

一、流通成本高、效率低的成因

流通环节多、速度慢、成本高、效率低，是中国流通业的顽症。其病根主要在于以下五个方面。

一是中国经济发展仍处于转型期。我国流通产业仍处于粗放型发展阶段，网络布局不合理，城乡发展不均衡，集中度偏低，信息化、标准化、国际化程度不高，效率低、成本高的问题日益突出。粗放型既有流通生产力的问题，更有流通生产关系的问题，既有现代化水平的制约，更有体制性的约束，带来的结果必然是效率低、成本高。

二是落后的生产方式与商业运作模式。生产与流通互相制约、互相决定、互为媒介，是矛盾的统一体。改革开放以来，我国落后的生产方式与商业运作模式还没有从根本上改变，物流实物配送阶段还没有完成，批发体系不完善、不规范，从而造成流通环节多，落后的工农业生产方式、商业运作模式与大市场接轨，带来的必然是高成本与低效率。

三是现代物流起步晚、水平低。物流费用高、效率低是流通成本高、效率低的主要原因。我国第三方物流发展缓慢，物流总成本与GDP的比率一直徘徊在18%左右。其一是物流企业并没有完全融合到制造企业，物流企业功能单一，物流成本降不下来；其二是没有形成综合运输体系，多式联运水平低；其三是物流装备落后，货物损耗大，特别是农产品物流损耗更大；其四是物流企业集中度低，散、小、差现象十分严重。物流成本居高不下的根本原因主要是粗放式经营，拼物力、人力、财力而不是依靠科技力，同时，经济结构极不合理，服务业欠发达，比例过低。如果不调整经济结构，加快服务业的发展，物流总成本与GDP的比率很难有较大幅度的下降。

四是传统的消费方式。生产性与生活性消费方式直接影响着流通的速度、方式与成本。就生产性消费而言，中国不论是建设项目还是生产单位，库存量过大，周转慢，必然抬高流通费用，加大流通成本。就生活性消费而言，城市居民消费的多元化、个性化趋势日益增强，带来的是进货的小批量、多批次，而我们在商流、物流、信息流中并未形成社会化、专业化流程，影响着流通的效率，推高了流通成本。

五是生产要素市场发育不完善。商品市场推动着其他要素市场的发展,要素市场的发展影响着商品市场的发展,特别是人力资源市场、金融市场、信息市场、技术市场等。劳动力成本的波动、劳动力素质的高低、商品交易中的支付方式、货币流通量的增减、信息化程度、科技含量与现代化水平的高低,都直接影响着流通的效率与成本。

二、现代流通体系面临的重大变革

改革开放三十多年来,我国无论在流通形态、流通方式,还是在流通结构、流通流向、流通未来的组织状态等方面,都发生了根本性的变化。跳出流通,站在经济全球化的角度,在我国未来经济发展大的战略背景下,现代流通将发生六个方面的重大变革,并呈现出一些新特点:

第一,开放性。其最主要的特点就是国际化,就是中国市场与国际市场的全面对接。过去是“引进来”,现在是“走出去”;过去是被动的局部的开放,现在是主动“走出去”全方位的开放。中国市场已经成为引领世界市场的一个先导性力量,开放性将成为现代流通体系革命性变革一个非常重要的表现。

第二,集聚性。我国的新一轮区域战略布局,导致了新的商业集聚、市场集聚,也将导致从东部沿海向内地的产业转移,进而带来了流通的改变、物流生成地的改变,因此它将使整个流通体系重新再造,形成新的市场集聚。

第三,共享性。除了区域结构调整之外,城市的存在方式也由单体城市发展为城市群、城市圈、城市带、城市群落,这就要求流通更多地体现出它的共享性,如信息共享、物流体系共享、运输工具共享等。同城化和城乡一体化的进程已然开始,整个流通体系的共享性将不断增强。共享就是要实现资源利用的最大化,就是要通过流通体系再造提高效率,降低消耗,节约成本,减少碳排放。

第四,融合性。生产与交换、生产与流通相互融合,使整个现代流通延伸到了生产的每一个环节,生产的过程就是流通的过程。很多生产企业,包括制药企业、汽车企业等,整个生产的过程就是流通的过程。

第五,生态性。绿色流通包括整个供应链的形态都在发生变化,将不再是传统意义上的那种运输、装卸、保管。在经济建设、政治建设、文化建设、社会建设、生态文明建设“五位一体”的时代,生态文明建设将导致整个流通形态发生根本性的变化,流通更多地要考虑减少碳排放,减少污染,减少消耗,提高流通的速度、效率和质量,因此绿色流通将成为主要方式。

第六,实物经济与虚拟经济的分离与对接。现代流通发展到当代,商流、物流、信息流、资本流和人力资源的流通完全分离，只有各自遵循其流通规律，才能提高流通效率。当实物经济和虚拟经济有了各自的存在形态、各自的运行规律之后，流通正在出现一种革命性的变化，以适应这两种经济形态的存在方式，以最快的速度达到二者在一个节点上的统一，网络销售、电子商务的崛起也就成为必然。现代流通的本质就是要突破一切束缚流通、限制流通的障碍，实现顺畅流通、便利流通、自由流通。

三、真正确立流通产业的基础性与先导性地位

降低流通成本，提高流通效率，从宏观到微观有四个层次，即社会经济层次、流通产业层次、流通渠道层次和企业层次，无论哪个层次，都是要以最小的投入获得最大的效益。当前最根本的是要解决好思想认识问题。

第一，消除“重生产、轻流通”的意识，在国民经济中真正确立流通产业的基础性与先导性地位。

第二，确立流通也是生产力的意识。生产创造价值，流通同样创造价值，在市场经济条件下，生产处于产业链的末端，流通处于产业链的高端，从某种意义上说，流通过程创造的价值更高。

第三，要把流通放入国民经济的生产、分配、流通、消费一盘棋中进行运作，形成良性循环。生产、分配、流通、消费是互相依赖、互为促进的关系，只要有一个环节跟不上，其他三个环节都要受到影响。头痛医头，脚痛医脚，是不能从根本上解决问题的。

第四，流通产业要改变粗放的经营模式，创新流通方式，苦练内功，提升科技含量，提高职工素质，淘汰落后流通业态与流通模式。

第五，要对社会主义市场经济进行顶层设计，明确其与资本主义市场经济的异同、组成部分及每个部分之间的相互关系、每个阶段的目标及实现路径，标本兼治，发展流通产业。

四、优化市场匹配机制，提高流通效率

流通效率不高，与市场体系不健全和市场匹配能力低下有关。如果不优化和完善市场匹配机制，供求平衡就很难实现，提高流通效率也就无从谈起。当前，提升市场匹配能力，应从十个方面入手。

第一，要避免抽象地讨论流通中是多环节好还是少环节好，而把能否有效实现市场匹配当做选择环节的重要标准。

第二，既要注重有形市场建设，为购销搭建低成本的交易平台，也要重视构建长期稳定的购销关系,乃至稳定的合作机制。

第三,要高度重视培育市场中介组织,不能把减少中间环节等同于排斥中介组织,要充分肯定合法中介组织在媒介购销中的定位和作用,大力推动经济信息、仲裁等市场中介组织发展。

第四,要尽快培育能充当做市商的大型流通集团,既可以成为市场中的买家,也可成为市场中的卖家,国家应当从政策、资金等方面给予支持,建立必要的储备设施,发挥淡储旺销的作用,充当国内市场和国际市场之间的防火墙。

第五,要建立全国性和区域性大众商品特别是农副产品拍卖网和滞销商品的尾货网,发挥匹配撮合功能。

第六,提高生产者和消费者的组织化程度,鼓励建立各种生产和消费组织,建立健全农民生产合作社,增强其利用市场信息能力和谈判能力,建立消费者合作组织,减少消费风险,降低采购成本。

第七,创新交易方式,增强供求对应空间。

第八,充分利用现代技术,不断提高市场的搜索和撮合能力,降低交易成本,提高交易效率。

第九,大力发展产销一体化组织,特别是流通企业的贸工农一体化或产+销经济组织。

第十,推广供应链管理模式,鼓励支持生产企业、经营企业、物流企业通过各种方式加强合作,乃至兼并重组,实现供应链整合。

同时,政府也要有所作为,除了创造好的市场环境,维护正常的市场秩序外,还应当提供完善的公共服务,增强和优化市场匹配能力,但是不能长期充任市场匹配的直接组织者的角色,以免市场对政府直接匹配形成依赖。

五、创新流通模式,大力发展电子商务

要真正实现流通成本降低,必须进行流通模式创新,大力发展电子商务,使之进一步普及、深化,在现代服务业中的比重明显上升,显著提高对国民经济和社会发展的贡献。

电子商务利用计算机技术、网络技术和远程通信技术,实现了商品交易过程的电子化、数字化和网络化,减少了对中间商的依赖,提高了信息和商品的流通速度,从而降低了流通成本。要实现《电子商务“十二五”发展规划》的目标,一要虚实结合。一方面,要将电子商务与传统实体店结合起来,形成优势互补、共同发展,实体店以消费者体验为主,交易以网上商店为主;另一方面,要将商品与品牌结合起来

（商品为实，品牌为虚）。电子商务流通模式应与传统流通模式一样，严把商品质量关，不能“萝卜快了不洗泥”。与商品相比，品牌则是一种无形资产，是以商品质量及服务为基础的，不能本末倒置。

二要加快建设适应电子商务发展需要的社会化物流体系。电子商务的发展需要物流业的支持，需要优化物流公共配送中心、中转分拨场站、社区集散网点等物流设施的规划布局，积极探索区域性、行业性物流信息平台的发展模式。电子商务企业应与第三方物流企业建立战略合作关系，以商流促物流，共同协调发展。

三要建立健全电子商务诚信体系。诚实信用是市场经济的客观要求，电子商务诚信体系建设尤为迫切。电子商务的诚信状况决定着企业和消费者对电子商务的态度、投入力度及相关行为，决定着电子商务流通模式的未来发展。积极营造诚信为本、守信激励和失信惩戒的社会信用环境；在部门指导、行业组织、企业和消费者参与下制定电子商务自律规范，大力推进企业和行业自律；鼓励符合条件的第三方信用服务机构、电子商务平台企业按照独立、公正、客观的原则，开发利用合同履约等信用信息资源，对电子商务经营主体开展商务信用评估，为交易当事人提供信用服务。

六、加快发展商贸物流，促进流通业转型升级

我国商贸物流整体水平不高，难以满足经济快速发展和居民消费升级的需要。2011 年 3 月发布的《商贸物流发展专项规划》提出，到 2015 年，初步建立一套与商贸服务业发展相适应的高效通畅、协调配套、绿色环保的现代商贸物流服务体系，形成城市配送、城际配送、农村配送有效衔接，国内外市场相互贯通的商贸物流网络的工作目标。

一要大力推进第三方物流，提高物流专业化水平。第三方物流企业通过专业化服务把生产、流通、消费有机地连接起来，以最快速度、最佳时间、最优组合完成商品从生产领域向消费领域的转移过程，最大限度地节省流通费用，加速社会再生产过程。

二要加强冷链设施投入，促进农产品冷链物流健康发展。目前，我国大部分农产品、食品仍处于常温物流状态，仅有 10% 的肉类、20% 的水产品和少量的牛奶、豆制品通过规范的冷链系统流通，远低于发达国家 85% 的比例。由于缺乏先进的仓储和冷藏运输设施，我国农产品在流通过程中的损耗率达 25% ~30%，远高于发达国家 5% 的水平，每年仅蔬菜在物流过程中的损耗就超过 1000 亿元。此外，由于标准缺失、信息不畅，物流各环节的协调运作水平低，导致冷链不冷、冷链不链，完整独立的食品冷链体系尚未成形成。因此,抓好农产品冷链设施投入,改善管理是农产品物流面临的一项迫切任务。

三要抓好城市配送体系建设,解决“最后一公里”货车进城难问题。要通过改善城市物流节点规划布局、科学确定零售网点卸货时间、加强城区货运车辆管理、发展共同配送和统一配送等措施,解决“最后一公里”货车进城难、组织化程度低、配送成本高、交通拥堵等问题。

四要加强物流标准和信息化工作,促进物流各环节高效衔接。物流要实现多功能的一体化运作,要实施跨区域、跨国界的高速运转,必须将物流标准化、信息化作为一项重要的基础性工作来抓。当前,要大力推动标准托盘的租赁和共用系统建设。加大条码、智能标签、无线射频识别等自动识别技术的应用力度,实现商品来源可追溯、去向可查证、流程可跟踪、动态可视化。除抓好企业物流信息技术应用外,还要抓好社会物流资源信息平台搭建工作,促进社会物流资源的有效利用。

五要推进物联网在物流领域的应用,积极发展智慧物流。物流是物联网技术的重要应用领域,包括智能仓库管理,托盘、周转箱、集装箱等装载设备的跟踪管理,运输工具及货物的可视化管理,冷链食品的温控管理等。通过物联网技术应用,可实现物品出入库数据的自动收集和仓库管理高效、准确,最大限度地提高物件周转速度和流通效率。政府部门可启动一批物联网应用示范项目,推动物联网在物流领域的应用。

六要统筹国内与国际物流发展,布局全球物流网络。在经济全球化的推动下,资源配置已从一个工厂、一个地区、一个国家扩展到全世界,国内物流网络逐步成为全球供应链网络的一部分。因此,要顺应全球化发展趋势,把视野和目标从国内物流扩展到全球物流,鼓励物流企业“走出去”,在世界主要市场布局物流节点,通过战略性布局逐步构建与全球市场贯通的物流网络,为中国企业特别是中小企业拓展全球市场、实施“走出去”战略提供有力支撑。

七、优化供应链,打造仓储业核心竞争力

国家之间、企业之间的竞争实际上是供应链的竞争。经济能否持续发展的重要条件是供应链能否得到控制,资源和产品能否无障碍流动。中国经济进入中低速增长阶段,物流进入供应链时代,更需要优化供应链,改革计划、组织、流程和管理,创新业务,打造核心能力,粘住上下游客户。

线路、节点、信息是供应链的三个基本要素,任何供应链规划都离不开仓储节点。仓储业作为一个独立的行业，要尽快更好地融入供应链，成为供应链上的核心。

第一，仓库要迅速变为物流中心，物流中心要联网。在有限的土地上增加仓容，用好仓容，有效拓展管理空间；提高作业效率、响应速度和周转速度，缩短管理时间；在提供基础服务的同时，提供增值服务，做好综合服务。

第二，要与供应链上的各种资源协同，如与物流企业、商贸企业、制造企业、信息企业等各种企业协同运作，突破上下游（延伸一级活动），服务产业链。

第三，要尽快转型。思想转弯、业务转型、增加库房、减少货场、服务消费、盯住电商、商贸一体、精细发展，依托仓库但不依赖仓库。

第四，要加快信息化建设。完善信息系统，使之达到支持各业务模块集成、全程管理、与客户信息技术对接、各类物流资源高效利用、可视化管理的理想状态，做到一次录入全程使用，方便客户查询追踪，消灭孤岛，联网互通。

第五，要做好成本控制。主要包括库存控制（需求预测、安全库存、仓库分布）、网络改进（节点优化、配送优化、方式优化）、商品包装（商品设计、简单包装、集装作业）、仓储管理（空间时间、调度分拣、回收利用）、运输管理（司机管理、线路优化、外包优化）、人力资源（组织优化、人员培养、减少流失）、绿色物流（能源节约、修旧利废、绿色驾驶）、信息改革（电脑管理、自动采集、辅助决策）、科学评价（指标体系、台账科目、统计财务）等方面。

同时，在当前经济形势不明、企业经营环境变差、整个社会防范成本增加的情况下，要注意防范风险，将防范成本降到最低直至为零。

八、物流要超越流通，在更广阔的领域发挥作用

现代物流发展已经逐渐进入全面、广泛、深入、细化的阶段，物流必须超越流通，在更广阔的领域发挥作用。物流在生产、流通、生活、军事领域广泛存在，而不仅仅是流通的子系统。商品流通领域之外的物流主要有三个方面：

一是军事领域的物流。对于现代战争和现代军事活动而言，物流是重要的支持活动，事关军事活动的成败。因为现代战争和现代军事活动是大量消耗资源的活动，而从军事物资生产地向战场转移，必然是大面积、大数量的转移，而且还有严格的军事物资种类、时间和数量的要求。

二是生产领域的物流。根据一般的估计，国民经济全部工农业产品生产过程和制造过程，除了在加工和在生长的时间以外，全部都是物流过程的时间。在机械产品制造过程中，加工的时间仅占5%左右，而物流时间占到90%以上，很长的生产时间和很大一部分生产成本是消耗在物流过程之中的,生产领域的物流对于生产的成本起决定性作用。在生产制造领域发展现代物流,挖掘这个领域现代物流的巨大潜力,可以给经济发展带来新的机会。

三是消费及后消费领域的物流。人们在工作、学习及生活中,都会遇到工作用品、学习用品、生活用品的物流问题。经过消费之后,还会出现也许难度更大的物流需求,这就是排泄物、废弃物、毁损物的物流,大体上包括消纳、处理、填埋等物流过程,还有就是促使这些东西进入新的循环的再生性物流。这些物流不仅存在管理和技术上的难度,而且难以取得直接的、满意的经济效益,但是涉及环境问题和可持续发展问题,也必须引起高度重视。

(《人民网》,2012 年 11 月 30 日)

第六届中国北京流通现代化论坛在京召开

马志刚

本报讯　由中国物流与采购联合会、中国市场学会、北京物资学院、中国流通经济杂志社共同举办的第六届中国北京流通现代化论坛,日前在北京举行。来自中国市场学会、中国物流与采购联合会、商务部、中国物资储运协会、北京物资学院的专家学者围绕降低流通成本、提高流通效率、创新流通业态等热点问题进行了积极探讨。

与会者提出,流通环节多、速度慢、成本高、效率低是中国流通业的顽症,降低流通成本、提高流通效率,是流通产业发展的永恒主题,也是从事商品流通企业生存和发展的条件。真正实现流通成本降低,必须进行流通模式创新,大力发展电子商务,使之进一步普及、深化,在现代服务业中的比重明显上升,显著提高对国民经济和社会发展的贡献。同时,还要大力发展现代物流,尽可能减少流通时间和流通环节,缩短流通周期,降低资源消耗。尤其要在生产制造领域发展现代物流,挖掘这个领域的巨大潜力,为国民经济发展提供新的增长点。

(《经济日报》,《中国经济网》,《中国网》,2012 年 12 月 1 日)

专家称中国物流总成本高企难降

刘　亮

多位专家预计，中国的物流总成本，将会较长时期维持在占 GDP 18% 左右的高水平，很难降下来。

商务部商贸服务管理司副司长王选庆介绍，目前我国物流领域的问题主要有三个方面，一个是物流总成本偏高，效率偏低，占 GDP 的比例比发达国家高一倍左右。目前中国产成品的平均库存为 40 天左右，也比发达国家高出一倍；中国载重汽车的空使率大约为 37%，折算下来大概每年有 150 万辆载重汽车在来回空驶。

王选庆认为，第二个问题是，物流专业化程度差，与上下游产业衔接不够紧密，特别是第三方物流企业规模偏小，服务功能单一。多数仍以传统的运输和仓储等简单业务为主，与上下游的产业，特别是制造业、商贸服务业的融合不够紧密，这样的一些模式在经济发展比较快，行业竞争不是很激烈的时候，还有比较大的发展空间和利润，一旦经济不景气，这种弊端就会非常明显。

第三是中国物流业起步晚，门槛低，小微企业占比非常高，大多数的企业集中在中低端市场，同质化现象比较严重。据统计，目前我国拥有 10 台以上货运汽车的物流公司占物流企业总量的比重不到 10%，拥有 100 辆以上的公司占比不到 3%，只有一台车的个体运输户占了将近 40%。由于发展的层次比较低，物流服务业附加值相应比较低，所以难以满足目前制造业和商贸服务业物流柔性化、网络化、精细化等高端需求。今年前 10 个月我国重点物流企业主营业务收入利润率只有 4.7%，利润水平非常低。

中国物流与采购联合会首席顾问丁俊发则介绍，中国物流企业提高科技含量，以及铁路运力提升等因素，将导致物流成本下降，但另一方面，仓储成本、燃油费用、物流企业融资成本上升等，又将是导致物流总成本上升的因素。

关键的问题在于，中国经济发展仍处于转型期，GDP 的贡献主要来自工业和农业生产，服务业所占比例仍然偏低，美国的物流总成本占 GDP 的比例只有中国的一半左右，是因为服务业发达，要想大幅度降低物流总成本，归根结底在于实现经济转型。

有专家认为,发展现代物流业、降低物流成本,一是要消除“重生产、轻流通”的意识,在国民经济中真正确立流通产业的基础性与先导性地位,确立流通也是生产力的思想;二是流通业要改变粗放的经营模式,创新流通方式,提升科技含量,淘汰落后流通业态与流通模式;三是要把流通纳入国民经济生产、分配、流通、消费一盘棋中进行运作,形成良性循环等方面。

以上观点,来自于2012年11月24日在北京召开的第六届中国北京流通现代化论坛。论坛上,北京物资学院经济学院还与北京中关村科技创业金融服务集团有限公司签署了合作协议,共同成立科技金融协同创新中心,将打造科技金融的理论研究基地、业务创新高地、政策研究咨询中心、信息交流服务平台以及人才培养基地。

(《财经国家周刊》、《财经国家新闻网》,2012年11月28日)

中国北京流通现代化论坛在京举行

陈　彬

本报讯　日前,由中国物流与采购联合会、中国市场学会、北京物资学院、中国流通经济杂志社共同举办的第六届中国北京流通现代化论坛在北京物资学院举行。来自学界和业界的学者、企业家300余人出席论坛。论坛围绕降低流通成本、提高流通效率、创新流通业态等热点问题进行了积极探讨。

中国北京流通现代化论坛首办于2007年,旨在进一步发挥流通产业在社会生产与经济发展中的先导和基础作用,加强我国流通经济理论研究,实现我国流通产业的跨越式发展。在本届会议上,与会者认为流通环节多、速度慢、成本高、效率低是中国流通业的顽症。而要真正实现流通成本降低,必须进行流通模式创新,大力发展现代物流。

(《中国科学报》,《科学网》,2012年11月28日)

第六届中国北京流通现代化论坛开幕

王烨,林英泽

由中国物流与采购联合会、中国市场学会、北京物资学院、中国流通经济杂志社共同举办的第六届中国北京流通现代化论坛于 2012 年 11 月 24 日在北京物资学院国际交流中心隆重举行。

全国人大常委会副委员长陈昌智致信祝贺。贺信指出,在当前国内外经济形势复杂严峻、国内经济下行压力加大的情况下,加快流通产业发展,引导生产、促进消费,使之成为带动经济的"新引擎"显得尤为重要。2012 年 8 月,国务院出台了《关于深化流通体制改革,加快流通产业发展的意见》,明确了当前和今后一个时期流通领域改革发展的目标和主要任务,希望论坛紧密结合《意见》与流通产业发展实际,在建设现代流通体系、创新流通方式、提升流通信息化水平、培育流通企业核心竞争力等方面提出真正有价值的意见和建议,为建立统一开放、竞争有序、安全高效、城乡一体的现代流通体系,转变流通发展方式,实现流通现代化和流通产业跨越式发展作出新的贡献。

中国市场学会会长俞晓松、理事长高铁生、副会长郭冬乐,中国物流与采购联合会副会长蔡进,国务院研究室综合司司长陈文玲,中国物流与采购联合会首席顾问、著名物流专家丁俊发,原北京市政协副主席、著名物流专家王之泰,商务部流通发展司副司长王选庆,中国物资储运协会会长、中储发展股份公司监事会主席姜超峰,美国运输与物流协会中华区首席代表谭润忠,日本物流学会副会长、爱知学院大学教授丹下博文,日本流通经济大学教授矢野裕儿、林克彦,加拿大天弘(Celestica)集团全球供应链总监许华英,北京物资学院党委书记李石柱,校长王旭东,副书记沈小静,副校长翁心刚,校长助理刘丙午等中外流通、物流产业相关部门负责人及理论界、实业界的专家、学者、企业家300 余人出席。论坛围绕降低流通成本、提高流通效率、创新流通业态等热点问题进行了积极探讨。

与会者认为,流通环节多、速度慢、成本高、效率低,是中国流通业的顽症。国务院《关于深化流通体制改革,加快流通产业发展的意见》从指导思想、基本原则、主要目标、主要任务、支持政策、保障措施等方面提出了意见,给出了一个综合治疗方案,对流通业进行了新的定性、定位、定标,在理论与实践两方面都有新的突破,对当前和今后流通业发展都将起到重要作用。当务之急是要从根本上解决好认识问题。一是消除“重生产、轻流通”的意识,在国民经济中真正确立流通产业的基础性与先导性地位;二是确立流通也是生产力的思想;三是流通产业要狠下决心,改变粗放的经营模式,创新流通方式,苦练内功,提升科技含量,提高职工素质,淘汰落后流通业态与流通模式;四是要把流通纳入国民经济生产、分配、流通、消费一盘棋中进行运作,形成良性循环;五是要对社会主义市场经济进行顶层设计,明确其与资本主义市场经济的异同、组成部分及每个部分之间的相互关系、每个阶段的目标及实现路径,标本兼治,发展流通产业。

与会者提出,降低流通成本、提高流通效率,是流通产业发展的永恒主题,也是从事商品流通企业生存和发展的条件。而要真正实现流通成本降低,必须进行流通模式创新,大力发展电子商务,使之进一步普及、深化,在现代服务业中的比重明显上升,显著提高对国民经济和社会发展的贡献。逐步健全制度体系,形成安全可信、规范有序的网络商务环境,实现《电子商务“十二五”发展规划》目标。一要虚实结合。将电子商务与传统实体店结合起来,优势互补、共同发展,同时将商品与品牌结合起来。二要加快建设适应电子商务发展需要的社会化物流体系。电子商务企业与第三方物流企业建立战略合作关系,以商流促物流,共同协调发展。三要建立健全电子商务诚信体系、诚信环境、诚信评价及其服务机制,积极营造诚信为本、守信激励和失信惩戒的社会信用环境。

与会者同时提出,要大力发展现代物流,尽可能减少流通时间和流通环节,缩短流通周期,降低资源消耗。长期以来,物流对于促进流通发展起到了巨大的作用,随着物流实践的发展,物流必须超越流通,在更广阔的领域(如军事领域、生产领域、消费及后消费领域)发挥作用。尤其要在生产制造领域发展现代物流,挖掘这个领域现代物流的巨大潜力,为国民经济发展提供新的增长点、作出新的贡献。

(北京电视台(BTV),2012 年 11 月 27 日)

降低流通成本　提高流通效率

紫　石

流通成本与流通效率问题,是事关我国国民经济发展全局的中枢动脉,尤其是在目前我国生产领域产能相对过剩、消费领域内需不旺的经济环境下,流通业的发展与改革已日益成为关系到当前我国经济发展方式转变、产业结构调整和现代服务业发展的重要问题。国务院于2012年8月出台的《关于深化流通体制改革,加快流通产业发展的意见》,明确了当前和今后一个时期流通领域改革发展的主要目标和任务,提出建立统一开放、竞争有序、安全高效、城乡一体的现代流通体系,转变流通发展方式,实现流通现代化和流通产业跨越式发展。深化流通体制改革,加快流通产业发展,提高流通运行质量,促进流通效率提升,已经成为当前我国提振经济增速放缓趋势和提高国民经济整体运行质量的有效举措。

在这种大的国内外经济背景下,中国物流与采购联合会、中国市场学会、北京物资学院、中国流通经济杂志社等四家单位,于2012年11月24日在北京物资学院国际交流中心共同举办了“第六届中国北京流通现代化论坛”。在论坛开幕式上,中国流通杂志社总编陈建中宣读了全国人大常委会副委员长陈昌智为论坛发来的贺信。北京物资学院校长王旭东代表主办单位致欢迎词。中国市场学会会长俞晓松、理事长高铁生,中国物流与采购联合会副会长蔡进,中国物资储运协会会长、中储发展股份公司监事会主席姜超峰等出席会议并作了论坛主题发言;中国市场学会副会长郭冬乐,中国商业经济学会副秘书长、商业时代杂志社社长刘建湖,北京物资学院党委书记李石柱、副书记沈小静、校长助理刘丙午等代表出席论坛;诸多来自中外流通经济领域的政府部门领导、企业家代表、专家学者和嘉宾参加了会议。论坛开幕式由北京物资学院副校长翁心刚主持。

论坛主题为“降低流通成本,提高流通效率”,会议围绕流通拓宽消费领域和拉动消费、加强流通基础设施建设、统筹城乡市场体系建设、提升流通领域科技含量、完善物流服务体系和改革流通管理体制等流通议题进行了研讨。陈昌智副委员长在贺信中指出,在当前国内外经济形势复杂严峻、国内经济下行压力加大的情况下,加快流通产业发展,引导生产,促进消费,使之成为带动经济的“新引擎”显得尤为重要。论坛特别邀请了陈文玲(国务院研究室综合司司长)、丁俊发(中国物流与采购联合会首席顾问)、王之泰(原北京政协副主席、中国物流学会副会长)、王选庆(商务部流通发展司副司长)等国内知名的专家学者,分别作了《现代流通体系的革命性变革》、《流通成本高、效率低问题的冷思考》、《物流服务的国际化》、《加快商贸物流发展,促进物流产业升级》等专题学术报告。同时,论坛还邀请了美国运输与物流协会中华区首席代表谭润忠和日本物流学会副会长、爱知学院大学教授丹下博文,分别就《现代冷链物流对经济的影响》和《如何提高高龄社会区域物流的效率问题》作了专题演讲,介绍了所在国在相关物流实践中的经验和做法。

在论坛主题学术报告和专题演讲活动结束后,主办单位还组织了现代物流产业研究院、物流学院、信息学院、劳动科学与法律学院、经济学院、商学院等学研机构,分设议题举办了“电子商务与现代物流”、“市场流通法制建设”、“科技金融创新——现状、模式与前瞻”、“流通企业服务创新”、“现代物流体系建设”五个分论坛,与会专家学者就相关流通领域的专门议题进行了学术研讨。

(《商业时代》,2012 年第 35 期)

第六届中国北京流通现代化论坛在京召开

全国人大常委会副委员长陈昌智致信祝贺

林英泽

本刊讯　由中国市场学会、中国物流与采购联合会、北京物资学院主办,中国流通经济杂志社与北京物资学院信息学院承办的第六届中国北京流通现代化论坛暨降低流通成本、提高流通效率高层峰会于 2012 年 11 月 24 日在北京物资学院国际交流中心隆重举行。

全国人大常委会副委员长陈昌智致信祝贺。贺信指出,2012 年 8 月,国务院出台了《关于深化流通体制改革,加快流通产业发展的意见》,明确了当前和今后一个时期流通领域改革发展的目标和主要任务,希望论坛紧密结合《意见》与流通产业发展实际,在建设现代流通体系、创新流通方式、提升流通信息化水平、培育流通企业核心竞争力等方面提出真正有价值的意见和建议,为建立统一开放、竞争有序、安全高效、城乡一体的现代流通体系,转变流通发展方式,实现流通现代化和流通产业跨越式发展作出新的贡献。

中国市场学会会长俞晓松、理事长高铁生，中国物流与采购联合会首席顾问、著名经济学家丁俊发，国务院研究室综合司司长陈文玲，中国物流与采购联合会副会长蔡进，原北京市政协副主席、著名物流学家王之泰，商务部流通业发展司副司长王选庆，中国物资储运协会会长、中储发展股份公司监事会主席姜超峰，中国市场学会副会长郭冬乐，日本物流学会副会长、爱知学院大学教授丹下博文，美国运输与物流协会中华区首席代表谭润忠，日本流通经济大学教授矢野裕儿、林克彦，加拿大天弘(Celestica)集团全球供应链总监许华英，北京物资学院党委书记李石柱、校长王旭东、副书记沈小静、副校长翁心刚、校长助理刘丙午等中外流通、物流产业相关部门负责人及理论界、实业界的专家、学者、企业家300余人出席。

上午9时，论坛正式拉开帷幕。开幕式由北京物资学院副校长翁心刚主持，中国流通经济杂志总编陈建中宣读贺信。北京物资学院校长王旭东致开幕词。他表示，本届论坛旨在探讨如何发挥流通产业在促进生产、发展经济中的先导和基础作用，探讨降低流通成本、提高流通效率的新模式、新方法、新途径，为我国流通业发展提供理论支持。

与会者认为，改革开放三十多年来，我国的流通形态、流通方式、流通结构、流通流向、流通未来的组织状态等都发生了根本性变化。站在经济全球化的角度，在我国未来经济发展大的战略背景下，现代流通将发生重大变革，呈现出开放性、集聚性、共享性、融合性、生态性新特点。

与会者认为，流通环节多、速度慢、成本高、效率低，是中国流通业的顽症。国务院《关于深化流通体制改革，加快流通产业发展的意见》从指导思想、基本原则、主要目标、主要任务、支持政策、保障措施等方面提出了意见，给出了综合治理方案，在理论与实践两方面都有新的突破，对当前和今后流通业发展都将起到重要作用。当务之急是要从根本上解决好认识问题，在国民经济中真正确立流通产业的基础性与先导性地位，确立流通也是生产力的思想，把流通纳入国民经济生产、分配、流通、消费一盘棋中进行运作，形成良性循环。

与会者提出，降低流通成本、提高流通效率，是流通产业发展的永恒主题，也是从事商品流通企业生存与发展的条件。要真正实现流通成本降低，必须进行流通模式创新，大力发展电子商务，使之进一步普及深化，在现代服务业中的比重明显上升，显著提高对国民经济和社会发展的贡献。同时，要大力发展现代物流，重点推进第三方物流，提高物流专业化水平；加强冷链设施投入，促进农产品冷链物流健康发展；搞好城市配送体系建设，解决“最后一公里”货车进城难问题；加强物流标准和信息化建设，促进物流各环节高效衔接；促进物联网在物流领域的应用，积极发展智慧物流；统筹国内与国际物流发展，布局全球物流网络，尽可能减少流通时间和流通环节,缩短流通周期,降低资源消耗。

《人民日报》、《光明日报》、《经济日报》、新华网、人民网、《北京日报》、北京电视台等媒体记者30余人到会并进行了报道。

(《中国流通经济》,2012年第12期)

第六届中国北京流通现代化论坛开幕

由中国物流与采购联合会、中国市场学会、北京物资学院、中国流通经济杂志社共同举办的第六届中国北京流通现代化论坛于2012年11月24日在北京物资学院国际交流中心隆重举行。

全国人大常委会副委员长陈昌智致信祝贺。贺信指出,在当前国内外经济形势复杂严峻、国内经济下行压力加大的情况下,加快流通产业发展,引导生产、促进消费,使之成为带动经济的“新引擎”显得尤为重要。2012年8月,国务院出台了《关于深化流通体制改革,加快流通产业发展的意见》,明确了当前和今后一个时期流通领域改革发展的目标和主要任务,希望论坛紧密结合《意见》与流通产业发展实际,在建设现代流通体系、创新流通方式、提升流通信息化水平、培育流通企业核心竞争力等方面提出真正有价值的意见和建议,为建立统一开放、竞争有序、安全高效、城乡一体的现代流通体系,转变流通发展方式,实现流通现代化和流通产业跨越式发展作出新的贡献。

中国市场学会会长俞晓松、理事长高铁生、副会长郭冬乐,中国物流与采购联合会副会长蔡进,国务院研究室综合司司长陈文玲,中国物流与采购联合会首席顾问、著名物流专家丁俊发,原北京市政协副主席、著名物流专家王之泰,商务部流通发展司副司长王选庆,中国物资储运协会会长、中储发展股份公司监事会主席姜超峰,美国运输与物流协会中华区首席代表谭润忠,日本物流学会副会长、爱知学院大学教授丹下博文,日本流通经济大学教授矢野裕儿、林克彦,加拿大天弘(Celestica)集团全球供应链总监许华英,北京物资学院党委书记李石柱、校长王旭东、副书记沈小静、副校长翁心刚、校长助理刘丙午等中外流通、物流产业相关部门负责人及理论界、实业界的专家、学者、企业家300余人出席。论坛围绕降低流通成本、提高流通效率、创新流通业态等热点问题进行了积极探讨。

与会者认为，流通环节多、速度慢、成本高、效率低，是中国流通业的顽症。国务院《关于深化流通体制改革，加快流通产业发展的意见》从指导思想、基本原则、主要目标、主要任务、支持政策、保障措施等方面提出了意见，给出了一个综合治疗方案，对流通业进行了新的定性、定位、定标，在理论与实践两方面都有新的突破，对当前和今后流通业发展都将起到重要作用。当务之急是要从根本上解决好认识问题。一是消除"重生产、轻流通"的意识，在国民经济中真正确立流通产业的基础性与先导性地位；二是确立流通也是生产力的思想；三是流通产业要狠下决心，改变粗放的经营模式，创新流通方式，苦练内功，提升科技含量，提高职工素质，淘汰落后流通业态与流通模式；四是要把流通纳入国民经济生产、分配、流通、消费一盘棋中进行运作，形成良性循环；五是要对社会主义市场经济进行顶层设计，明确其与资本主义市场经济的异同、组成部分及每个部分之间的相互关系、每个阶段的目标及实现路径，标本兼治，发展流通产业。

与会者提出，降低流通成本、提高流通效率，是流通产业发展的永恒主题，也是从事商品流通企业生存和发展的条件。而要真正实现流通成本降低，必须进行流通模式创新，大力发展电子商务，使之进一步普及、深化，在现代服务业中的比重明显上升，显著提高对国民经济和社会发展的贡献。逐步健全制度体系，形成安全可信、规范有序的网络商务环境，实现《电子商务"十二五"发展规划》目标。一要虚实结合。将电子商务与传统实体店结合起来，优势互补、共同发展，同时将商品与品牌结合起来。二要加快建设适应电子商务发展需要的社会化物流体系。电子商务企业与第三方物流企业建立战略合作关系，以商流促物流，共同协调发展。三要建立健全电子商务诚信体系、诚信环境、诚信评价及其服务机制，积极营造诚信为本、守信激励和失信惩戒的社会信用环境。

与会者同时提出，要大力发展现代物流，尽可能减少流通时间和流通环节，缩短流通周期，降低资源消耗。长期以来，物流对于促进流通发展起到了巨大的作用，随着物流实践的发展，物流必须超越流通，在更广阔的领域（如军事领域、生产领域、消费及后消费领域）发挥作用。尤其要在生产制造领域发展现代物流，挖掘这个领域现代物流的巨大潜力，为国民经济发展提供新的增长点、作出新的贡献。

（《中国大学生在线》，2012 年 11 月 26 日）

第六届中国北京流通现代化论坛在京召开

孟　飞

由中国物流与采购联合会、中国市场学会、北京物资学院、中国流通经济杂志社共同举办的第六届中国北京流通现代化论坛于 2012 年 11 月 24 日在北京物资学院国际交流中心隆重举行。

全国人大常委会副委员长陈昌智致信祝贺。贺信指出,在当前国内外经济形势复杂严峻、国内经济下行压力加大的情况下,加快流通产业发展,引导生产、促进消费,使之成为带动经济的“新引擎”显得尤为重要。2012 年 8 月,国务院出台了《关于深化流通体制改革,加快流通产业发展的意见》,明确了当前和今后一个时期流通领域改革发展的目标和主要任务,希望论坛紧密结合《意见》与流通产业发展实际,在建设现代流通体系、创新流通方式、提升流通信息化水平、培育流通企业核心竞争力等方面提出真正有价值的意见和建议,为建立统一开放、竞争有序、安全高效、城乡一体的现代流通体系,转变流通发展方式,实现流通现代化和流通产业跨越式发展作出新的贡献。

中国市场学会会长俞晓松、理事长高铁生、副会长郭冬乐,中国物流与采购联合会副会长蔡进,国务院研究室综合司司长陈文玲,中国物流与采购联合会首席顾问、著名物流专家丁俊发,原北京市政协副主席、著名物流专家王之泰,商务部流通发展司副司长王选庆,中国物资储运协会会长、中储发展股份公司监事会主席姜超峰,美国运输与物流协会中华区首席代表谭润忠,日本物流学会副会长、爱知学院大学教授丹下博文,日本流通经济大学教授矢野裕儿、林克彦,加拿大天弘(Celestica)集团全球供应链总监许华英,北京物资学院党委书记李石柱、校长王旭东、副书记沈小静、副校长翁心刚、校长助理刘丙午等中外流通、物流产业相关部门负责人及理论界、实业界的专家、学者、企业家 300 余人出席。论坛围绕降低流通成本、提高流通效率、创新流通业态等热点问题进行了积极探讨。

与会者认为,流通环节多、速度慢、成本高、效率低,是中国流通业的顽症。国务院《关于深化流通体制改革,加快流通产业发展的意见》从指导思想、基本原则、主要目标、主要任务、支持政策、保障措施等方面提出了意见,给出了一个综合治疗方案,对流通业进行了新的定性、定位、定标,在理论与实践两方面都有新的突破,对当前和今后流通业发展都将起到重要作用。当务之急是要从根本上解决好认识问题。一是消除“重生产、轻流通”的意识,在国民经济中真正确立流通产业的基础性与先导性地位;二是确立流通也是生产力的思想;三是流通产业要狠下决心,改变粗放的经营模式,创新流通方式,苦练内功,提升科技含量,提高职工素质,淘汰落后流通业态与流通模式;四是要把流通纳入国民经济生产、分配、流通、消费一盘棋中进行运作,形成良性循环;五是要对社会主义市场经济进行顶层设计,明确其与资本主义市场经济的异同、组成部分及每个部分之间的相互关系、每个阶段的目标及实现路径,标本兼治,发展流通产业。

与会者提出,降低流通成本、提高流通效率,是流通产业发展的永恒主题,也是从事商品流通企业生存和发展的条件。而要真正实现流通成本降低,必须进行流通模式创新,大力发展电子商务,使之进一步普及、深化,在现代服务业中的比重明显上升,显著提高对国民经济和社会发展的贡献。逐步健全制度体系,形成安全可信、规范有序的网络商务环境,实现《电子商务“十二五”发展规划》目标。一要虚实结合。将电子商务与传统实体店结合起来,优势互补、共同发展,同时将商品与品牌结合起来。二要加快建设适应电子商务发展需要的社会化物流体系。电子商务企业与第三方物流企业建立战略合作关系,以商流促物流,共同协调发展。三要建立健全电子商务诚信体系、诚信环境、诚信评价及其服务机制,积极营造诚信为本、守信激励和失信惩戒的社会信用环境。

与会者同时提出,要大力发展现代物流,尽可能减少流通时间和流通环节,缩短流通周期,降低资源消耗。长期以来,物流对于促进流通发展起到了巨大的作用,随着物流实践的发展,物流必须超越流通,在更广阔的领域(如军事领域、生产领域、消费及后消费领域)发挥作用。尤其要在生产制造领域发展现代物流,挖掘这个领域现代物流的巨大潜力,为国民经济发展提供新的增长点、作出新的贡献。

(《中国物流与采购网》,2012 年 11 月 26 日)

北京流通现代化论坛在京召开

王　璐

晨报讯　近日,由中国物流与采购联合会、中国市场学会、北京物资学院、中国流通经济杂志社共同举办的第六届中国北京流通现代化论坛在北京物资学院隆重举行。专家表示,流通环节多、速度慢、成本高、效率低,是中国流通业的顽症。

当务之急是要从根本上解决好认识问题。一是消除“重生产、轻流通”的意识,在国民经济中真正确立流通产业的基础性与先导性地位;二是确立流通也是生产力的思想;三是流通产业要创新流通方式,提升科技含量,提高职工素质,淘汰落后流通业态与流通模式;四是要把流通纳入国民经济生产、分配、流通、消费一盘棋中进行运作,形成良性循环;五是要对社会主义市场经济进行顶层设计,标本兼治,发展流通产业。

(《北京晨报》,2012 年 11 月 29 日。)

第六届中国北京流通现代化论坛在京举行

殷传胜

本报讯　11 月 24 日,由中国物流与采购联合会、中国市场学会、北京物资学院、中国流通经济杂志社共同举办的第六届中国北京流通现代化论坛在北京物资学院国际交流中心隆重举行。中国市场学会会长俞晓松、理事长高铁生,中国物流与采购联合会副会长蔡进,国务院研究室综合司司长陈文玲等 300 余人出席了此次论坛活动。

论坛围绕降低流通成本、提高流通效率、创新流通业态等热点问题进行了积极探讨。与会者提出,降低流通成本、提高流通效率,是流通产业发展的永恒主题,也是从事商品流通企业生存和发展的条件。同时,要大力发展现代物流,尽可能减少流通时间和流通环节，缩短流通周期，降低资源消耗。长期以来，物流对于促进流通发展起到了巨大的作用，随着物流实践的发展，物流必须超越流通，在更广阔的领域发挥作用。尤其是在生产制造领域发展现代物流，挖掘这个领域现代物流的巨大潜力，将为国民经济发展提供新的增长点、作出新的贡献。

（《竞报》，2012 年 11 月 29 日。）

第六届中国北京流通现代化论坛隆重开幕

鲁珺英

本刊讯　11 月 24 日，由中国物流与采购联合会、中国市场学会、北京物资学院、中国流通经济杂志社共同举办的第六届中国北京流通现代化论坛在北京物资学院国际交流中心开幕。本届论坛的主题是“降低流通成本，提高流通效率”，来自全国各地的 300 多名专家、学者、企业代表参加了此次论坛。与会专家就提高市场物流业发展，加快流通效率，降低流通成本方面开展了广泛的学术交流。

全国人大常委会副委员长陈昌智在贺信中指出，在当前国内外经济形势复杂严峻、国内经济下行压力加大的情况下，加快流通产业发展，引导生产、促进消费，使之成为带动经济的“新引擎”显得尤为重要。中国市场学会会长俞晓松认为，政府应该制定规划，而不是划定指标。同时企业不要过度竞争，要做到又好又快地发展，而不只是竞争所产生的负效应。中国物流与采购联合会常务副会长蔡进强调，本次北京流通现代论坛的举办非常有意义，对于深化流通体制改革，加快流通效率有很大的促进效果。在市场经济条件下，消费通过流通决定生产，流通业是国民经济的血脉系统。由流通引导消费是实现经济发展方式转变、拉动国民经济发展的基本动力。加快流通产业发展，促进流通产业现代化，降低流通成本，是实现国家扩大内需长期发展战略的重要举措。他希望论坛建言献策，紧密结合流通产业发展实际，努力为加强流通经济理论研究，发展社会化大流通，推动流通现代化，促进我国流通发展方式转变和流通产业跨越式发展作出新的更大的贡献。中国物资储运协会会长、中储发展股份公司监事会主席姜超峰表示，在降低成本、提高流通效率方面的最大问题在于中国流通领域缺少规划及利益机制的不健全，企业各行其是，缺乏社会责任感。在建设供应链方面，要积极转变观念，重新认识仓储业，加快信息化建设。同时,他指出,国家应该扩大政策方面支持,鼓励大型企业发展。

中国物流与采购联合会首席顾问、著名物流学家丁俊发则对转变发展方式的要害问题做了简要的阐述。他说,转变发展方式必须调整结构,不能光喊口号。他强调要发挥市场作用,发挥服务业功能,并且服务业要把各种机制性功能发挥出来。他还提到:刚刚闭幕的十八大提出了深化物流体制改革,加快转变经济发展方式,国务院还出台了相关文件。这些都进一步促进了中国物流的发展。中国物流比国外发展慢,希望通过本次论坛,来完善与健全现代物流市场体系。

(《北京教育》,2012 年 12 月 28 日。)

降低物流成本　发展电子商务　专家把脉中国流通业顽症

任　洁

本报讯　第六届中国北京流通现代化论坛 24 日在北京物资学院举办,300 余名理论界和实业界人士出席。与会者认为,要降低物流成本,必须大力发展电子商务,加快建设适应电子商务发展需要的社会化物流体系。

本次论坛的主题定为"降低流通成本、提高流通效率"。中国市场学会会长俞晓松说,流通环节多、速度慢、成本高、效率低,是中国流通业的顽症。要实现流通成本降低,必须进行流通模式创新,使电子商务在现代服务业中的比重明显上升。中国市场学会理事长高铁生提出,我国应逐步健全制度体系,形成安全可信、规范有序的网络商务环境,培育市场中介组织,克服信息不对称弊端,改变市场匹配能力低下的现状。

(《劳动午报》,2012 年 11 月 28 日。)

第六届中国北京流通现代化论坛在京召开

由中国市场学会、中国物流与采购联合会、北京物资学院主办，中国流通经济杂志社与北京物资学院信息学院承办的第六届中国北京流通现代化论坛暨降低流通成本、提高流通效率高层峰会于2012年11月24日在北京物资学院国际交流中心举行。全国人大常委会副委员长陈昌智致信祝贺，来自中、美、日、加等国流通、物流领域的专家学者及实业界的企业家300余人出席会议。

图①论坛主席台

图②原国家经贸委副主任、中国市场学会会长俞晓松在论坛上

图③原国家粮食储备局局长、党组书记，中国市场学会理事长高铁生在论坛上

图④北京物资学院党委书记李石柱在论坛上

图⑤北京物资学院校长王旭东教授致开幕辞

图⑥与会嘉宾合影

图①北京物资学院副校长、中国流通经济杂志社社长翁心刚教授主持论坛开幕式

图②中国流通经济杂志总编辑陈建中教授在论坛上讲话

图③中国物流与采购联合会副会长蔡进在论坛上

图④原国家内贸局副局长、中国物流与采购联合会首席顾问、著名物流学家丁俊发在论坛上

图⑤国务院研究室综合司司长陈文玲在论坛上

图⑥中国物资储运协会会长、中储发展股份公司监事会主席姜超峰在论坛上

图⑦商务部流通业发展司副司长王选庆在论坛上

图①美国运输与物流协会中华区首席代表谭润忠在论坛上

图②日本物流学会副会长、爱知学院大学教授丹下博文在论坛上

图③原北京市政协副主席、中国物流学会副会长、北京物资学院原副校长、著名物流学家王之泰在论坛上

图④中国流通经济杂志副总编郝玉柱教授主持论坛学术报告会

图⑤电子商务与现代物流分论坛会场

图⑥市场流通法制建设分论坛与会嘉宾合影

图⑦流通企业服务创新分论坛与会嘉宾合影